Schönheit als Praxis

Reihe »Politik der Geschlechterverhältnisse«
Band 42

Herausgegeben von Cornelia Klinger, Eva Kreisky, Andrea Maihofer
und Birgit Sauer

Otto Penz ist Adjunct Associate Professor am Department of Sociology der Universität Calgary und Lehrbeauftragter an der Wirtschaftsuniversität Wien und Universität Wien sowie an der Universität für angewandte Kunst Wien.

Otto Penz

Schönheit als Praxis

Über klassen- und geschlechtsspezifische Körperlichkeit

Unter Mitarbeit von Augusta Dachs, Christian Hirst,
David Loibl, Barbara Rothmüller und Philip Thom

Campus Verlag
Frankfurt/New York

Bibliografische Information der Deutschen Nationalbibliothek
Die Deutsche Nationalbibliothek verzeichnet diese Publikation in der Deutschen Nationalbibliografie;
detaillierte bibliografische Daten sind im Internet über http://dnb.d-nb.de abrufbar.

ISBN 978-3-593-39212-7

Das Werk einschließlich aller seiner Teile ist urheberrechtlich geschützt. Jede Verwertung ist ohne Zustimmung des Verlags unzulässig. Das gilt insbesondere für Vervielfältigungen, Übersetzungen, Mikroverfilmungen und die Einspeicherung und Verarbeitung in elektronischen Systemen.
Copyright © 2010 Campus Verlag GmbH, Frankfurt am Main
Umschlaggestaltung: Guido Klütsch, Köln
Satz: Daniela Zeilinger, Berlin
Gedruckt auf Papier aus zertifizierten Rohstoffen (FSC/PEFC).
Printed in Germany

Besuchen Sie uns im Internet: www.campus.de

Inhalt

Vorwort ... 7

1. Schönheit im 21. Jahrhundert: Entwicklungstendenzen und strukturelle Logik ... 13
2. Zur Theorie zeitgenössischer Schönheitspraxis ... 37
3. Das Feld der Schönheitspraxis: Vier Berichte ... 56
4. Methodische Anmerkungen ... 86
5. Sechs Schönheitsklassen ... 91
   5.1 Natürlichkeit und Individualität – Frauen der oberen Klasse *David Loibl* ... 91
   5.2 Attraktivität als verallgemeinerter Normalzustand – Männer der oberen Klasse *Philip Thom* ... 103
   5.3 Schönheit zum Wohlfühlen – Frauen der mittleren Klasse *Augusta Dachs* ... 113
   5.4 Unauffällige sportliche Schönheit – Männer der mittleren Klasse *Christian Hirst* ... 127
   5.5 Schönheit durch intensive Pflege – Frauen der unteren Klasse *Barbara Rothmüller* ... 136
   5.6 Kampf gegen Schweiß und Körpergeruch – Männer der unteren Klasse *Barbara Rothmüller* ... 147
6. Schönheitspraktiken im Vergleich ... 158
   6.1 Geschlechtervergleiche ... 160
      6.1.1 Die Schönheitspraxis der oberen Klasse *David Loibl/Philip Thom* ... 160

	6.1.2	Die Schönheitspraxis der mittleren Klasse *Augusta Dachs/Christian Hirst* 166
	6.1.3	Die Schönheitspraxis der unteren Klasse *Barbara Rothmüller* 171
6.2	Klassenvergleiche 177	
	6.2.1	Die männlichen Schönheitspraktiken im Vergleich *Christian Hirst/Barbara Rothmüller/Philip Thom* 177
	6.2.2	Die weiblichen Schönheitspraktiken im Vergleich *Augusta Dachs/David Loibl/Barbara Rothmüller* 184

7. Schönheit und Macht: ein Resümee 194

Literatur 203

Vorwort

Das vorliegende Buch untersucht die Schönheitspraktiken von Frauen und Männern in westlichen spätmodernen Gesellschaften. Dabei werden Schönheitshandlungen in einem weiten Sinn betrachtet: Das Spektrum reicht von der alltäglichen Körperhygiene und regelmäßigen Handlungen, wie Gesichtsrasur und Körperhaarentfernung, bis hin zu außergewöhnlichen Maßnahmen, wie etwa Tätowierungen oder chirurgische Eingriffe. Selbstevident erscheint in diesem Zusammenhang lediglich, dass die Ästhetisierung der Körper noch nie da gewesene Ausmaße erreicht hat und beide Geschlechter sowie alle Klassen der Gesellschaft an diesem Verschönerungsboom beteiligt sind. Darüber hinaus gibt es wenig gesichertes Wissen über die Gründe für persönliche Vorlieben und Abneigungen auf dem Gebiet der Schönheit oder über persönliche Handlungslogiken, aber vor allem fehlt es an wissenschaftlichen Befunden, die zur Systematisierung des Schönheitshandelns beitragen würden, indem sie soziologische Regelmäßigkeiten, etwa milieu- oder klassenspezifische Interessenlagen und Wahrnehmungsweisen, erklären. Während mit enormem Forschungsaufwand der Frage nachgegangen wird, welche Gesichtszüge als schön empfunden werden, gilt der systematischen Analyse der Verschönerungspraxen wenig Aufmerksamkeit, ganz zu schweigen davon, dass die Kontextualisierung dieser Handlungen zumeist im Argen liegt (weil stillschweigend von Nachahmungsprozessen der Schönheitsakteure ausgegangen wird, anstatt die geschlechts- und klassenspezifische Herausbildung der Wahrnehmungsschemata von Schönheit ins Auge zu fassen). Die vorliegende Publikation empirischer Forschungsresultate versucht zur Beseitigung dieses doch erheblichen sozialwissenschaftlichen Defizits beizutragen.

Das Werk Pierre Bourdieus stand für die grundsätzliche Ausrichtung der Forschungsarbeit Pate. Den Ausgangspunkt dieser Schönheitsstudie stellten Seminare zur Theorie Bourdieus dar, die ich seit Herbst 2006 am Institut für Soziologie der Universität Wien leite. Eine der Hauptintentionen dieser Lehrveranstaltungen bestand darin, es nicht bei der Vermittlung und kritischen Überprüfung theoretischer Konstrukte bewenden zu lassen, sondern praktischen Nutzen daraus zu ziehen – ganz im Sinne Bourdieus, dass Theorien nicht vorrangig zu theoretischen Diskussionen anregen sollen, sondern zur praktischen Umsetzung.[1] Dementsprechend erstreckten sich die Inhalte der Seminare von der Erörterung theoretischer Denkwerkzeuge auf methodologische und methodische Fragen und führten hin zur empirischen Beobachtung eines Ausschnitts der gesellschaftlichen Lebenspraxis (in Form von Interviews) durch die Studierenden.

Das Thema Schönheitshandeln bot sich in diesem Kontext aus mehreren Gründen als Untersuchungsgegenstand der Bourdieu'schen Analyse an: *Erstens* stellt die körperliche Attraktivität einen überaus wichtigen symbolischen Wert dar, wie aus der Hochkonjunktur der Schönheitsindustrie, aber auch aus den medialen Diskursen zum Schönheitskult ersichtlich wird. Insgesamt bildet das Körperschöne ein mächtiges Symbolsystem, an dem sich die in Bourdieus Theorie zentrale Überlegung der Veranschaulichung sozialer Positionen und Klassenlagen – die Korrespondenz von sozialer Position und symbolischer Äußerung – sowie die Distinktionsbemühungen der Menschen gut studieren lassen. Eher belanglos erscheint in diesem Zusammenhang, wie *die* Schönheit (im Sinne einer allgemeinen Idealvorstellung[2]) objektiv aussehen mag, vielmehr galt es Aufschluss darüber zu erhalten, welche Maßstäbe subjektiv herangezogen werden, das heißt welchen praktischen Sinn die Menschen für die Inszenierung des eigenen Erscheinungsbildes entwickeln.

Zweitens handelt es sich bei den Schönheitspraktiken im wahrsten Sinne des Wortes um körperliche Vorgänge, die an dem rühren, was für gewöhnlich als natürliche Eigenschaft der Personen betrachtet wird. Wir sprechen hier zum einen von Einverleibungsprozessen gesellschaftlicher (Schönheits-)Erwartungen, die die Persönlichkeitsstruktur, den Habitus, auf nachhaltige, weil körperliche Weise prägen, und zum anderen von besonders nahegehenden Kränkungen aufgrund körperlicher Mängel, die als beschämend empfunden werden. Anhand der Schönheitspraxis lassen sich Bourdieus Gedanken zur Inkorporierung objektiver gesellschaftlicher Strukturen empirisch überprüfen, und es lässt sich die Frage verfolgen, wie sich soziale Lagen und Selbstwahrnehmungen somatisieren. Darüber hinaus

---

1 Vgl. Bourdieu/Wacquant, *Reflexive Anthropologie*, S. 194 ff.
2 Mit diesem Thema beschäftigt sich das 2009 veröffentlichte Buch *Projekt Körper* von Waltraud Posch.

findet die Arbeit am eigenen Körper auf mehreren sozialen Feldern statt, etwa im Fitnessbereich, aber auch auf dem Gebiet der Ernährung, sodass das Schönheitshandeln eine Art Querschnittsmaterie bildet, die sich ausgezeichnet dazu eignet, die systematischen Verknüpfungen von Handlungen auf unterschiedlichen Gebieten zu einem Lebensstil (dessen generatives Prinzip der Habitus darstellt) zu studieren.

Drittens existieren wohl zahlreiche Untersuchungen, die auf enorme geschlechtsspezifische Unterschiede in der Schönheitspraxis hinweisen – auf die Tatsache, dass Frauen wesentlich stärker als Männer dem Diktat der Schönheit ausgesetzt sind –, allerdings insinuiert ein Gutteil dieser Studien, dass dabei die vertikale klassenspezifische Segregation der Geschlechter eine untergeordnete, wenn nicht zu vernachlässigende Rolle spielt. In der vorliegenden Publikation wird demgegenüber von der Annahme ausgegangen, dass das Schönheitshandeln im Kontext beider Strukturen, also als intersektionales Phänomen, zu betrachten ist: Die Handlungen werden einerseits von den Auffassungen über Männlichkeit und Weiblichkeit geprägt, und andererseits davon, was standesgemäß, der sozialen Position entsprechend, richtig erscheint. Zu dieser Kontextualisierung der Schönheitspraxis liegen in Bourdieus *Die feinen Unterschiede* empirische Ergebnisse vor,[3] die Orientierungsmarken für die gegenständliche Analyse bildeten.

Viertens wird Bourdieus Konzeption der symbolischen Gewalt auf dem Gebiet der Schönheit höchst anschaulich. Bourdieus Theorie betont, dass alle sozialen Felder beziehungsweise der gesellschaftliche Raum insgesamt durch Herrschaft strukturiert werden. Auf dem Spiel steht dabei im vorliegenden Fall die Definitionsmacht auf dem Gebiet der Schönheit, oder anders ausgedrückt geht es darum, Partikularinteressen (etwa männliche Sehgewohnheiten) so durchzusetzen, dass sie allgemeine Anerkennung genießen und selbstverständlich erscheinen. In dieser Hinsicht unterliegen im Schönheitsspiel die Frauen regelmäßig der Macht des männlichen Blicks, während die Klassenlagen von Männern und Frauen eine weitere, zweite Form der Ungleichheit bedingen, nämlich zwischen Oben (dem Ort des »guten Geschmacks«) und Unten im Verhältnis der eigenen GeschlechtsgenossInnen. Die Studie greift also Bourdieus Gedankengang auf, dass sich in Symbolsystemen allemal Herrschaft manifestiert, und macht das Verhältnis von Schönheit und Macht zu einem zentralen Topos der wissenschaftlichen Analyse – zu einem Thema, durch das sich die vorliegende

---

3 Bourdieu, *Die feinen Unterschiede*, S. 328 ff.

empirische Arbeit von den meisten anderen Publikationen über Schönheit und Attraktivität unterscheidet.

Das Buch beginnt mit einer kurzen Darstellung der Genese heutiger Schönheitsstrukturen,[4] die sich im Zuge des Verbürgerlichungsprozesses im 19. Jahrhundert herauskristallisieren, und insofern mit einer Diskussion des historischen Machtgefälles zwischen Mann und Frau. Das erste Kapitel beleuchtet die bürgerlichen Familienverhältnisse (das vorbildhafte Familienleben der dominanten Klasse) und die Anfänge der modernen Konsumgesellschaft, die Rolle der weiblichen Schönheit und deren Kommerzialisierung sowie die Ausbildung der bis heute typischen patriarchalen Blickkultur im Entstehungsprozess von Fotografie und Werbung. Im weiteren geschichtlichen Verlauf, um die Mitte des 20. Jahrhunderts, beginnt vor allem die Jugendkultur das Feld der Schönheit und den Schönheitssinn zu prägen, während auf sozialem Gebiet die traditionellen Ehe- und Familienverhältnisse brüchig werden und Individualisierungstendenzen stärker zum Tragen kommen. Die Entwicklungen dieser Epoche bewirken eine stärkere Differenzierung und eine Bedeutungszunahme der Schönheit, wobei insbesondere die Schönheitspraxis der Männer einen deutlichen Aufschwung nimmt. Nicht zuletzt behandelt der erste Abschnitt des Buches den Aufstieg einer neuen Schönheitselite, von Celebrities, die den guten Geschmack in der Spätmoderne verkörpern und die Spielregeln der Verschönerung maßgeblich beeinflussen.

Geht es im ersten Kapitel um die Ausbildung dominanter Schönheitsstandards, also um Strukturen, so dreht sich der zweite Abschnitt des Buches um das Schönheitshandeln, in den Worten Bourdieus: die Einverleibung objektiver Verhältnisse. Das Kapitel beschäftigt sich mit der sozialen Anerkennung als zentralem Grund für alle Formen der Verschönerung[5] und in diesem Zusammenhang mit dem subjektiven Sinn und den Gewohnheiten der Menschen, die in die Schönheitspraxis einfließen und diese konstituieren. Vor allem erscheint es notwendig, die Formung unterschiedlicher körperlicher Dispositionen, das heißt geschlechts- und klassenspe-

---

4 Eine ausführliche (kultur-)geschichtliche Betrachtung bietet Penz, *Metamorphosen der Schönheit*.
5 Über die Konstituierung von symbolischem Kapital durch Anerkennung erklärt Bourdieu (*Praktische Vernunft*, S. 173):»Das symbolische Kapital besteht aus einem beliebigen Merkmal, Körperkraft, Reichtum, Kampferprobtheit, das wie eine echte magische Kraft symbolische Wirkung entfaltet, sobald es von sozialen Akteuren wahrgenommen wird, die über die zum Wahrnehmen, Erkennen und Anerkennen dieser Eigenschaften nötigen Wahrnehmungs- und Bewertungskategorien verfügen.«

zifischer körperlicher Gewohnheiten, zu erklären. Diese erweisen sich bei genauerer Betrachtung als Resultate von Machtverhältnissen, wie bei der Konstituierung des Körpers-für-andere von Frauen ersichtlich wird. Im Klassenverhältnis geht es bei den Verschönerungspraktiken um körperliche Distinktion und damit um die direkte Verkörperung und Performanz sozialer Vorherrschaft.

Diese theoretischen Darstellungen münden im nächsten Kapitel in vier exemplarische Berichte über geschlechts- und klassenspezifische Schönheitspraktiken, die das Panorama des heutigen Schönheitsfeldes veranschaulichen und zur empirischen Analyse der Differenzen und Ähnlichkeiten im Schönheitshandeln überleiten. Die Aufbereitung der Untersuchungsergebnisse beginnt in diesem Buchabschnitt mit der relativ bedeutungsoffenen Wiedergabe von Interviewpassagen (die auch übersprungen werden können, wenn nicht so sehr Details, sondern generelle Erkenntnisse interessieren). In den anschließenden Kapiteln erfolgt dann eine schrittweise Verdichtung der Interviewinterpretationen und Auswertungsergebnisse bis hin zu einer abschließenden Typologie der Schönheitspraktiken.

Nach einer kurzen Diskussion des Untersuchungsdesigns und methodologischer Fragen gibt Kapitel 5 eine Übersicht über die charakteristischen Schönheitshandlungen der einzelnen Klassen – von insgesamt sechs, je drei weiblichen und drei männlichen, Schönheitsklassen. Dieser Abschnitt der Arbeit soll veranschaulichen, auf welch systematische Weise Klassenposition und Geschlecht mit spezifischen Schönheitshandlungen verbunden sind beziehungsweise wie sich der Klassenhabitus von Frauen und Männern auf dem Gebiet der Schönheitspraxis darstellt. Dabei zeigen sich beispielsweise deutliche Unterschiede im Umfang der Schönheitshandlungen, aber auch in den Wahrnehmungen der eigenen und fremden Attraktivierung. Der Zweck des Sichschönmachens variiert mit der Klassenlage und dem Geschlecht, je nachdem ob berufliche oder private Anforderungen im Vordergrund stehen, ebenso wie die medialen Einflüsse unterschiedlich stark ausgeprägt sind.

In Kapitel 6 werden diese Schönheitspraktiken einem systematischen Vergleich unterzogen, und zwar auf zweifache Art und Weise: Einerseits werden die geschlechtsspezifischen Unterschiede bei gleicher Klassenlage, und andererseits die Klassendifferenzen im Schönheitshandeln je Genusgruppe untersucht. Im Unterschied zu einem Großteil der traditionellen Schönheitsstudien, die von homogenen Handlungs- und Wahrnehmungsschemata der Geschlechter ausgehen, wird in der gegenständlichen Untersuchung ein intersektionaler Analyseraster angelegt, der es ermöglicht zu überprüfen, ob sich eher die körperlichen Gewohnheiten der Geschlechter innerhalb einer Klasse voneinander unterscheiden oder die klassenspezifischen Praktiken je Geschlechtergruppe. Die Ergebnisse dieser Vergleiche erweisen sich zum Teil als erstaunlich, ist doch zum Beispiel in der oberen Klasse eine analoge Schönheitspraxis der Geschlechter anzutreffen (die allerdings höchst verschieden argumentiert wird), während die Differenzen zwischen den Männern am oberen und unteren Ende der sozialen Hierarchie, also innerhalb der männlichen Geschlechtergruppe, enorm groß sind.

Das abschließende Kapitel 7 greift das Thema Macht des historischen und theoretischen Teils des Buches nochmals auf und bringt es in Verbindung mit den empirischen Untersuchungsergebnissen und typischen Schönheitshandlungen. Die differenzierten empirischen Resultate bestätigen und veranschaulichen dabei die allgemeinen Aussagen der ersten Kapitel über die Machtverhältnisse im Schönheitsspiel. Eine allgemeine Entwicklungstendenz lässt sich schon hier zusammenfassen: Die der Verschönerung innewohnende symbolische Gewalt trägt unverändert zur männlichen Herrschaft bei, wenngleich sich im gehobenen Milieu der Männer seit geraumer Zeit der soziale Zwang verstärkt, den Körper zu kultivieren und sich schön zu machen.

Bleibt mir einleitend noch Dank abzustatten an die Teilnehmer und Teilnehmerinnen der Bourdieu-Seminare, deren Abschlussarbeiten den Grundstein für dieses Buch gelegt haben (und die namentlich genannt sind, wenn das Interview Aufnahme in die vorliegende Publikation fand); gesondert möchte ich Andreas Spittler erwähnen, der bei der ersten Auswertung des Interviewmaterials mitgearbeitet hat. Besonderer Dank gilt meinen Mitautoren und -autorinnen, die langwierige Diskussionen und umfängliche Revisionen ihrer Texte in Kauf nehmen mussten, um zur Endfassung ihrer Beiträge zu kommen, sowie der Politikwissenschaftlerin Birgit Sauer, die das Buchmanuskript mehrfach durchgesehen, Ergänzungen erwogen und wertvolle Verbesserungsvorschläge eingebracht hat.

Otto Penz
Wien, im Dezember 2009

1. Schönheit im 21. Jahrhundert: Entwicklungstendenzen und strukturelle Logik

> So hässliche und widrige Dinge sind manchmal modern, als wollte die Mode ihre Macht gerade dadurch zeigen, dass wir ihretwegen das Abscheulichste auf uns nehmen.
>
> *Georg Simmel, Philosophie der Mode, 1995 [1905]*

Die massenhafte Verbreitung von Piercings und Tattoos am Ende des vorigen Jahrhunderts zeigt einmal mehr, dass der Schönheitssinn keine überzeitliche Konstante ist, sondern erheblichen kulturellen Veränderungen unterliegt. Um diese Einsicht zu vertiefen, bedarf es keines ausschweifenden Rückblicks in die Menschheitsgeschichte. Schon die Unterschiedlichkeit der Schönheitsikonen im Verlauf der letzten 200 Jahre, also im Entwicklungsprozess westlicher Industrie- und Konsumgesellschaften, führt die Variabilität kultureller Standards deutlich vor Augen. Die fragile, blasshäutige Schönheit der bürgerlichen Gesellschaft im 19. Jahrhundert unterscheidet sich ganz wesentlich vom athletischen, sonnengebräunten Ideal der Spätmoderne, und der Bruch mit traditionellen Vorstellungen zeigt sich besonders deutlich in den 1960er Jahren, als Twiggy anstelle Marilyn Monroes zum Idol wird. Wenn der Konjunkturzyklus männlicher Schönheit im selben Zeitraum weniger ausgeprägt ist, so liegt das vor allem daran, dass Männer in weit geringerem Maße dem Diktat der Schönheit und modischen Anpassungszwängen unterworfen sind.

Im Grunde genommen beginnt der Siegeszug der Schönheit, nämlich von Schönheit als sozial strukturierender Macht, erst mit der Demokratisierung westlicher Gesellschaften – zu jener Zeit, in der Schönheit nicht mehr aristokratische Herrschaft und eine ständische Ordnung symbolisiert (in der beispielsweise Bekleidungsvorschriften die Schönheit normieren). Schönheit wird im Verbürgerlichungsprozess sozial bedeutsam, indem die Menschen beginnen, das Erscheinungsbild als individuellen Ausdruck wahrzunehmen, als Zeichen der individuellen Persönlichkeit. Die Befreiung der Schönheit aus dem ständischen Interpretationszusammenhang bildet die Voraussetzung dafür, persönliche Vorteile aus einer einnehmenden Selbstinszenierung ziehen zu können. Es dauert allerdings lange im 19. Jahrhundert, bis diese neue Freiheit in Ehe- und Familienfragen wirksam wird. In der zweiten Hälfte des Jahrhunderts beginnt die Schönheit für

Frauen unterer Klassen Chancen zu eröffnen, ihre soziale Position zu verbessern.[6] Während in der Vernunftehe die körperliche Attraktivität der Partnerin eine willkommene Beigabe ist, wird sie mit dem Aufschwung der Liebesbeziehung zu einem Kapital, das sich auf dem Heiratsmarkt einsetzen lässt. Die Schönheit verweist in diesem Zusammenhang auf ein komplementäres Verhältnis der Geschlechter, in dem die finanzielle Versorgung der Familie durch den Ehemann und sein beruflich-sozialer Status gegen häusliche Tugenden, Mutterschaft und Schönheit ausgetauscht werden, oder anders gesagt, die Attraktivität der Ehefrau den sozialen Rang des Mannes verkörpert. Der fragile Charakter weiblicher Schönheit – hervorgerufen durch die Einschnürung der Körper in Korsetts, das heißt durch die Bekleidungszwänge jener Zeit – spiegelt dabei die gesellschaftliche Inferiorität der Frau wider. In der Grundtendenz besteht dieses Machtverhältnis bis heute fort und manifestiert sich gegenwärtig sowohl in der Hauptverantwortung der Frau für Haushalt und Kindererziehung als auch in der weitaus stärker ausgeprägten weiblichen Schönheitspraxis. Mit einem Wort, seit dem Beginn der bürgerlichen Gesellschaft ist die Schönheit weiblich und ein kulturelles Konstrukt, das auf das Machtungleichgewicht zwischen den Geschlechtern verweist.

Zudem hat die Schönheit klassenspezifischen Charakter. Die Macht der Schönheit kann sich nur dort entfalten, wo Zeit und Geld für ästhetische Fragen zur Verfügung stehen. Einem berühmten Diktum Bertolt Brechts folgend, kann man sagen: »Zuerst kommt das Fressen, dann die Ästhetik«. Die Arbeiterklasse partizipiert bis zum ausklingenden 19. Jahrhundert weder an den Segnungen der sich entfaltenden Konsumgesellschaft noch am Schönheitsdiskurs. Historisch betrachtet ist die Selbstästhetisierung eine Angelegenheit des Bürgertums und der aufstrebenden Mittelklasse, womit die Schönheit neben der geschlechtlichen Codierung mit sozialen Positionen verknüpft ist. Erst der ökonomische Aufschwung in den fünfziger Jahren des 20. Jahrhunderts schafft die Voraussetzungen für eine umfängliche Ästhetisierung des Alltags und die Integration der unteren Klassen in das Schönheitsspiel. Das bedeutet nun wiederum nicht, dass sich die Verbindung von sozialer Position und Selbstinszenierung in Wohlgefallen auflösen würde und eine neue soziale Beliebigkeit der Schönheitspraktiken Platz greifen würde – im Gegenteil, die Ausweitung des Schönheitsdiskurses auf die gesamte Gesellschaft bedingt eine Verschärfung und Feinjustie-

---

6 Vgl. Perrot, »Rollen und Charaktere«, S. 127 ff.

rung der symbolischen Auseinandersetzungen. Die neuen Akteure bewirken eine Dynamisierung des ästhetischen Feldes, und die Abstände zwischen den oberen und unteren Klassen müssen auf neuartige Weise sichtbar gemacht werden im Kampf um die Definitionsmacht des guten Geschmacks und der Schönheit, das heißt aus der Sicht der dominanten Klasse, um Distinktionsgewinne einfahren zu können. Schlankheit erweist sich dabei als probates Mittel, ein wenig später die Fitness in Form des trainierten Körpers.

Diese kurzen Anmerkungen zur kulturellen Kodierung der Körperästhetik sollen davor bewahren, evolutionstheoretischen Erklärungen über die Macht der Schönheit allzu große Bedeutung beizumessen. Grundaxiom dieser Erklärungsansätze ist die Annahme einer ästhetischen Steuerung der Artenselektion, die beim Menschen dazu führe, dass schöne ArtgenossInnen besonders begehrenswert erscheinen, weil sie reiche Nachkommenschaft versprechen. Schönheit signalisiere einen »Fortpflanzungsvorteil«, und daraus erkläre sich die geschichts- und kulturübergreifende Anziehungskraft von Schönheit, genauer: zeitloser Wesenszüge wie das symmetrische Gesicht, die glatte Haut und dergleichen mehr. Es geht hierbei also um den Versuch einer Letztbegründung menschlicher Schönheit, um die Naturalisierung von Schönheit und der Macht, die davon auszugehen scheint. In diesem Zusammenhang werden bestimmte ästhetische Standards als unverrückbar dargestellt. Diese Argumentation ist in den letzten Jahren zu einem hegemonialen Diskurs angewachsen,[7] der differenzierte kulturkritische Betrachtungsweisen übertönt – ohne selbst viel zur Bestimmung von Schönheit beizutragen.

Dass Menschen Schönheit, auch die ihrer ArtgenossInnen zu schätzen wissen, ist eine soziale Tatsache, die keiner genetischen Erklärung bedarf. Dieses Vermögen – basierend auf Selbstreflexion und der Bewertung von Dingen und Handlungen – bezeichnet Kulturgeschichte schlechthin. Fragwürdig ist der biologische Diskurs insofern, als er der Mythologisierung von Schönheit Vorschub leistet, indem er die Machtfaktoren ausklammert, die den Körper prägen und der Schönheit ihre spezifische Bedeutung verleihen. Die Geschichte stellt sich aus evolutionstheoretischer Perspektive so dar, als wäre die körperliche Schönheit allenthalben ein wirksames Prin-

---

[7] Vgl. Etcoff, *Nur die Schönsten überleben*; Naumann, *Schöne Menschen haben mehr vom Leben*; Renz, *Schönheit*. Eine rühmliche Ausnahme in diesem Zusammenhang stellt Menninghaus (*Das Versprechen der Schönheit*) dar, der den Versuch unternimmt, Darwins Erkenntnisse über die Menschengattung vor seinen NachfolgerInnen zu retten.

zip der gesellschaftlichen Strukturierung oder ein bedeutsamer handlungsleitender Faktor. Die entscheidende Frage lautet hingegen, unter welchen gesellschaftlichen Bedingungen Schönheit Macht entfalten kann. Das körperliche Kapital der Arbeiterin im 19. Jahrhundert beispielsweise ist ihre physische Arbeitskraft, während ihre Schönheit frühzeitig den industriellen Arbeitsbedingungen zum Opfer fällt. Für die Handelsangestellte der Dienstleistungsgesellschaft hingegen stellt die Schönheit ein wertvolles Gut dar, das die Chancen auf dem Arbeitsmarkt erhöht. Solange das Einkommen des Mannes das familiäre Glück bestimmt, ist seine Attraktivität von untergeordneter Bedeutung. Dies ändert sich wiederum mit der zunehmenden finanziellen und sexuellen Autonomie der Frau. Kurzum, die Bedeutung der Schönheit erschließt sich nur im jeweiligen historischen Kontext und ihr Stellenwert verweist auf soziale Machtverhältnisse. In der Wirkung von Schönheit und im Sinn für Schönheit drückt sich Herrschaft aus, was sich etwa daran ablesen lässt, dass über weite Strecken der Geschichte nur die Schönheit der Herrschenden ins Bild kommt. Winfried Menninghaus zieht nach eingehender Erörterung von Darwins *sense of beauty* den Schluss, dass

»praktisch alle vom Menschen erfundenen sozialen Reglementierungen der Sexualität und der Partnerfindung das Wirken ästhetisch-sexueller Selektion ins Reich der Tiere oder der menschlichen ›primeval times‹ [relegieren]. Menschliche Kultur kann im Sinne Darwins insofern generell und geradezu als tendenzielle Blockade sexueller Selektion definiert werden. [...] Unter modernen Geschlechterverhältnissen bestimmt Darwin vor allem die Rücksicht auf Reichtum und soziale Position als unvereinbar mit der Evolution ästhetisch bevorzugter Merkmale.«[8]

Eine Reihe sozialer Faktoren relativiert mithin die Macht der Schönheit bei der Partnersuche. Dem wäre hinzuzufügen, dass sich der Einfluss körperlicher Attraktivität nicht auf die Sexualität und die Partnerwahl beschränkt. Die voranstehenden Bemerkungen verweisen darauf, dass die Schönheit unter spezifischen historischen Bedingungen zu einem wertvollen Kapital auf dem Arbeitsmarkt geworden ist. Das Schönheitsspiel in der modernen westlichen Welt dreht sich vor allem um Distinktion, um die Veranschaulichung sozialer Überlegenheit und symbolischer Herrschaft – um die Definition dessen, was als kulturell wertvoll erachtet wird. Evolutionstheoretische Erklärungen der Schönheit greifen damit einmal zu weit, indem sie körperliche Vorzüge verabsolutieren und der Geschichte enthe-

---

8 Menninghaus, *Das Versprechen der Schönheit*, S. 118 f.

ben, und ein anderes Mal zu kurz, indem sie den Schönheitssinn an einem einzigen, wenn auch wichtigen Aspekt des menschlichen Zusammenlebens, der sexuellen Wahl, festmachen.

Die Ware Schönheit

Die Struktur des heutigen Schönheitsdispositivs, das heißt die Matrix und nicht die Form der Ideale, beginnt sich im 19. Jahrhundert herauszubilden, als im Verbürgerlichungsprozess die Schönheit zu einem Ausdruck von Persönlichkeit wird. Mit der Befreiung aus feudalen Bedeutungszusammenhängen entwickelt sich die Mode zu einem prinzipiell offenen Zeichensystem (wobei die Körperform im 19. Jahrhundert von der Mode geprägt wird; der nackte Körper kommt erst am Ende des Jahrhunderts ins Spiel). Damit eröffnen sich völlig neue Wege, den sozialen Rang und damit verbundene Werthaltungen zu veranschaulichen. Der Anzug – der markanteste Gegenentwurf zur schmuckvollen adeligen Bekleidung – symbolisiert in diesem Zusammenhang sowohl den Aufstieg des Bürgertums als auch die Dominanz einer neuen, asketischen Arbeitsethik. Insgesamt beginnt sich eine neue soziale Ordnung, basierend auf kapitalistischer, ökonomischer Vorherrschaft, in das modische Zeichensystem einzuschreiben, das nunmehr im Unterschied zu vorangegangenen Zeiten beständig umkämpft ist. Das Schönheitsspiel belebt sich, und die anlaufende Massenproduktion von Konsumgütern wie Damen- und Herrenbekleidung, Schuhe und Hüte liefert das Material für den symbolischen Wettstreit.

Der Zweck dieses Spiels besteht darin, die Oberhoheit auf symbolischem Gebiet zu erlangen – durch Attraktivität und Schönheit die führende gesellschaftliche Position zum Ausdruck zu bringen. Anders formuliert dient die Selbstinszenierung allemal dazu, sich von unteren sozialen Rängen zu distanzieren. Das maßgebliche Prinzip des Schönheitsspiels heißt Distinktion im Sinne von Konstitution und Verstetigung symbolischer Herrschaft. Dabei verweisen die symbolischen Ausdrucksformen auf soziale Machtverhältnisse, zu deren Beständigkeit sie beitragen, indem sie die sozialen Abstände sinnfällig machen. Während einerseits ökonomischer Reichtum und Geschmacksbildung im Medium Schönheit ihren Ausdruck finden, adelt andererseits die Schönheit die Begüterten und Gebildeten. Die Selbstdarstellung bezieht sich damit immer auf andere Menschen, woran auch die gängige Argumentation, man mache sich »für sich selber schön«, nichts ändert. Solche Begründungen zeugen vielmehr von einer Verkennung der gesellschaftlichen Praxis. Das Missverständnis resultiert aus der Annahme, dass ausgerechnet die Sprache der Mode und Schönheit (im Unterschied etwa zum gesprochenen Wort) keine Adressaten hätte, die ihrerseits das Feld für subjektive Selbstentwürfe konstituieren.[9] Wie in allen sozialen Lebensbereichen handelt es sich bei der Inszenierung von Schönheit um ein vorstrukturiertes Feld, und der Schönheitspraxis wohnt strukturierende, verändernde Kraft inne. Für die Schönheit gilt letztendlich dasselbe wie für alle anderen Symbolsysteme der menschlichen Kultur auch: Sie ist ein Mittel der Kommunikation, das historischen Gesetzmäßigkeiten unterliegt, und sie verweist auf komplexere gesellschaftliche Zusammenhänge.

Bahnbrechend im 19. Jahrhundert ist die starke Kommerzialisierung des Schönheitsspiels – ein Prozess, der mit der Geburt der Konsumgesellschaft in Schwung kommt und in der Spätmoderne mit der Kommerzialisierung von Körperpraktiken wie dem Fitnesstraining oder der kosmetischen Chirurgie ein ungeheures Ausmaß erreicht. Die Öffnung des modischen Zeichensystems ist unmittelbar mit der kapitalistischen Inwertsetzung der modischen Zeichen verbunden, was dazu führt, dass die Schönheit hinfort buchstäblich ihren Preis hat. Exklusivität beginnt sich am Geldwert zu bemessen, wodurch sich ökonomische Macht direkt durch den Besitz luxuriöser Konsumgüter ausdrücken lässt. Die Frauenmode in der zweiten Hälfte des 19. Jahrhunderts stellt ein beredtes Beispiel für diesen Zusammenhang dar, wobei der ökonomische Mechanismus bis heute, wenn auch in abgeschwächter Form, intakt ist, wie die Nachfrage nach Designerwaren und der Boom an Fälschungen von Markenprodukten zeigen.

Ebenso bedeutend für die weitere Entwicklung wie die Kommerzialisierung ist die Anreicherung der Waren mit symbolischem Wert im Zuge der um sich greifenden Massenfertigung von Konsumartikeln. Die Mode hat nicht nur ihren Preis, sondern gleichzeitig vollzieht sich eine Aufwertung ihres symbolischen Nutzens, welche die Schönheitskonkurrenz anheizt. Zwei Mechanismen sind dafür ausschlaggebend: die Industrialisie-

---

9 Bourdieu (*Eine sanfte Gewalt*, S. 229) weist auf einen ähnlichen Irrtum beim Blick in den Spiegel hin: »Anders als man glaubt, ist der Spiegel nicht dazu da, sich zu sehen, vielmehr versucht man im Spiegel zu sehen, wie man gesehen wird.«

rung des Verkaufs und eine moderne Form der Bewerbung von Konsumgütern.

Zum einen führt die Massenfertigung modischer Waren zum Entstehen neuer Einkaufsstätten. In den urbanen Zentren der westlichen Welt beginnen ab der Mitte des 19. Jahrhunderts Einkaufspaläste, den heutigen *malls* oder *urban entertainment centres* vergleichbar, aus dem Boden zu schießen, die eine noch nie da gewesene Vielfalt an Waren zur Schau stellen und das Einkaufsverhalten nachhaltig verändern. Das Bon Marché in Paris spielt eine Vorreiterrolle in dieser Entwicklung, die bis zum beginnenden 20. Jahrhundert alle Metropolen zu beiden Seiten des Atlantiks erfasst. Im Vergleich zum vormodernen Einkaufsverhalten, einem persönlichen Verhandlungsprozess über Qualität und Preis zwischen Verkaufspersonal und Kundschaft, müssen die Waren in den Einkaufspalästen für sich selbst sprechen, und dies bei fixen Preisen. Beides bedingt völlig neuartige Inszenierungen oder Ausstellungstechniken mit dem Ziel, vergleichsweise billige Massenware wie Luxusgüter aussehen zu lassen. Die Verschiebung der Kommunikation im angehenden Massenkonsum, nämlich hin zu einem Zwiegespräch zwischen Ware und KonsumentIn, zieht eine symbolische Aufladung der Güter nach sich, die in der Folge Distinktionsgewinne der KäuferInnen ermöglicht. Insbesondere der Mittelklasse eröffnen sich damit, das heißt durch relativ preiswerte Konsumgüter mit luxuriösem Anschein beziehungsweise hohem Prestige, Distinktionschancen, die den symbolischen Wettstreit insgesamt beschleunigen. »In seinem Bedürfnis, sich nach unten gegen das Proletariat abzugrenzen, indem es nach oben das (reiche) Großbürgertum […] nachahmt, benötigt das Kleinbürgertum geeignete Statussymbole. In Übereinstimmung damit bieten die Warenhäuser ihre Waren als Symbole an.«[10] Dieser Warencharakter der Selbstdarstellung, der sich in weiterer Folge mit dem Aufschwung der Kosmetikindustrie auf die Pflege und Formung des Körpers zu erstrecken beginnt, liegt bis zum heutigen Tag der Dynamik des Schönheitsspiels zugrunde, das sich durch die Ökonomisierung von vorherigen geschichtlichen Ausformungen markant unterscheidet.

Zum anderen erfordert das rapide anwachsende Warenangebot neue Strategien der Verkaufsförderung. Moderne Werbung beginnt genau zu jener Zeit zu florieren, in der bei zunehmender Warenvielfalt immer weniger der Gebrauchswert, sondern vielmehr der angesprochene symbolische

---

10 Haubl, »Welcome to the pleasure dome«, S. 221.

Nutzen über den Konsum entscheidet. Ausgehend von den Vereinigten Staaten entwickelt sich jene Form der Anzeigen- und Plakatgestaltung, die heutzutage als *lifestyle*-Werbung bezeichnet wird. Die Innovation im Vergleich zu älteren Werbeformen besteht darin, dass nunmehr symbolische Reize zum Konsum verführen, oder genauer gesagt, dass diese Werbung den symbolischen Wert von Massengütern kreiert, den sich die KonsumentInnen durch den Kaufakt aneignen können. Während die Vorformen der modernen Werbung über die Nützlichkeit von Konsumgütern sprechen, macht sich der neue Werbestil das wachsende Bedürfnis nach Distinktion zu eigen und redet von Eleganz, Schönheit und Dynamik – von prestigeträchtigen Eigenschaften, durch die sich die Konsumgüter auszeichnen. In der Verbindung von prestigereichem Ambiente und Markenname, die die Werbung herstellt, zeigt sich jener symbolische Gewinn, der durch den Konsum des Produkts erzielt werden kann.[11] Die Variationen des symbolischen Mehrwerts oder Glücksversprechens verweisen dabei auf unterschiedliche Interessenlagen und Lebenswelten der KonsumentInnen und gewährleisten gleichzeitig, dass sich diese durch Werbung persönlich, nämlich den eigenen Wünschen und Gewohnheiten entsprechend, angesprochen fühlen. Werbung wendet sich anders ausgedrückt immer an eine anonyme Masse von KonsumentInnen, aber auf solche Art und Weise, dass sie jeweils persönlichen Profit verspricht. Überspitzt formuliert lässt sich sagen, dass die Werbung »individuelle Massenprodukte« herstellt. Qua Werbung werden Massengüter mit individuellen Dispositionen verkoppelt und damit zum Ausdruck des persönlichen Lebensstils. Mit dem Erwerb von Waren verbindet sich ein individueller symbolischer Nutzen. Damit führt die Massenproduktion von Konsumgütern paradoxerweise zu einer stärkeren Akzentuierung von Individualität; sie trägt zur Herausbildung persönlicher Stile oder unverwechselbarer Persönlichkeiten bei und liegt gesellschaftlichen Prozessen zugrunde, die heutzutage im Zentrum der Debatte über Individualisierung und Subjektivierung[12] oder über *taste cultures* stehen.

Ein zentraler symbolischer Wert, den die moderne Werbung im 19. Jahrhundert aufgreift, ist die Schönheit, und zwar vorrangig die weibliche Schönheit. Die Gründe dafür verweisen neuerlich auf gesellschaftliche

---

11 Goodrum und Dalrymple (*Advertising in America*) bieten vielfältiges frühes Anschauungsmaterial (aus den Vereinigten Staaten) für diesen Zusammenhang.
12 Die meisten Aufsätze in Paula-Irene Villas Sammelband *schön normal* zum Thema plastische Chirurgie beschäftigen sich beispielsweise mit diesem Problem.

Machtverhältnisse. Zu den wesentlichen Aufgaben der bürgerlichen und kleinbürgerlichen Frau dieser Zeit zählt die Haushaltsführung, womit sie auch hauptverantwortlich für den familiären Konsum ist. Dazu gehören neben der Auswahl von Nahrungsmitteln, Speisen und Getränken auch die repräsentative Ausstattung der Wohnräume oder die Wahl geschmackvoller Kleidung, die zur Veranschaulichung des sozialen Ranges im privaten wie im öffentlichen Leben dienen. Den Frauen wird mit einem Wort die tragende Rolle bei der Ausbreitung der Konsumgesellschaft zugewiesen, und bis heute dominieren Frauen – zu einem guten Teil aufgrund familiärer Pflichten – in vielen Konsumbereichen, insbesondere auf dem Gebiet der Hygiene und Verschönerung. Dieser geschlechtsspezifischen Ausprägung des Konsumverhaltens liegt offenkundig das Machtungleichgewicht zwischen den Geschlechtern zugrunde, das sich in der Vorherrschaft des Mannes im öffentlichen Leben zeigt, während Leben und Verantwortlichkeit der bürgerlichen Frau auf die private Sphäre beschränkt bleiben.[13] Im weiblichen Konsum drückt sich insofern die soziale Unterordnung der Frau aus. Aufgrund dieser Konstellation sind die Frauen auch von Anfang an Hauptadressatinnen der Werbung – und die Werbung beginnt im 19. Jahrhundert den symbolischen Profit von Waren mittels Frauendarstellungen zu veranschaulichen. Der luxuriöse Charakter von Markenseifen, Erfrischungsgetränken (etwa Coca Cola) und dergleichen mehr lässt sich an der Schönheit der Models ablesen. Umgekehrt verspricht das vorbildliche Aussehen der »Modellkonsumentinnen« symbolische Erfolge beim Kauf der Ware. Im Endeffekt führt dies zu einer anwachsenden Präsenz – in medialisierter Form – idealer weiblicher Schönheit im öffentlichen Raum, die von Männern der Werbeindustrie entworfen wird. Damit verschärft sich ganz entschieden der Schönheitsdruck, der auf Frauen lastet. Hinfort wird sich die Schönheit der Frau auch an virtuellen Standards der Werbewirtschaft bemessen, wobei die enorme Ausbreitung medialisierter ArtgenossInnenschönheit – nicht nur in der Werbung, wie noch zu zeigen sein wird – zu den markantesten kulturellen Entwicklungen in der Moderne gehört.

Frauen der Ober- und Mittelklasse werden über den Konsum in die ökonomische Welt integriert, indem die großen Warenhäuser und die mo-

---

13 »Ein gesellschaftliches Individuum, Mann oder Frau, ist durch die Wahrscheinlichkeit charakterisiert, im öffentlichen Raum zu sein, einen Beruf, eine sozial anerkannte Stellung zu haben usf. Hier liegt der primäre Unterschied zwischen den Männern und den Frauen« (Bourdieu in *Eine sanfte Gewalt*, S. 222).

derne Werbung die Kommerzialisierung der Haushaltsführung und der familiären Aufgaben vorantreiben. Zugleich eröffnen sich aus dieser Logik neue öffentliche Räume für Frauen. Die Einkaufspaläste stellen Orte dar, an denen Frauen legitimerweise, nämlich aufgrund der familiären Arbeitsteilung, ohne männliche Begleitung verweilen können. Das spektakuläre Warenangebot, dessen Sichtung Zeit benötigt, *window shopping* oder Attraktionen wie Modeschauen laden zu längeren Aufenthalten ein und tragen dazu bei, die alte Ordnung außer Kraft zu setzen, in der die wohlgesittete Frau einzig an der Seite des Ehegatten am öffentlichen Leben teilhat. »[The department store] provided a spectacular environment in which to stroll aimlessly, to be a *flâneuse*, to observe people, to admire and parade new fashions«, schreibt die Kulturwissenschaftlerin Mica Nava.[14] Diese Beobachtung verweist wiederum darauf, dass der Schönheitsdiskurs durch die Warenhäuser belebt wird und die Selbstreflexion der Frau über den richtigen Geschmack und die modische Inszenierung zunimmt. Diese Selbstreflexion und die daraus resultierende Praxis stehen im Zeichen der männlichen Macht – im doppelten Sinne von sich schön machen für den männlichen Blick und der Symbolisierung des männlich kodierten sozialen Ranges. Die Einkaufsparadiese wirken solcherart mit an einer Verdichtung der patriarchalischen Blickkultur, die durch die Werbung direkt forciert wird und sich darin äußert, dass sich Frauen selbst beobachten, und zwar durch die Augen des Mannes. »The surveyor of woman in herself is male: the surveyed female. Thus she turns herself into an object – and most particularly an object of vision: a sight«, fasst John Berger die Machtkonstellation zusammen.[15] Dieser Objektcharakter der Frau, das ständige Wahrgenommensein, kennzeichnet die weitere Geschichte des Schönheitsspiels, und die Macht des Blicks wächst mit der zunehmenden Visualisierung der Kultur im 20. Jahrhundert.

Die Fotografie und der Film beginnen die Sehgewohnheiten im 19. Jahrhundert zu verändern und eine neue Form von kulturellem Gedächtnis zu etablieren, das in weiterer Folge stärkere visuelle Züge aufweisen wird. Im Vergleich zur bildenden Kunst, aber auch zur Gebrauchsgrafik dokumentiert die Fotografie Schönheit auf ungewohnt realistische Weise und lädt damit zum direkten Vergleich zwischen Wirklichkeit und der Abbildung von Wirklichkeit ein. Dabei fixieren die Bilder einen bestimmten historischen und biografischen Ausschnitt, in unserem Fall das

---

14 Nava, »Women, the City and the Department Store«, S. 72.
15 Berger, *Ways of Seeing*, S. 47.

jugendliche Aussehen der jeweils vorherrschenden Modelle, um ihm zeitlose Präsenz zu verleihen. Das Repertoire an schönen Ansichten wächst mit der Ausbreitung der Fotografie, und einzelne Ikonen werden in diesem Prozess zum festen Bestandteil der kollektiven Erinnerung. Entgegen der Vergänglichkeit realer Schönheit spricht die Bilderwelt von der Permanenz jugendlicher Attraktivität, und die Reihe an Vorbildern verleiht der Schönheitskonkurrenz eine historische Dimension. Bis zum heutigen Tag zirkulieren die Jugendbildnisse der Kinostars der 1930er und 1940er Jahre in den Medien, und die einstigen Aktfotos von Marilyn Monroe prägen dauerhaft den Geschmack.

Die Fotografie wie der Film stellen von Beginn an den nackten Körper zur Schau, wie zahlreiche Daguerreotypien oder frühe Stummfilme belegen,[16] wobei die Aufmerksamkeit typischerweise der weiblichen Nacktheit gilt. Während der Körper der Frau im wirklichen Leben unter zahlreichen Bekleidungsschichten verschwindet, von Kopf bis Fuß verhüllt ist und durch das Korsett geformt wird, geben die Medien den Blick auf die fleischliche Figur frei. Die massenhafte Verbreitung erotischer Fotografien für den Mann setzt just zu jener Zeit ein, als die »viktorianische« Schamhaftigkeit einen Höhepunkt erreicht. Daran lässt sich auch das ambivalente Frauenbild der bürgerlichen Gesellschaft ablesen – eine männliche Vorstellungswelt, die einerseits von der asexuellen Reinheit der (Ehe-)Frau und Gesellschaftsdame sowie andererseits von der (beängstigenden) sexuellen Potenz und Verführungskraft der *femme fatale* bestimmt wird.[17] Gebärerin und Mutter ohne sexuelle Gefühle und sexualisierte Weiblichkeit (der Visualisierungen) – beide Konzeptionen befestigen die symbolische Herrschaft des Mannes. Auf fotografischem Gebiet sind Männer sowohl Produzenten als auch Konsumenten der erotischen Darstellungen. Wie in der Werbung handelt es sich bei den Fotografien um männliche Konstruktionen verführerischer Weiblichkeit. Das Subjekt der fotografischen Inszenierung von Erotik ist der Mann, der Fotograf, während die Frau das Objekt dieses Schöpfungsaktes darstellt. Anders hingegen als in der Werbung zielen die Produkte auf eine männliche Kundschaft ab, womit die Modelle vollständig zum Medium männlicher Kommunikation werden. Die weibliche Nacktheit der Aktfotografien dient dem symbolischen Austausch unter

---

16 Vgl. beispielsweise Nazarieff, *Early Erotic Photography*, oder Achenbach/Canepelle/Kieninger, *Projektionen der Sehnsucht*.
17 Zum Ausdruck dieser Konstellation in der bildenden Kunst um 1900 vgl. Fliedl, *Gustav Klimt*.

Männern, mittels fotografischer Projektionen kommunizieren Männer mit Männern. Die zuvor erwähnte einseitige Blickkultur erfährt also durch die Aktfotografie eine besondere Ausprägung – auch in quantitativer Hinsicht, indem eine Art Industrialisierung des männlichen erotischen Blicks durch die en masse »unter dem Ladentisch« gehandelten sittenwidrigen Bilder stattfindet. Es bedarf einer erheblichen kulturellen Verschiebung der Schamgrenzen, bis Frauen die Betrachtung solch realistischer Nacktheit teilen. In diesem Prozess spielt wiederum die Werbung eine bahnbrechende Rolle, in der ab den zwanziger Jahren des vorigen Jahrhunderts fotografische Gestaltungstechniken zunehmen und erste Sujets mit völlig entblößten Frauengestalten zu zirkulieren beginnen, die zu Schönheitsvergleichen unter Frauen einladen.

Einige Charakteristika der frühen Aktdarstellungen finden sich bis heute in der Mode- und Werbefotografie. Sie erinnern an den skizzierten historischen Zweck der Aufnahmen und tragen zur Formung des weiblichen körperlichen Habitus im Zeichen des männlichen Blicks bei – zur Kultivierung des *body-for-others*. Insbesondere bestimmte körperliche Haltungen, die als reizvoll und verführerisch gelten und mit Schönheit assoziiert werden, drücken sich nahezu unverändert in der Geschichte der Fotografie aus. Bezeichnend ist etwa die Passivität der abgebildeten Models, die dem Eindruck Vorschub leistet, es handle sich dabei um einen »natürlichen« Wesenszug der Frau. Selbst in der zeitgenössischen Sportfotografie existieren bemerkenswerte Unterschiede zwischen den Abbildungen weiblicher und männlicher AthletInnen, die veranschaulichen, wie resistent die historische Codierung von weiblicher Passivität und männlicher Aktivität ist.[18] Ähnliches gilt für die Kopfhaltung und den Gesichtsausdruck der Abgebildeten: die vom Betrachter abgewandte, disponible Pose mit gesenktem Kopf, die halb geöffnete Lippenstellung der Models oder das träumerisch-verführerische Lächeln, kurz: all die zur Schau getragenen körperlichen Gesten, die den Objektcharakter der Abgebildeten verstärken. Während Männeraufnahmen selbst bei großer körperlicher Freizügigkeit einen guten Teil der männlichen Autonomie wahren – etwa indem der souveräne Blick des Models die voyeuristische Betrachtung stört –, bezeichnet ein guter Teil der Frauendarstellungen bis heute den Unterwerfungsprozess unter den dominanten Blick des Mannes.

---

18 So das Ergebnis zahlreicher Vergleiche von Abbildungen in den Zeitschriften *Health and Fitness* oder *Muscle and Fitness* in meinen Seminaren über Massenkommunikation an der Universität Calgary.

Die Visualisierungen verknüpfen also Schönheit mit spezifischen körperlichen Ausdrucksweisen, die das Machtungleichgewicht zwischen den Geschlechtern immer wieder aufs Neue veranschaulichen und die Vorstellungen davon prägen, was sich als Frau gehört.[19] Mit anderen Worten: Ausgehend von der Überlegung, dass Schönheit nicht bloß eine makellose Hülle darstellt, sondern von körperlichen Haltungen abhängig ist und sich in einem bestimmten Gestus ausdrückt, lässt sich der Schluss ziehen, dass tief sitzende Gewohnheiten vom Schönheitsdiskurs berührt werden. Schönsein bedeutet mehr als die Fassade in Ordnung zu halten, sondern erfordert eine körperliche Grundeinstellung, eine *hexis*, die den aus der Blickkultur resultierenden, normativen Erwartungen an Weiblichkeit entspricht. Der Schönheitsdiskurs erstreckt sich auf eine Vielzahl körperlicher Gewohnheiten, sei es die Schrittgröße, die Sitzhaltung oder der Augenaufschlag von Frauen, und bestimmt den weiblichen Habitus insgesamt mit. Die Rede vom »schönen Geschlecht« bezeichnet insofern über das Aussehen hinausreichende Eigenschaften von Frauen, nämlich körperliche Gewohnheiten, die als »weiblich« gelten – die das Produkt, um es nochmals zu betonen, einer bestimmten historischen Machtkonstellation sind.

Dieser Schönheitsdiskurs erreicht mit dem Fernsehen, das in der zweiten Hälfte des 20. Jahrhunderts zum Leitmedium westlicher Kulturen wird, neue Dimensionen. Das Fernsehen entwickelt sich rasch zur beliebtesten Freizeitbeschäftigung industrieller Gesellschaften, und es zeichnet sich durch eine Überrepräsentanz an ArtgenossInnenschönheit aus, die den Sozialwissenschaftler Bernd Guggenberger zu dem Schluss kommen lässt, dass »vor unseren Augen, genauer *durch* unsere Augen, ein Sozialexperiment von gigantischen Ausmaßen statt[findet]«.[20] Durch das Fernsehen werden virtuelle Standards der Schönheit omnipräsent, die wiederum auf die Selbsteinschätzung und die Schönheitspraxis der Menschen einwirken. Der Aufschwung der Schönheits- und Fitnessindustrie sowie der Boom kosmetischer Operationen erklärt sich zu einem guten Teil aus der Macht der Bilder, das heißt der Allgegenwart televisionärer Ikonen, deren Einfluss man sich nicht entziehen kann. Dabei geht es nur am Rande um die direkte Nachahmung von Fernsehstars, sondern vielmehr um die Verschiebung dessen, was kulturell als selbstverständlich erachtet wird. So geben bei

---

19 Die Amerikanistin Laura Bieger (»Schöne Körper, hungriges Selbst – über die moderne Wunschökonomie der Anerkennung«, S. 62) weist in diesem Zusammenhang auf die »buchstäbliche Einverleibung beziehungsweise Körperwerdung von Bildern« hin.
20 Guggenberger, *Einfach schön*, S. 104.

spielsweise Hollywoodserien neue Maßstäbe für die Pflege der Zähne vor, indem selbst die Bösewichte und Obdachlosen mit einem makellos-weißen Gebiss in Szene gesetzt werden. Ähnliche Standardisierungen lassen sich hinsichtlich der Körperbehaarung oder der Form der Brüste beobachten. Am deutlichsten zeigt sich die Macht des Massenmediums darin, dass es zur Etablierung einer neuen gesellschaftlichen Elite geführt hat – den Celebrities, die aufgrund der Aufmerksamkeit, die ihnen das Fernsehen zuteil werden lässt, berühmt sind. Für diesen Status spielen gesellschaftliche Funktionen oder soziale Leistungen im herkömmlichen Sinn kaum eine nennenswerte Rolle, ausschlaggebend ist vielmehr die mediale Dauerpräsenz der Persönlichkeiten, wobei Schönheit und Sexualität maßgebliche Reize darstellen, um fortwährende Aufmerksamkeit zu generieren. Das Fernsehen verstärkt solcherart eine Ökonomie der Schönheit, der zufolge körperliche Vorzüge soziale Anerkennung bewirken, und es verspricht bei entsprechender Hingabe an das Schönheitsspiel hohe Gewinnchancen. Davon, dass diese Botschaft angekommen ist, zeugen wiederum jene Personen, die in Realityshows (etwa in *Are U Hot?* auf Viva) und auf Internetseiten wie *YouTube* – ganz zu schweigen von pornografischen Websites wie *YouPorn* – freizügig ihre Körper, genauer: ihre jugendlich-körperliche Makellosigkeit zur Schau stellen.

Die Grenzen zwischen Öffentlichkeit und Privatheit werden in diesem Prozess in jenem Maße durchlässig, in dem die Menschen versuchen, ihre medialen Chancen wahrzunehmen – sie dazu bereit sind, ihre Intimität für kurze Augenblicke des Ruhmes preiszugeben. Das Schönheitsspiel beginnt damit eine soziale Wirkung zu entfalten, die traditionelle Wert- und Ordnungsmuster infrage stellt. Kraft der Massenmedien begünstigt die heutige Schönheitsordnung exhibitionistische Dispositionen, die darauf ausgerichtet sind, öffentliche Aufmerksamkeit zu erzielen – um den Preis allerdings, dass dabei die Kontrolle über soziale Begegnungen verloren geht beziehungsweise intime Lebensbereiche sich in Luft auflösen (eine Tendenz, die nicht zuletzt die Schönheitsikonen aus der Film-, Pop- und Modeszene immer wieder beklagen und als Preis für ihren Ruhm bezeichnen).[21] Mit der Stärkung solcher Handlungsstrukturen im Zuge der Aufbereitung von Schönheit als medialem Spektakel geht ein tendenzieller Verlust der Privatsphäre einher. Fernsehen und Internet enthüllen einerseits das private Leben der Schönen und Reichen, während andererseits wenig beachtete

---

21 »Privacy […] is the power to control and define (social) relationships«, definiert Valerie Steeves (»Privacy and New Media«, S. 369) den privaten Lebensbereich.

Menschen durch die Zurschaustellung ihres Intimlebens und ihrer Körperlichkeit, etwa durch die Präsentation spektakulärer Körpermodifikationen,[22] von sich reden machen. Die symbolischen Profite des Schönheitsspiels steigen mit einem Wort im TV-Zeitalter, zugleich aber ergreift die Öffentlichkeit Besitz von denjenigen, die den Publikumsgeschmack bedienen.

Demonstrative Schönheit

Der zeitgenössische Schönheitssinn und die entsprechende mediale Logik bleiben unverständlich, solange nicht der Aufstieg der Jugend- und Popkultur, der die habituellen Gewohnheiten der Generationen ab den 1960er Jahren verändert, in die Betrachtungen miteinbezogen wird. Dieser Prozess führt zu Modifikationen der strukturellen Gegebenheiten im Schönheitsspiel, womit auch die persönlichen Dispositionen einen Wandel erfahren, und zwar in Richtung des erwähnten Drangs zur öffentlichen Selbstdarstellung.

Zu den offensichtlichsten Auswirkungen der Jugendkultur zählt die Infragestellung und teilweise Aufhebung des traditionellen Hoch- und Trivialkulturschemas. Der bürgerliche Wertekanon, der seit dem 19. Jahrhundert Bestand hat und dem die Unterteilung des kulturellen Feldes in angesehene Interessen (der bürgerlichen Klasse) und triviales Amüsement (der untergeordneten Klassen) zugrunde liegt, wird durch die Ausbreitung völlig neuer Kulturmuster aufgebrochen. Der wichtigste Faktor in diesem Zusammenhang ist die Pop- und Rockmusik, die als gegenkulturelles Medium, in Form des Rock'n'Roll, in den 1950er Jahren ihren Siegeszug antritt und im Laufe der 1960er Jahre ungeheure Popularität erlangt. Über dieses Medium formiert sich der jugendliche Protest gegen die arbeits- und familienzentrierte Welt des Groß- und Kleinbürgertums und damit auch gegen dessen strikte Sexualmoral, Schamhaftigkeit und Körperfeindlichkeit. Die neue Musikkultur der Jugend zeichnet sich durch Emotionalität, körperliche Entgrenzung und unmittelbares Erleben aus. Rock und Pop führen auf direkte Weise zu intensiven affektiven und körperlichen Erlebnissen, wie Konzert- oder DiskothekenbesucherInnen regelmäßig veran-

---

22 Siehe beispielsweise die Verwandlung Angela Vollraths zur »Miss Barbie Germany« *Süddeutsche Zeitung* Wissen, Dezember 2008, S. 22).

schaulichen. Mit Genuss dieser Musik wird nicht zuletzt der kontemplativdistanzierte Gestus der bürgerlichen Kunstrezeption aufgegeben. In der Popszene manifestiert sich ein neuer körperlicher Zugang zu Kultur, der erlebnishafter und expressiver als in vorangegangenen Zeiten ist und den ein Großteil der Heranwachsenden ab den 1960er Jahren teilt. Durch die zunehmende Kommerzialisierung der Popmusik und ihre Vermarktung für die Jugend des Mittelstands, geht im Laufe der Zeit ein Gutteil des widerständigen Charakters verloren.[23] Umgekehrt steigt die soziale Anerkennung für Teilbereiche der Szene und einzelne Protagonisten stark an. Innerhalb weniger Jahrzehnte etabliert sich die Popkultur als prestigereiches Feld, was sich etwa an der Verleihung von Adelstiteln an Musiker in England ablesen lässt oder daran, dass Rockbands Orte der klassischen Musik wie Konzert- und Opernhäuser bespielen. Somit konkurrieren Bereiche der klassischen Hochkultur mit Genres der Popularkultur um ähnliches Ansehen und Prestige, und der stilistische Möglichkeitsraum, den es zu nutzen gilt, um Distinktionsgewinne einzufahren, wächst. Damit ist nicht gesagt, dass die alte Wertordnung völlig außer Kraft gesetzt wäre, sondern dass das Popgeschäft eine neue Dynamik in das kulturelle Spiel bringt und das kulturelle Feld infolgedessen stärker denn je nach Graden der Expressivität strukturiert wird.

Ähnliche Schlussfolgerungen lassen sich im Hinblick auf die Veränderungen des Modekanons ziehen. Parallel zur Ausbreitung der neuen Popularmusik wird die Mode facettenreicher, wobei der Wandel der männlichen Bekleidung besonders auffällig ist. Jenes Bekleidungsstück, das seit dem 19. Jahrhundert sowohl Bürgerlichkeit als auch Männlichkeit schlechthin bezeichnet, der Anzug, verliert durch die Jugendbewegung an symbolischer Bedeutung. Die männliche Mode wird insgesamt farbenprächtiger und neue Elemente wie Jeans und T-Shirts beginnen sich durchzusetzen. In den weiblichen Modekanon wiederum werden männliche Bekleidungsteile wie die Hose oder in den 1980er Jahren der gesamte Anzug integriert, wobei gleichzeitig ein weitgehender Entblößungsprozess des Körpers stattfindet – etwa durch die Erfindung des Minirocks, der *hot pants* oder transparenter Oberteile. Für beide Geschlechter gilt, dass eine neue Jugendlichkeit die Mode zu prägen beginnt, die in weiterer Folge zum Charakteristikum des modischen Erscheinungsbildes schlechthin wird (indem sich die älteren Generationen wie Jugendliche kleiden). Kurzum, auch auf die-

---

23 Vgl. Maase, *Grenzenloses Vergnügen*, S. 252 ff.

sem kulturellen Gebiet nehmen die Möglichkeiten zu, der eigenen Persönlichkeit Ausdruck zu verleihen, also die expressiven Gestaltungsmomente des Feldes, was allerdings nicht zu dem voreiligen Schluss verleiten soll, dass sich im Modealltag nunmehr gesellschaftliche Egalität ausdrücke. Die vertikale Gliederung der Gesellschaft zeigt sich vielmehr in neuem Gewand. Symbolische Gewinne werden heutzutage durch maßgefertigte Produkte, wie Schuhe vom eigenen Leisten, oder durch Designerware erzielt, und trotz erheblichen Bedeutungsverlusts veranschaulicht der Anzug, genauer: der maßgeschneiderte Anzug des Mannes, nach wie vor soziale Macht (insbesondere von wirtschaftlichen Führungskräften).

Im historischen Vergleich zeigt sich in beiden sozialen Feldern eine erhöhte Tendenz, die eigene Persönlichkeit in der Öffentlichkeit zum Vorschein zu bringen, wie auf besonders einprägsame Weise im Fernsehen gezeigt wird. Das Verlangen nach Differenzierung wächst mit den Möglichkeiten, die die Jugendkultur eröffnet. Dies wird vielfach als Ausdruck dafür missinterpretiert, dass es zu einer weitgehenden Einebnung der vertikalen Segregation in Wohlstandsgesellschaften gekommen sei und anstelle symbolischer Dominanz horizontale Vielfalt in Form von *taste cultures* getreten wäre.[24] Die Dispositionen und Gewohnheiten der Menschen ab den 1960er Jahren verändern sich dahingehend, dass die individuelle Selbstdarstellung und -inszenierung wichtiger wird. Daraus erklären sich die Verhaltens- und Einstellungsunterschiede zwischen den Generationen, die vor beziehungsweise im Zuge der jugendlichen Wende aufgewachsen sind. Dies bedeutet nicht gleichzeitig, dass soziale Rangunterschiede oder Klassengrenzen obsolet geworden wären.

Bezeichnend für die jüngeren Generationen sei, dass sie selbstbezüglicher agieren, konstatiert Gerhard Schulze in seiner breit rezipierten Studie *Erlebnisgesellschaft*: Sich selbst zu verwirklichen oder zu unterhalten stünde im Mittelpunkt des Lebensinteresses.[25] Schulze verschweigt dabei allerdings, dass die Gebildeten, die seiner Untersuchung zufolge nach Selbstverwirklichung trachten, ihre Ansprüche auf Kosten der Weniggebildeten

---

24 Insbesondere die Lebensstilforschung neigt stark zu diesem Irrtum (vgl. Hölscher, *Lebensstile durch Werbung?*, S. 325 ff.). Rezente soziologische Untersuchungen (etwa Vester u.a., *Soziale Milieus im gesellschaftlichen Strukturwandel*; Vester, »Das relationale Paradigma und die politische Soziologie sozialer Klassen«) kommen zu dem Ergebnis, dass die mittleren sozialen Lagen in der Gegenwartsgesellschaft zugenommen haben und sich dort entsprechend dem Verhältnis von kulturellem und ökonomischem Kapital der Menschen mannigfaltige Differenzierungsprozesse ereignen.
25 Vgl. Schulze, *Die Erlebnisgesellschaft*, insb. S. 277 ff.

zur Geltung bringen, die vorrangig unterhalten werden wollen. In den Alltagserfahrungen und Präferenzen, die diese Studie den beiden Bevölkerungsgruppen zuordnet, drückt sich ein strukturelles Herrschaftsverhältnis aus, das bis heute Bestand hat. Die Gebildeten verfügen nicht nur über Berufspositionen und Einkommen, die Selbstverwirklichung ermöglichen, sie dominieren mit ihrer »künstlerischen« Lebenseinstellung auch das politische und kulturelle Feld: die Strömungen der Alternativbewegung, die Kultur- und Kneipenszene oder den modernen Freizeitsport. Sie prägen die symbolische Ordnung, und in der Distanzierung von banaler Unterhaltung, in ihrer »antibarbarischen« Einstellung, drückt sich auf symbolische Weise die Abwertung der Ungebildeten aus. Das »Dominanzstreben« der Gebildeten der Studie basiert auf dem »Fatalismus« und der »relativ hohen Bereitschaft zur politischen Unterordnung« der Wenigebildeten. Deren geringes Selbstvertrauen wird durch das hohe Selbstvertrauen der Erstgenannten bedingt, was wiederum darauf verweist, dass symbolische Herrschaft Sicherheit verleiht. Die dominante Stellung der gebildeten Klasse zeigt sich nicht zuletzt darin, dass sie sich gut selbst inszenieren kann, ihre Körper seltener übergewichtig sind und sich in einem »guten Zustand« befinden.[26] Weit davon entfernt also lediglich horizontale Differenzierungen anzuzeigen, manifestiert sich in den unterschiedlichen Haltungen und Interessen der jüngeren Generationen vielmehr aufs Neue die vertikale Gliederung industrieller Gesellschaften – Klassenlagen in dem Sinne, dass das Ausmaß an kulturellen und ökonomischen Ressourcen zu ganz bestimmten Dispositionen führt, die sich in unterschiedlichen Lebensstilen zeigen. Diese Lebensstile veranschaulichen und befestigen wiederum Herrschaft, indem die herrschenden den untergeordneten Klassen jene Wertordnung vor Augen führen und schmackhaft machen, die ihre Macht begründet und an der die Mittellosen scheitern müssen. Soziale Positionen drücken sich auf historisch spezifische und systematische Weise in bestimmten Gewohnheiten, Neigungen, Einstellungen und Lebensstilen aus, wobei die Privilegierten dem kulturellen Feld ihren Stempel aufdrücken und den symbolischen Raum dominieren – und das nicht zuletzt durch die Aneignung subversiver oder ursprünglich sozial unten angesiedelter Ausdrucksformen, wie die Mode »von der Straße«,[27] die sie adeln und zum Vorzeigemodell erheben.

---

26 Vgl. die zusammenfassenden Milieubeschreibungen in ebd., S. 321 und S. 330.
27 Vgl. Vinken, *Mode nach der Mode*.

In der Jugendkultur und durch das Fernsehen verstärkt sich nicht nur der Drang zur öffentlichen Selbstdarstellung, sondern diese Inszenierungen werden auch wesentlich schamloser. War die erste modische Entkleidungswelle in den 1920er Jahren noch eine vorübergehende Erscheinung, so verstetigt sich die körperliche Freizügigkeit ab den 1960er Jahren. Wie schon zuvor angemerkt, wird dabei – der Logik der männlichen Blickkultur folgend – vor allem der Körper der Frau enthüllt: die Beine durch den Minirock, der Oberkörper durch transparente Stoffe oder neuerdings die Körpermitte durch kurz geschnittene Tops und tief sitzende Röcke und Hosen. Die sogenannte »sexuelle Revolution«, also das Aufbegehren der Jugend gegen die biederen und schamhaften Lebensverhältnisse der Aufbauzeit, führt zu einem massiven Bedeutungsverlust der Ehegemeinschaft als Hort der Sexualität, und im Zuge dieser sexuellen Befreiung werden auch die Körper im öffentlichen Leben stärker zur Schau gestellt. Die Nacktheit hält Einzug in den Spielfilm und auf den Theaterbühnen, am Strand setzt sich die »Oben-ohne«-Mode durch, und im alltäglichen Leben wird der fleischliche Körper beziehungsweise die nackte Haut zu einem wichtigen modischen Element. Diese Freizügigkeiten zeigen insgesamt eine erhebliche Verschiebung der Schamgrenzen an – und zwar mit dem Effekt, dass der zur Schau getragenen Nacktheit kaum noch kulturkritisches oder emanzipatorisches Potenzial innewohnt. Intime Ansichten gehören mittlerweile zu den Gewohnheiten des Alltags, sind im Internet jederzeit abrufbar und wirken nur mehr in Ausnahmefällen provokant und tabubrechend (was wiederum nicht besagen soll, dass der Aufmerksamkeitswert von Nacktheit sinken würde).

Soziale Scham entsteht dort neu, wo die eigene Körperlichkeit den öffentlichen Maßstäben gegenüber als defizitär empfunden wird. Durch die modische Entblößung wächst die beschämende Wirkung körperlicher Mängel. Weniger die altmodische oder geschmacklose Bekleidung, denn körperliche Unzulänglichkeiten wirken nunmehr beschämend, und diese Verletzungen des Selbstwertgefühls sind gravierend, wie die Flut an Ess- und Selbstwahrnehmungsstörungen bei Frauen nahelegt,[28] berühren sie doch jene Sphäre der Menschen, die am engsten mit deren »Natürlichkeit« verbunden ist. Körperliches Ungenügen stellt tief verankerte, scheinbar natürliche Gewohnheiten infrage und lässt damit starke Zweifel an der eigenen Person bis hin zur selbst empfundenen sozialen Inferiorität auf-

---

28 Zum Thema Schlankheit vgl. Posch, *Projekt Körper*, S. 86 ff.

kommen. Auch diese Körperscham hat klassenspezifischen Charakter, wie der Soziologe Sighard Neckel im Hinblick auf das Schlankheitsideal argumentiert: »Der Anteil der Frauen, die generell ihr Aussehen kritisieren, [nimmt] mit steigendem sozialen Status ab. Die geschlechtstypische Einheit weiblicher Körperscham wird sozial modifiziert«[29] – etwa indem Frauen durch ihren beruflichen Erfolg die Scham darüber, nicht dem gängigen Ideal zu entsprechen, eher relativieren können. Der Bedeutungszuwachs des Körpers im öffentlichen Leben bewirkt vor allem stark ansteigende Investitionen in die Schönheitspflege. Mehr Zeit und Geld als jemals zuvor in der Geschichte werden heutzutage auf die Haarpflege, kosmetische Behandlungen, Formen der Diät und des Fitnesstrainings und nicht zuletzt auf chirurgische Eingriffe verwandt, um die Persönlichkeit ins rechte Licht zu rücken. Zugleich entwickelt sich die nackte Haut zu einer Projektionsfläche, um persönlichen Neigungen und Interessen Ausdruck zu verleihen. Körperdekorationen wie Tattoos und Piercings dienen unter anderem dazu, Individualität zu veranschaulichen,[30] was wie in der Mode zur paradoxen Situation führt, dass aus einem standardisierten Zeichenrepertoire, etwa in Form der einheitlichen Tätowierungen am Gesäßansatz, persönlicher Gewinn gezogen wird. Dieser Körperkult wie auch die erwähnten pathologischen Ausprägungen des Schönheitshandelns signalisieren, dass weniger die Kleidung, sondern vielmehr der Körper und seine Schönheit den Menschen heutzutage Persönlichkeit verleihen. Waltraud Posch fasst diese Tendenz mit dem Satz »Körper machen Leute«[31] zusammen und verweist damit auf Distinktionsstrategien, die sich nunmehr direkt um das körperliche Aussehen ranken. Stärker als in früheren Zeiten geht es heute darum, sich durch zur Schau getragene körperliche Vorzüge von anderen Menschen zu unterscheiden, das heißt die gesellschaftliche Position unmittelbar durch den körperlichen Zustand, der öffentlich dargeboten wird, und entsprechende Körperpraxen zu veranschaulichen. Daraus erklären sich die klassen- und geschlechtsspezifischen Vorlieben für sportliche Handlungen und Fitnessprogramme, für kosmetische Praktiken oder dauerhaftere Körpermodifikationen, die dazu dienen,

---

29 Neckel, »Soziale Scham: Unterlegenheitsgefühle in der Konkurrenz von Lebensstilen«, S. 286 f.
30 Vgl. Sweetman, »Anchoring the (Postmodern) Self? Body Modification, Fashion and Identity«.
31 So der Titel des Buches von Posch, 1999.

symbolischen Profit zu erzielen und symbolische Herrschaft in Gestalt vorbildlicher körperlicher Präsenz herzustellen. Die stärkere Einbeziehung des Mannes in dieses Schönheitsspiel hat eine relativ kurze Geschichte und erklärt sich zu einem guten Teil aus den Veränderungen der Machtkonstellation zwischen den Geschlechtern. In dem Maße, in dem Frauen materiell und sexuell selbständig werden, das heißt die einleitend skizzierte bürgerliche Familienordnung brüchig wird, steigen die Erwartungen an die männliche Körperpflege und die Schönheitsansprüche. Die eigenständige Berufstätigkeit von Frauen, die ab den 1960er Jahren im Zuge des Wandels zur Dienstleistungsgesellschaft stark zunimmt, trägt entscheidend zu deren Befreiung aus materiellen Abhängigkeitsverhältnissen in der Ehe bei. Konventionelle Maßstäbe, wie das Einkommen des (Ehe-)Partners, aber auch dessen beruflicher und sozialer Status, spielen damit eine immer geringer werdende Rolle für den Beginn und Fortbestand von Beziehungen.[32] Der soziale Rang von Frauen leitet sich weniger vom Ehegatten ab, und unbefriedigende Partnerschaften lassen sich leichter lösen. Die Erfindung der Pille in den 1960er Jahren verändert zudem das Sexualleben der Frauen gravierend:[33] Die Angst vor ungewollter Schwangerschaft wird erheblich gemildert und damit ein freierer Umgang mit der eigenen Sexualität, auch vor und außerhalb fixer Beziehungen, möglich. Diese Entkoppelung von Sexualität und Fortpflanzung vergrößert insgesamt die Freiheiten der Partnerwahl, und in dieser neuen sexuellen Ökonomie beginnt die körperliche Attraktivität der Männer eine wichtigere Rolle zu spielen. Die Machtverschiebungen im Geschlechterverhältnis führen kurz gesagt dazu, dass traditionelle männliche Funktionen, die seit den Zeiten der Vernunftehe für Partnerschaften ausschlaggebend sind, an Bedeutung verlieren, während der Wert des Erscheinungsbildes und der guten Selbstinszenierung in den letzten Jahrzehnten ansteigt.

Die Schönheitsindustrie beginnt in den 1970er Jahren diesen Trend zu nutzen und den offenen Markt für Männerkosmetik und -pflegeprodukte zu erobern. Analog zu den Produktserien für Frauen führt dies zu einer beachtlichen Diversifizierung eines Konsumbereichs, in dem während der Aufbauzeit der 1950er Jahre einzig Aftershave eine nennenswerte Rolle

---

32 Womit nicht gesagt ist, dass sich die Homogamie bei der Paarbildung auflösen würde, vgl. diesbezüglich Appelt/Reiterer, »Wer heiratet wen? Bildungshomogamie und soziale Mobilität in Österreich«.
33 Vgl. beispielsweise Beck, *Risikogesellschaft*, S. 183.

spielt. Die Kommerzialisierung der männlichen Schönheitspraxis, die im gehobenen Milieu einsetzt, verstärkt den sozialen Wandel bei der Partnerwahl und führt in der Werbung dazu, dass die Präsenz männlicher Idealgestalten im öffentlichen Raum, die zu Schönheitsvergleichen einladen, stark zunimmt. Auch auf diesem Gebiet steigt die Freizügigkeit der Darstellungsweisen: Bereits in den 1980er Jahren sind erstmals nackte Männer auf Plakatwänden zu bewundern.[34] Diese Art »Feminisierung« des Mannes drückt sich auch darin aus, dass das Bildmaterial erotischer Männeransichten für das Auge der Frau (das zum Teil auch von der Schwulenszene genutzt wird) seit den 1970er Jahren anwächst, womit das traditionelle Angebot an Sexzeitschriften um ein Segment für Frauen bereichert wird. Zum Teil relativiert dieser neue Schönheitsdiskurs die herkömmliche Blickkultur, indem nun auch Männer (mit den zuvor genannten Einschränkungen) zum fotografischen Objekt der Begierde werden, was wiederum auf den allgemeinen Wandel der Machtbeziehungen rückverweist. Kurzum, die weibliche Nachfrage nach attraktiver männlicher Körperlichkeit (realer wie virtueller) beschleunigt sich merklich in den letzten Jahrzehnten und der soziale Druck zur Verschönerung, der aus den steigenden Erwartungen und der Kommerzialisierung resultiert, verändert die männlichen Gewohnheiten, wie die heutigen Haarstylingtechniken, die Entfernung der Brust- und Achselbehaarung, die Körpermodifikationen oder die wachsende Bereitschaft zu operativen Eingriffen auch bei Männern zeigen.[35]

In diesen neuen Methoden der Selbstinszenierung kommt mit aller Deutlichkeit zum Ausdruck, dass die männliche Schönheit das Produkt historischer Verhältnisse darstellt. In einem relativ kurzen Zeitraum verändert sich die männliche Zuwendung zum eigenen Körper erheblich, sodass die Rede von einem ewigwährenden Sinn für Schönheit völlig unangebracht erscheint. Vielmehr zeugt die kurze Geschichte männlicher Körperfokussierung einmal mehr von historischen Einschnitten, die zu Modifikationen der Gewohnheiten und Wahrnehmungsweisen führten und dem Schönheitsspiel insgesamt eine neue Wendung gaben. In diesem Zusammenhang sind die Veränderungen der Machtverhältnisse zwischen den Klassen und Geschlechtern von zentraler Bedeutung, dient doch die Schönheit in der Vergangenheit wie in der Gegenwart einerseits der sozia-

---

34 Unternehmen wie Calvin Klein oder Palmers wirken dabei bahnbrechend.
35 Die Ergebnisse einer Umfrage des österreichischen market-Instituts im September 2009 illustrieren die steigenden Erwartungshaltungen von Frauen an die männliche Körper- und Schönheitspflege sehr schön (*market news*, September 09/29, S. 1 ff.).

len Distinktion und andererseits der kulturellen Definition und Abgrenzung von Männlichkeit und Weiblichkeit.

Ein kurzes Zwischenresümee

Das heutige Schönheitsdispositiv beziehungsweise die strukturelle Logik der gegenwärtigen Schönheitspraxis lässt sich abschließend folgendermaßen zusammenfassen: Der Körper selbst oder die nackte Haut sind von herausragender Bedeutung. Aufgrund der modischen Enthüllung und sinkender Schamgrenzen wird der Zustand des Körpers zum wichtigsten Kriterium für Schönheit, woraus sich die enormen Fitnessanstrengungen oder der starke Zulauf zur kosmetischen Chirurgie erklären. Im Kontext der Jugendkultur bekommen äußerst jugendliche Züge Modellcharakter, und zugleich vervielfältigen sich die Möglichkeiten, der eigenen Persönlichkeit Ausdruck zu verleihen. Damit verstärkt sich die historische Tendenz, die eigene Individualität öffentlich zur Schau zu stellen, wobei Aufmerksamkeit insbesondere dann zu gewinnen ist, wenn Teile der Intimsphäre öffentlich preisgegeben werden. Vor allem das Fernsehen, aber auch andere visuelle Massenmedien fördern diese Entwicklung, indem durch die Darbietung körperlicher und sexueller Freiheiten hohe symbolische Gewinne, wenn nicht Starruhm erzielt werden können.

Nach wie vor bildet der Körper der Frau den Brennpunkt des medialen Interesses wie des Schönheitsdiskurses insgesamt. Schönheit wird mit Weiblichkeit und weiblicher Selbstinszenierung assoziiert – mit körperlichen Ausdrucksformen, in denen sich soziale Unterordnung vergegenständlicht. Die sozialen Anforderungen an die weibliche Schönheitspflege werden auch nicht dadurch gemildert, dass vermehrt Männer dem Schönheitsdiktat unterliegen. Vielmehr greifen Männer traditionell weibliche Methoden der Körperpflege auf, womit die geschlechtsspezifische Selbstästhetisierung zu einem allumfassenden, gesamtgesellschaftlichen Phänomen wird. Die Grundlage dafür bildet die wachsende Autonomie der Frau, durch die Partnerschaften neuen Gesetzmäßigkeiten unterliegen und sich die körperlichen Gewohnheiten der Männer zu verändern beginnen. Der zeitgenössische Diskurs über »Metrosexualität« beispielsweise (der vor allem, aber nicht ausschließlich, in gehobenen Kreisen zirkuliert) verweist nachdrücklich auf Verhaltens- und Einstellungsänderungen und die stärkere Schönheitsausrichtung der Männer.[36] Symbolische Herrschaft drückt sich in diesem Zusammenhang nicht nur darin aus, dass der männliche Blick bis dato auf dem Gebiet der Schönheit dominiert. Die körperlichen Inszenierungsformen veranschaulichen auch weiterhin den sozialen Rang der Menschen und eine gesellschaftliche Ordnung, die vom Geschmack der oberen Klassen geprägt ist. Körperliche Attraktivität ist ein wesentliches Distinktionskriterium in hochgradig visuellen Kulturen, das entsprechend genutzt und normiert wird, um ökonomische und soziale Vorherrschaft anzuzeigen. »Natürlichkeit«, Schlankheit oder ein fittes Aussehen stellen beispielsweise zentrale Kriterien dar, um sich vom »schlechten Geschmack« der unteren Klassen zu distanzieren; und diese Maßstäbe der gehobenen Klasse beanspruchen zugleich Allgemeingültigkeit. Im Vergleich zur vergangenen Zeit der Moderne setzt sich die heutige Geschmackselite anders zusammen, nachdem allein Schönheit ausreicht, um zum gesellschaftlichen Vorbild zu avancieren, was insbesondere an der Generation der sogenannten »Supermodels« ersichtlich wird. An der prinzipiellen Logik des sozialen Feldes ändert sich damit allerdings nichts. Die neuen Celebrities verdeutlichen nur nochmals, welche Karrierechancen die Schönheit heutzutage eröffnet – in welchem Maß sich symbolischer Profit in ökonomischen und sozialen Gewinn konvertieren lässt.

---

36 Der Begriff wurde 1994 vom Journalisten Mark Simpson geprägt; vgl. zudem Flocker, *Metrosexual*.

2. Zur Theorie zeitgenössischer Schönheitspraxis

> Schönheitshandeln bedeutet, sich sozial zu positionieren.
> *Nina Degele, Sich schön machen, 2004*

Jede Art körperlicher Selbstinszenierung ist soziales Handeln, und zwar in zweifacher Hinsicht. *Erstens* orientieren sich die Menschen an sozial anerkannten Standards, auch dann, wenn sie dieser Ordnung ablehnend gegenüberstehen. Auf dem Gebiet der Schönheit charakterisieren Jugendlichkeit, Schlankheit und Fitness das zeitgenössische Idealbild, und der Sinn gegen- und subkultureller Selbstdarstellungen erschließt sich aus dem Verhältnis zu dieser Norm. Diese Standardisierung der Schönheit prägt die Vorstellungswelt westlicher Gesellschaften aufgrund der Tatsache, dass Abweichungen, wie Regelverletzungen im Allgemeinen, negative Sanktionen nach sich ziehen (die freilich auch bewusst in Kauf genommen werden können). Soziales Ansehen gewinnen jene, die sich regelkonform verhalten oder sich die Regeln zu Nutze machen. Während der schlanke und fitte Körper mit positiven sozialen Eigenschaften wie Selbstdisziplin und Leistungsbereitschaft assoziiert wird, gilt der dickliche und untrainierte Körper als Zeichen schwachen Willens, mangelnder Selbstbeherrschung oder auch der Faul- und Trägheit. Der überwältigende mediale Diskurs, der einerseits zur Anschauung beiträgt, dass Dickleibigkeit eine Volkskrankheit darstelle, die es durch richtige Ernährung und körperliches Training zu bekämpfen gelte, und der andererseits den Alterungsprozess – so ihm nicht durch Körperübungen entgegengewirkt wird – sozial stigmatisiert, stellt ein bezeichnendes Beispiel für den Konstruktionsakt körperlicher Normen und den gegenwärtigen Normalisierungsprozess dar. Insbesondere die Disziplinlosigkeit der unteren Klassen, in denen Übergewicht und Fettleibigkeit überproportional oft anzutreffen sind, steht dabei zur Diskussion, und die ausufernden Körperformen der Unterprivilegierten dienen zugleich als Negativfolie des guten Geschmacks.

Zweitens ist die eigene Schönheitspraxis auf andere Menschen ausgerichtet. Im Prozess der Verschönerung geht es um soziale Anerkennung, die wiederum die Grundlage für das Selbstbewusstsein und -vertrauen der

Menschen bildet, mithin für die Lebenszufriedenheit und das Glück ausschlaggebend ist.[37] Dabei kann Attraktivität sowohl auf beruflichem als auch auf partnerschaftlichem Gebiet zu sozialer Anerkennung verhelfen, je nach sozialer Lage dieser oder jener Aspekt im Vordergrund stehen, wobei für gewöhnlich die Bedeutung der Schönheit für das Selbstverständnis in dem Maße sinkt, in dem andere Ressourcen der sozialen Wertschätzung, wie etwa Bildung oder materieller Wohlstand, zur Verfügung stehen. Der Wunsch zu gefallen kann zudem vielfältige Formen annehmen: von der ostentativen Zurschaustellung körperlicher Reize bis hin zum Versuch, jegliche (wie auch immer empfundene) »übertriebene« Inszenierung zu vermeiden, um schlicht als »normal« wahrgenommen zu werden. Ebenso existieren zahlreiche Motive für das Schönheitshandeln, die zum Teil dem interaktiven Gehalt der Praxis zu widersprechen scheinen. Häufig vorgebrachte selbstbezügliche Argumente für die eigene Verschönerung, wie »Ich mache mich für mich selber schön« oder »Ich mache mich schön, damit ich mich wohlfühle«, insinuieren allerdings eine Autarkie, die im menschlichen Zusammenleben so nicht existiert, sind doch Schönheit und Wohlfühlen selbst zutiefst soziale Kategorien im Sinne normativer Anforderungen und eines affektiven Zustandes, der auf sozialer Akzeptanz basiert.[38]

Unter dem Einfluss hegemonialer Schönheitsstandards bestehen erhebliche Unterschiede im Hinblick darauf, auf welche Art und Weise der eigenen Persönlichkeit Ausdruck verliehen und durch welche Gründe die Verschönerung legitimiert wird. Dabei variiert vor allem die Bedeutung, die dem eigenen Erscheinungsbild und im Speziellen der Schönheit zugeschrieben wird – und damit der zeitliche und materielle Aufwand für die Körperpflege. Diese Unterschiede erklären sich auf mehrfache Weise: zunächst einmal durch die familiäre Erziehung sowie schulische und berufliche Qualifikationen, die die Beurteilung der Schönheitspraxis beeinflussen, etwa indem mit zunehmender Bildung »innere Werte«, Authentizität und Persönlichkeitsmerkmale, ein höheres Gewicht bekommen. Desgleichen liegt es auf der Hand, dass sich der subjektiv wahrgenommene Ab-

---

37 »Die Brustvergrößerung wird (in den 1950er Jahren) auch zur Therapie für ein psychisches Problem: den Mangel an Glück«, konstatiert beispielsweise der Kulturhistoriker Sander Gilman (»Die erstaunliche Geschichte der Schönheitschirurgie«, S. 101), wobei die Fähigkeit, sich selbst neu zu erfinden, also die Selbstbestimmung, den Kern des Glücks ausmache.
38 Vgl. Degele (*Sich schön machen*, S. 90 ff.), die sich ausführlich der »Privatheitsideologie« des Wohlbefindens widmet.

stand zu idealer Schönheit auf das Schönheitshandeln, von den Körperpflege- bis hin zu den Fitnessgewohnheiten, auswirkt. Selbst empfundenes Ungenügen liegt der Verschönerung generell zugrunde, und drastische Schönheitsmaßnahmen wie Operationen verweisen in diesem Zusammenhang auf einen hohen Leidensdruck, zu dessen Linderung auch riskante körperliche Eingriffe in Kauf genommen werden.[39] Zudem beeinflussen die unmittelbaren äußeren Lebensumstände das Schönheitshandeln ganz wesentlich. Beispielsweise existieren vielfältige Erwartungen auf beruflichem Gebiet, die ein bestimmtes Auftreten und Erscheinungsbild opportun erscheinen lassen und sich somit auf die Pflege des Körpers insgesamt auswirken. Insbesondere personenbezogene Dienstleistungen erfordern durchwegs ein hohes Maß an Attraktivität, während bei leitenden beruflichen Positionen ein »gepflegtes Äußeres« wichtig erscheint, um Seriosität und Kompetenz zu vermitteln. Nicht zuletzt spielt es für die eigene Schönheitspraxis eine erhebliche Rolle, welche beruflichen und privaten Erfolge durch körperliche Attraktivität erzielt werden können, etwa ob die Chancen auf dem Arbeitsmarkt aufgrund eines bemerkenswerten Aussehens steigen oder ob körperliche Vorzüge für die Partnerschaft beziehungsweise die Suche danach als bedeutsam erachtet werden.

In der Vielfalt an Schönheitspraxen drücken sich unterschiedliche Selbstwahrnehmungen und Formen der Selbstreflexion aus, das heißt unterschiedliche Bewertungs- und Denkschemata, die letztlich auf symbolischer Ebene ihren Ausdruck finden: indem Zeichen gesetzt werden, durch die sich die Menschen sozial positionieren, sei es durch eine auffällige Frisur, einen muskulösen Körper, Körpermodifikationen oder dadurch, dass das eigene Aussehen möglichst »natürlich« und normal wirken soll. Diese Selbstdarstellungsweisen ergeben sich nicht von ungefähr, sondern sind das Produkt von Erziehungs- und Sozialisationsprozessen, womit sie auf ungleiche Voraussetzungen und Möglichkeiten für die Entwicklung von Persönlichkeitsstrukturen und habituellen Handlungsmustern verweisen. In der Gestaltung des Körpers manifestiert sich mit anderen Worten ein Lernprozess, in dem von frühester Kindheit an die objektiv vorhandenen Ressourcen – in Form materieller Möglichkeiten, die Handlungsoptionen eröffnen, beziehungsweise kultureller Interessen, die im elterlichen Haushalt verfolgt werden – in subjektive Dispositionen trans-

---

39 »36,7% finden es OK, dass Menschen, die unter ihrem Aussehen leiden, sich operieren lassen«, berichtet Paula-Irene Villa (»Einleitung – Wider die Rede vom Äußerlichen«, S. 9) über die Akzeptanz der kosmetischen Chirurgie in Deutschland.

formiert werden, die spezifische körperliche Ausdrucksformen nahe liegend und selbstverständlich erscheinen lassen. Ein bezeichnendes Beispiel für diesen Prozess stellt die sportliche Praxis dar, in der die Wahrscheinlichkeit ungleich höher ist, dass SportlerInnen aus sportlichen denn aus unsportlichen Elternhäusern stammen.

Pierre Bourdieu spricht in diesem Zusammenhang von der »Inkorporierung objektiver Verhältnisse« – davon, dass wir durch den Körper lernen und sich die strengsten sozialen Befehle an den Körper richten.[40] Körperliche Dispositionen entwickeln sich aufgrund der Entfaltungsmöglichkeiten, die in der Familie, in der Schule beziehungsweise im sozialen Umfeld generell zur Verfügung stehen, wobei dieser Prozess sowohl von Geboten als auch von Verboten strukturiert wird: Gebote im Sinn von Erwartungshaltungen, dass vorhandene Chancen, etwa sportliche Freizeitmöglichkeiten, wahrgenommen werden, und Verbote im Sinn sozialer Sanktionen, die unerwünschtes Verhalten verhindern sollen. Diese Regeln basieren nur teilweise auf expliziten Setzungen, wie etwa der Befehl »Steh gerade!«, sondern sie zeichnen sich dadurch aus, dass sie auf implizite Weise allgegenwärtig sind – sich direkt an den Körper wenden, woraus sich die selbstverständliche Art zu sitzen oder zu gehen, verinnerlichte Vorlieben für bestimmte Speisen und Getränke oder hygienische Gewohnheiten erklären. Auf großteils unbewusste Weise wird im Sozialisationsprozess ein »Körpergedächtnis« hergestellt, werden körperliche Gewohnheiten eingeübt, die sich vor allem dadurch nachhaltig auf die Lebensführung auswirken, weil es besonderer Anstrengung und Disziplin bedarf, körperliche Prägungen zu ändern. Dies wird jedes Mal dann offensichtlich, wenn äußere Umstände ein Abgehen von den täglichen Routinen erzwingen. Diese Gewohnheiten sind auch dafür maßgebend, welche Personen man »riechen« kann, also sympathisch findet, oder welche körperlichen Reize anziehend wirken. Insbesondere in jenen sozialen Feldern, in denen der Körper selbst und körperliche Kompetenzen eine zentrale Rolle spielen, sind diese inkorporierten Haltungen von überragender Bedeutung, also auf dem Gebiet der Sexualität, der Hygiene, der Ernährung, der Mode oder des Sports – mithin auf zahlreichen Gebieten, die für die Schönheitspraxis maßgeblich und nützlich sind. Dabei kann beispielsweise der Sport um des Sportes willen, aber auch der Schönheit zuliebe betrieben werden, und die

---

40 Vgl. beispielsweise Bourdieu, *Meditationen*, S. 181.

Ernährung der Gesundheit oder der schlanken Linie dienen, wobei diese Präferenzen wiederum Ausdruck unterschiedlicher Dispositionen sind. In diesen Differenzen drückt sich soziale Ungleichheit aus. Die gesellschaftlichen Verhältnisse schreiben sich qua des Erziehungsprozesses in die Körper ein und zeigen sich in der vertikalen und horizontalen Segregation körperlicher Präferenzen. Die Körperhaltungen korrespondieren mit der sozialen Lage, in deren Kontext sie sich herausbilden. Die sozialen Verhältnisse prägen einerseits die Dispositionen, und die körperlichen Ausdrucksformen bezeichnen andererseits bestimmte soziale Positionen (wie die nachfolgenden Untersuchungsergebnisse zeigen werden). Allgemeine soziale Strukturen wie Schönheitsstandards wirken nicht unspezifisch auf die Menschen ein, sondern vermittels jener Institutionen, die für den Sozialisationsprozess maßgeblich sind, und durch welche die strukturellen Anforderungen je nach sozialer Lage modifiziert und unterschiedlich angeeignet werden. In diesem Prozess werden sowohl vertikale soziale Ungleichheiten als auch geschlechtliche Ungleichheiten aktualisiert. Auch »Männlichkeit und Weiblichkeit werden wesentlich dadurch erlernt«, schreibt Bourdieu,»dass die Geschlechterdifferenz in Form einer bestimmten Weise, zu gehen, zu sprechen, zu stehen, zu blicken, sich zu setzen und so weiter, den Körpern [...] eingeprägt wird.«[41] Das Gleiche gilt im Hinblick auf die Schönheitspraxis, in der sich schminken oder den Körper enthaaren eindeutige geschlechtsspezifische Konnotationen hat. Ähnliches lässt sich auch für das Einüben klassenspezifischer Differenzen konstatieren, auf die das unterschiedliche Prestige von Sportarten und Fitnessprogrammen, die spezifische Verbreitung von Tattoos und Piercings oder auch die mehr oder minder ausgeprägte Popularität von Sonnenstudios und einer spezifischen Art von Bräune rund ums Jahr hindeuten.

Wesentlichen Einfluss auf die soziale Position und damit das »Körpergedächtnis« haben die kulturellen und ökonomischen Handlungsressourcen. Diese unterschiedlichen Voraussetzungen konstituieren letztlich soziale Ungleichheit. Damit ist einerseits Bildung (in einem umfänglichen Sinn) gemeint, aber auch kulturelle Kompetenzen wie Geselligkeitstechniken und Manieren, die informell das Leben und die sozialen Kontakte strukturieren, und andererseits Einkommen oder andere Formen der ökonomischen Sicherheit, die im wahrsten Sinne des Wortes über den Reichtum des Le-

---

41 Ebd.

bens bestimmen. Bourdieu bezeichnet diese Ressourcen als »kulturelles« und »ökonomisches Kapital« und weist nachdrücklich darauf hin, dass es sich dabei um relationale Begriffe handelt, wie generell soziale Positionen als relative Stellungen in der Gesamtgesellschaft zu betrachten sind, mehr noch: Die Relationen zwischen den sozialen Positionen konstituieren Gesellschaft, sie spannen den sozialen Raum auf, aus dem die Gesellschaft besteht.[42] Die jeweilige soziale Position erklärt sich aus dem Abstand zu anderen Positionen, und zwar in vertikaler wie horizontaler Hinsicht, sodass sich soziale Ungleichheit als Über- und Unterordnung, aber zugleich auch als Verschiedenartigkeit darstellt. Im alltäglichen Leben drückt sich dieser abstrakte Gedanke im wechselseitigen Bezug der Menschen zueinander aus, im sozialen Handeln schlechthin, indem sich die oder der Einzelne an anderen Menschen orientiert, sei es dadurch, dass bestimmte Verhaltensformen nachahmenswert erscheinen oder gerade im Gegenteil, dass diese abgelehnt werden. Allemal geht es dabei darum, in den Augen der anderen gut dazustehen – beneidet zu werden, wie John Berger sagt.[43] Insofern erschließt sich der Sinn der Schönheitspraxis aus den Sympathien und Antipathien, die auf diesem Feld vorherrschen, daraus, in welchem Verhältnis sich das einzelne Individuum zur Schönheitspflege anderer Menschen positioniert. Allgemeine Schönheitsstandards erfahren also im Sozialisationsprozess eine zweifache Brechung: einerseits durch die sozial bedingte Herausbildung eines spezifischen Verhältnisses zum eigenen Körper und andererseits durch die soziale Konkurrenz in Form der Schönheitshandlungen. Tätowierungen, um nur ein Beispiel zu nennen, dienen nicht nur dazu Aufmerksamkeit zu generieren, sondern stellen auch Zeichen der sozialen Nähe sowie Distanz dar.

Relationen der Über- und Unterordnung existieren für beide Geschlechter und stellen sich auf geschlechtsspezifische Art und Weise dar. Einmal abgesehen davon, dass die geschlechtliche Erziehung selbst Ungleichheit erzeugt, worauf im vorigen Kapitel mehrmals hingewiesen wurde, erfahren Frauen und Männer je unterschiedliche körperliche Prägungen aufgrund ihrer Klassenlage.[44] Beide Geschlechter sind keine homo-

---

42 Vgl. Bourdieu, *Praktische Vernunft*, S. 15 ff.
43 Vgl. Berger, *Ways of Seeing*, S. 132 f.
44 Nina Degele und Gabriele Winker (»Praxeologisch differenzieren. Ein Beitrag zur intersektionalen Gesellschaftsanalyse«, S. 195) bezeichnen den »Bodyismus« (soziale Dominanzverhältnisse aufgrund körperlicher Merkmale wie etwa Attraktivität) als ein zentrales Strukturprinzip innerhalb der kapitalistischen Gegenwartsgesellschaft.

genen Kategorien, sondern sowohl auf der Seite der Frauen als auch aufseiten der Männer gibt es ein breites Spektrum an Dispositionen. In diesem Zusammenhang führt die geschlechtsspezifische Sozialisation dazu, dass unter Frauen und unter Männern andere Verhaltensweisen vorherrschen, um soziale Verbundenheit oder Distanzierung zu signalisieren. Sportlichkeit und Kraft stellen zum Beispiel traditionellerweise wesentliche Attribute der männlichen Attraktivität dar, was dazu beiträgt, dass sich Männer entlang dieser Achse zu unterscheiden suchen und sich die Schönheitshandlungen ganz wesentlich dadurch unterscheiden, in welchem Ausmaß und in welcher Form Sportarten und Fitnessübungen betrieben werden – je nachdem etwa, ob Schlankheit oder Muskularität das Ziel ist. Bei Frauen hingegen ist es aus ähnlichen Gründen naheliegend, dass die Art sich zu schminken, aber auch der Gewichtskontrolle, indem Diät gehalten oder auf bestimmte Nahrungsmittel verzichtet wird, zentrale Körperpraktiken darstellen, um die jeweilige soziale Position zum Ausdruck zu bringen. Dabei erscheint es offensichtlich, dass bestimmte Schönheitshandlungen von doppelter, intersektionaler Benachteiligung zeugen, indem sich in ihnen soziale Unterprivilegierung und geschlechtsspezifische Diskriminierung manifestieren. Weibliche Inszenierungen, die als überzogen und damit auch als »billig« und vulgär wahrgenommen werden, deuten beispielsweise auf diese doppelte Codierung hin, womit nicht gesagt ist, dass diese Inszenierungen keinen Reiz ausüben oder nicht der Zufriedenheit mit dem eigenen Aussehen dienen würden.

Die bisherigen Verweise auf Bildungs- und Wohlstandsniveaus lassen erkennen, dass Körperhaltungen nicht isoliert betrachtet werden können, vielmehr stellen sie einen, wenn auch grundlegenden Bestandteil umfangreicher individueller Dispositionen dar, durch die sich Persönlichkeitsstrukturen auszeichnen. In der sozialen Praxis bilden die Menschen nicht nur körperliche Gewohnheiten aus, sondern sie verinnerlichen auch Denkschemata und Werthaltungen, die sich ebenfalls je nach sozialer Lage zu habituellen Mustern verfestigen. Insofern entspricht jede soziale Position einem bestimmten Habitus, der dadurch gekennzeichnet ist, dass körperliche und kognitive Schemata ineinandergreifen, sich klassen- und geschlechtsspezifische Prägungen zu einem internen System der Verhaltenssteuerung verdichten. Jeder Mensch hat einen Habitus, nicht mehrere, schreiben Beate Krais und Gunter Gebauer, um darauf hinzuweisen, dass das Individuum »die Gesamtheit des Sozialen (verkörpert), indem es lebt und handelt. Mit dem Habitus sind wir in der Welt und haben die Welt in uns.«[45] Diese Gesamtheit an Dispositionen ist als generative Matrix zu verstehen, die den Handlungen von Menschen zugrunde liegt, oder genauer: die Realisierung bestimmter Optionen mehr oder weniger wahrscheinlich macht. Mit zunehmender Bildung wird es zum Beispiel zur Regel, auf gesunde Ernährung und die Qualität von Pflegeprodukten zu achten, während es zunehmend unwahrscheinlich wird, dass permanenter Körperschmuck auf Gefallen stößt.

Die inkorporierten Denk-, Bewertungs- und Handlungsschemata kommen auf vielen sozialen Feldern (die je einer eigenen Logik gehorchen, wie in unserem Fall der Fitnessbereich oder die Mode) zum Ausdruck, oder besser gesagt: Diese Dispositionen zeichnen zunächst einmal dafür verantwortlich, welche Handlungsfelder für das Individuum interessant erscheinen, ob etwa sportliche Aktivitäten in Betracht gezogen werden oder der Kosmetik besondere Bedeutung beigemessen wird. Zwischen den Formen des Habitus und den sozialen Feldern herrscht ein Korrespondenzverhältnis, insofern Felder mehr oder weniger dafür geeignet erscheinen, die habituellen Neigungen auszuleben beziehungsweise umgekehrt die Dispositionen Präferenzen für das eine oder andere Handlungsfeld begünstigen. In diesen Zusammenhängen drückt sich wiederum weniger eine bewusste Wahl der Individuen aus, als vielmehr die praktische Vernunft und die körperlichen Gewohnheiten, die dazu führen, dass man will, was man erlernt hat und kann (eine Art Schicksalsergebenheit: *amor fati*). Die alltägliche Rede von »natürlicher Begabung« und »besonderem Talent« auf diesem oder jenem Gebiet, in der Kunst wie im Sport, verweist genau auf diese Übereinstimmung von Veranlagung und Praxis. Darüber hinaus ergibt sich aus dem erwähnten Faktum, dass jeder Mensch nur einen Habitus hat, ein systematischer Zusammenhang der Handlungen in mehreren sozialen Feldern. Die Menschen verhalten sich in der Regel in allen sozialen Bereich so, wie es ihrem Habitus entspricht. Auf dem Gebiet der Schönheit manifestiert sich dies in einem Ensemble von Praktiken, die in unterschiedlichen Feldern (auf sportlichem, kosmetischem, hygienischem Gebiet) ausgeübt werden – und die solcherart einen spezifischen Habitus bezeichnen. Auf diese Weise, indem sich die Schönheitspraxis auf mehrere Felder erstreckt, stellt das Schönheitsspiel einen Mikrokosmos der allgemeinen sozialen Verhältnisse dar, nämlich jener Welt, in der Körperhaltungen eine besonders dominante Rolle spielen. Der Sinn für Schönheit, dessen ge-

---

45 Krais/Gebauer, *Habitus*, S. 75 f.

schichtliche Ausprägungen im vorigen Kapitel zur Sprache kamen, zeigt sich also auf einer Vielzahl von Gebieten, wobei sich aus dem Habitus die Zusammenhänge der jeweiligen Praxis erklären. Beispielsweise wird das Selbstverständnis eines »seriösen Geschäftsmannes« ganz spezifische hygienische, modische und sportliche Gewohnheiten umfassen, die sich deutlich von solchen unterscheiden, die mit schwerer körperlicher Arbeit verbunden sind.

Das Schönheitsspiel resultiert mit einem Wort aus körperlichen Gewohnheiten, aus habituellen Verhaltensweisen: aus einem praktischen Sinn für Schönheit. Perfekte Schönheit ist die Vergegenständlichung einer sozial angesehenen Praxis oder vielmehr des gelungenen Zusammenspiels zahlreicher Praktiken. Wenn sich die Menschen mehr unbewusst denn bewusst an diesem Spiel beteiligen, besagt das nicht, dass es keine ernsthafte Angelegenheit wäre (worauf auch die zunehmende Professionalisierung von Schönheitsberufen – von der *style*-Beratung bis zum Tattoo-*artist* – hindeutet). Aus dem gegenwärtigen Schönheitskult – den anwachsenden Investitionen in die Schönheit und der Ausdifferenzierung des Feldes – wird im Gegenteil ersichtlich, dass die Art sich zu präsentieren ernster denn je genommen wird. Die Vorstellung von der Macht der Schönheit breitet sich aus, und die Intuition auf diesem Gebiet stellt ein geradezu universelles Phänomen dar: Ein Großteil der Menschen westlicher Gesellschaften teilt die *illusio*, dass Schönheit wichtig ist und handeln danach, und zwar in dem Sinn, dass sie sich, ohne viel darüber nachdenken zu müssen, »im Spiel« befinden (und nicht wie Zuschauer das Spiel verfolgen) und je nach Veranlagung versuchen, das Beste daraus zu machen. Um Missverständnissen vorzubeugen, sei hier einschränkend vermerkt, dass selbstverständlich bewusste Entscheidungen auf dem Gebiet der Schönheitspraxis getroffen werden – allerdings auf der Basis von Dispositionen, die diese Wahlmöglichkeiten auf intuitive Weise vorstrukturieren. Pierre Bourdieu beschreibt diese *illusio* folgendermaßen:

»Soziale Akteure, die den Sinn für das Spiel besitzen und die Unzahl der praktischen Wahrnehmungs- und Bewertungsschemata inkorporiert haben, die als Instrumente der Konstruktion der Realität fungieren, als Prinzipien der Wahrnehmung und Gliederung der Welt, in der sie sich bewegen, brauchen die Ziele ihrer Praxis nicht als Zweck setzen. Sie stehen nicht wie *Subjekte* vor einem Objekt (oder gar einem Problem), das durch einen Akt der intellektuellen Erkenntnis zu einem solchen gemacht worden wäre; sie sind, wie man so sagt, *ganz bei der Sache* (ganz bei dem, was sie *zu tun haben*): Sie sind präsent für das, was [...] angelegt ist in der Gegenwart des Spiels.«[46]

Wie auf anderen sozialen Gebieten auch, beherrschen die Akteure das Schönheitsspiel in unterschiedlichem Ausmaß. Ähnlich wie im Sport existieren Profis, die das soziale Feld konstituieren und strukturieren, etwa indem sie Schönheitsstandards setzen, wie die Models der Mode- und Werbeindustrie, und zahllose Amateure, die mehr oder weniger versiert praktizieren, was in diesem Bereich gewinnbringend erscheint. In dieser Abstufung drücken sich unterschiedliche Erfolgsaussichten aus, die mit der Schönheitspraxis verbunden sind und die den Ernst des Spiels ausmachen. Während für Models die Leidenschaft, schön sein zu wollen, ökonomischen Profit abwerfen soll, geht es für die meisten Menschen um andere praktische Ziele. Wie eingangs vermerkt stellt die soziale Anerkennung das zentrale Motiv für das Schönheitshandeln dar,[47] und im Speziellen ist die Praxis vor allem (aber beileibe nicht ausschließlich) auf Erfolge im Partnerschafts- und Beziehungsbereich ausgerichtet – darauf, was in der Regel unter Liebe, auch unter »Liebe machen« verstanden wird.

Das Beste aus sich zu machen bedeutet in diesem Zusammenhang, das vorhandene kulturelle und ökonomische Kapital in eindrucksvolle Zeichen zu konvertieren, das heißt solche Zeichen zu setzen, welche die eigene Persönlichkeit möglichst vorteilhaft zum Ausdruck bringen. Das »symbolische Kapital«, oder mit anderen Worten: das soziale Ansehen, das auf diese Weise akkumuliert wird, trägt umgekehrt wiederum zum Habitus bei, etwa in der Form, dass Selbstvertrauen und Wohlbefinden wachsen. Kulturelles, ökonomisches und symbolisches Kapital verweisen also wechselseitig aufeinander. Kulturelles und ökonomisches Kapital, konkret Bildung und Finanzkraft, müssen sichtbar gemacht werden, um soziale Anerkennung zu erfahren, während aus dem wahrgenommenen symbolischen Kapital sozialer und ökonomischer Gewinn gezogen werden kann, wie nicht zuletzt die sogenannten »Supermodels« eindrucksvoll vor Augen führen. Aus der Inszenierung lässt sich jedenfalls auf kulturelle und ökonomische Bedingungen schließen, was dazu führt, dass auf umfängliche Weise Gleichgesinnte – Personen, die über ähnliche Denk- und Bewertungsschemata verfügen – zueinander finden. Gleich und Gleich gesellt sich gern, heißt es

---

46 Bourdieu, *Praktische Vernunft*, S. 144.
47 »Gesehen und in dieser Sichtbarkeit affimiert zu werden«, nennt Laura Bieger (»Schöne Körper, hungriges Selbst – über die moderne Wunschökonomie der Anerkennung«, S. 55) das treibende Verlangen im Schönheitsspiel.

bezeichnenderweise, und empirische Untersuchungen belegen, dass bei der Partnerwahl Ähnlichkeiten, nicht zuletzt hinsichtlich der Attraktivität, tatsächlich von entscheidender Bedeutung sind.[48] Dies führt zum Schluss, dass die soziale Anerkennung des Erscheinungsbildes klassenspezifischen Charakter hat, sich Menschen vorrangig von jener Schönheit angesprochen fühlen, die den eigenen Dispositionen entspricht.[49] Soziale Anerkennung genießt man vor allem in den eigenen Kreisen, in denen übereinstimmende Werthaltungen vorherrschen; und im vertrauten Umfeld etwas zu gelten, bildet einen zentralen Antrieb für das Schönheitshandeln.

Die soziale Anerkennung stellt sich damit als hierarchische Ordnung dar. In ihr drücken sich verwandte Bewertungsschemata aufgrund ähnlicher sozialer Positionen aus. Im gesellschaftlichen Leben geht es allerdings nicht bloß darum, eine bestimmte soziale Stellung innezuhaben, sondern vielmehr darum, sich in beruflicher, finanzieller oder auch familiärer und sexueller Hinsicht zu verbessern. Der amerikanische Mythos, vom Tellerwäscher zum Millionär aufsteigen zu können, ist für die Leistungsideologie und Aufstiegsorientierung westlicher Industriegesellschaften bezeichnend. Diese Haltung äußert sich in der Logik des Konsums, der zufolge finanzielle Investitionen zur Bereicherung des Lebens führen, und sie manifestiert sich nicht zuletzt in der Schönheitspraxis. Soziale Anerkennung beinhaltet mit anderen Worten immer auch den Wunsch, Wertschätzung von jenen zu erfahren, die sich weiter oben in der sozialen Ordnung befinden – über solche Attribute zu verfügen, die bei höheren Statusgruppen soziales Ansehen genießen. Darin drückt sich kein »falsches Bewusstsein« über die eigene Klassenlage aus, und es werden keine falschen Tatsachen vorgespiegelt, sondern der Wunsch entspringt dem praktischen Sinn für kapitalistische Konkurrenz- und Machtverhältnisse sowie dafür, dass die Präsentationsformen des Ich auf diese Verhältnisse verweisen.

Schönheitspraktiken und körperliche Inszenierungen signalisieren soziale Nähe, und sie dienen gleichzeitig dazu, soziale Differenz und Überlegenheit anschaulich zu machen. Sie sind Mittel der sozialen Distinktion. Der soziale Rang von Personen ergibt sich aus den Zeichen, die gesetzt werden – und zwar in Relation zu den anderen Zeichen des stilistischen Raums –, und dem relativen Wert, den diese haben. Die mit dem Rang verbundene Macht zeigt sich darin, inwiefern Menschen imstande sind, partikularistische Sichtweisen und Werthaltungen, die dem eigenen Interesse

---
48 Vgl. etwa Michael u.a., *Sexwende*, S. 62 und S. 85.
49 So gesehen ist die partnerschaftliche Liebe immer auch Selbstliebe.

dienen, als allgemeingültige Betrachtungsweisen durchzusetzen. In diesem Kontext handelt die Schönheitspraxis von der Veranschaulichung sozialer Macht. Die Kurzhaarfrisur, Anzug und Krawatte und die athletische Figur des Mannes oder das »natürlich« wirkende Make-up von Frauen und deren sportliche Körper sind keine bedeutungsoffenen Zeichen, sondern Statements der Macht. Sie sind es deshalb, weil die Menschen, die sich so in Szene setzen, Macht besitzen. Der hohe Wert dieser Inszenierungen oder die hohe Wertschätzung, die ihnen entgegengebracht wird, resultiert aus der Tatsache, dass sie auf großen gesellschaftlichen Einfluss verweisen, auf Personen, die im Dienste der Allgemeinheit Entscheidungen treffen, wie man so sagt, oder die öffentliche Meinung prägen, die also auf dem politischen, ökonomischen oder journalistischen Feld eine beherrschende Rolle spielen. Qua ihrer sozialen Position dominieren also die Mächtigen auch auf symbolischem Gebiet. Ihre spezifischen Handlungsmuster setzen sich auf breiterer Ebene durch.

Mithin ist es wenig erstaunlich, dass sich der Wille zum sozialen Aufstieg darin manifestiert, dass prestigereiche Körperpraktiken, soweit sie sich nicht völlig außer Reichweite befinden, von untergeordneten Klassen aufgegriffen werden, womit im wahrsten Sinne des Wortes von einer Inkorporierung des Aufstiegs- und Konkurrenzdenkens gesprochen werden kann. Wenn die Schönheitspraxis der Bildungselite in diesen Zusammenhängen zumeist als konservativ erscheint, dann deshalb, weil von Veränderungen wie chirurgischen Eingriffen oder Körpermodifikationen kein Zuwachs an Prestige zu erwarten ist, sondern eher im Gegenteil ein Verlust an symbolischer Macht zu befürchten ist. Georg Simmel konstatierte bereits am Beginn des vorigen Jahrhunderts, dass der Mittelstand in seinem Streben nach sozialem Aufstieg und Macht die eigentliche Kraft für modische Veränderungen darstellt.[50] Auf zeitgemäße Weise trifft dies heute auf jene Menschen zu, die joggen oder Aerobics- und Pilates-Kurse besuchen, um vermittels ihrer Körper Selbstdisziplin, Leistungsbereitschaft, Durchsetzungswillen und Dynamik zu demonstrieren.

Es wäre zu wenig gesagt mit der Feststellung, dass diese Schönheitspraktiken Selbstdisziplin nur veranschaulichen. Joggen und Aerobics, um bei diesen Beispielen zu bleiben, stellen Akte der Disziplinierung dar, die die Form persönlicher Körperregime angenommen haben, also der Selbststeuerung und -kontrolle unterliegen. Die Funktionsweise symbolischer

---

50 Vgl. Simmel, »Philosophie der Mode (1905)«, S. 31.

Macht besteht gerade darin, dass sie nicht auf unmittelbaren Zwängen beruht, sondern Freiwilligkeit suggeriert, womit sich die gesellschaftliche Ordnung wie von selbst in die Individuen einschreibt. Die gesellschaftliche Ordnung stellt sich durch die Verinnerlichung sozialer Normen und Werthaltungen her und basiert auf einer Selbstbeherrschung, die zwanglos erscheint und mit dem Versprechen freier Entfaltungsmöglichkeiten verbunden ist.[51] Körperhaltungen und Schönheitspraktiken sind, wie schon mehrmals erwähnt, Inkorporierungen sozialer Verhältnisse und damit gesellschaftlicher Machtstrukturen. In den angeführten Schönheitshandlungen manifestiert sich ein Disziplinarregime, auf das sich die Herrschaft der oberen Klasse stützt. Diese Schönheitshandlungen verweisen auf die Einverleibung des Leistungs- und Konkurrenzprinzips und der Aufstiegsorientierung, auf den Corpus der kapitalistischen Ideologie und die zentralen Prämissen des kapitalistischen Wirtschaftens, aus denen gesellschaftliche Macht erwächst.

»Ebenso wie jeder eigenverantwortliche Mensch den sozialen Aufstieg schaffen kann, so die Logik […], kann auch jeder einen schönen Körper haben; und mit harter Arbeit, Disziplin, Entbehrungsbereitschaft und Pflichtgefühl sei dieser zu erreichen. Wer keinen schönen Körper hat, so der konsequente Umkehrschluss, hat sich vermutlich nicht ausreichend dafür entschieden.«[52]

Insofern verkörpert der Mittelstand in seiner selbst auferlegten Fitness die kapitalistische Ordnung – so, wie es die Herrschaftsverhältnisse erfordern –, und er gibt zugleich vor, was als normal gilt und damit soziales Ansehen genießt. Die Homogenität kognitiver und körperlicher Dispositionen der Mittelklasse zeigt sich also in der buchstäblichen Verkörperung systemkonformer Disziplin, darin, dass kapitalistische Prinzipien das sportlich-fitte Subjekt der Gegenwartsgesellschaft konstituieren.[53] Daraus erklärt sich auch die Abwertung eines Teils der körperlichen Verhaltensweisen der unteren Klasse, die nicht genug Disziplin an den Tag legt, wie die Vernachlässigung des Körpers suggeriert, und offenbar nach anderen Regeln spielt

---

51 Der von Paula-Irene Villa editierte Sammelband *schön normal* handelt über weite Strecken von der Gleichzeitigkeit der Selbst-Ermächtigung und Selbst-Unterwerfung am Beispiel der kosmetischen Chirurgie.
52 Bieger, »Schöne Körper, hungriges Selbst«, S. 57.
53 Eva Kreisky (»Fitte Wirtschaft und schlanker Staat«) verweist in diesem Zusammenhang auf das neoliberale Regime. Zur Theorie der Subjektivierung vgl. Foucault, *Geschichte der Gouvernementalität;* bezogen auf Schönheitsoperationen vgl. zum Beispiel Maasen, »Bioästhetische Gouvernementalität – Schönheitschirurgie als Biopolitik«.

als es die Leistungsgesellschaft erfordert. Die Dickleibigkeit stellt so besehen eine Brüskierung der herrschenden Ordnungsvorstellungen dar. Sie verweist auf eine nicht vollständig geglückte soziale Integration, auf einen gebrochenen Glauben an die Aufstiegs- und Leistungsideologie.

Wenn über Macht gesprochen wird, dann ist allemal zu berücksichtigen, dass vorrangig Männer über sie verfügen. Nach wie vor beherrschen die Männer den öffentlichen Raum, und sie dominieren in allen industriellen Gesellschaften die politischen und wirtschaftlichen Entscheidungsprozesse. Sie besetzen die führenden beruflichen Positionen und beziehen die höheren Einkommen, während ein guter Teil der Frauen bis heute nicht am beruflichen Leben partizipiert, namentlich jene, die sich der Hausarbeit und Kinderbetreuung widmen. Der primäre Unterschied zwischen Männern und Frauen wird durch die Wahrscheinlichkeit charakterisiert, im öffentlichen Raum zu sein, einen Beruf, eine sozial anerkannte Stellung zu haben, bemerkt Pierre Bourdieu.[54] Der soziale Rang von Hausfrauen leitet sich vom Rang des Ernährers her und bezeichnet damit ein besonders ausgeprägtes und zudem persönliches, quasi feudales Abhängigkeitsverhältnis, während die gegenüber Männern niedrigeren beruflichen Positionen und Einkommen erwerbstätiger Frauen auf Machtbeziehungen verweisen, die das Geschlechterverhältnis generell strukturieren. Beiden Ausprägungen der sozialen Ungleichheit, das heißt der relativen weiblichen Machtlosigkeit, liegen geschichtliche Entwicklungen zugrunde, die im vorigen Kapitel skizziert wurden. Aktualisiert wird die traditionelle Ungleichheit jeweils im Sozialisationsprozess, in dem die Heranwachsenden, Frauen wie Männer, lernen, was sich für das jeweilige Geschlecht gehört – in einem Prozess, der sowohl die geschlechtsspezifischen Körperhaltungen als auch die Denkweisen prägt. Das Geschlecht ist mit anderen Worten eine fundamentale Dimension des Habitus, wobei die geschlechtsspezifische Prägung vom Erlernen der Rangunterschiede, also der Klassenordnung, nicht zu trennen ist: Zu erlernen, was sich als Frau gehört, bedeutet zugleich immer zu erlernen, was sich als Arbeiterin, Angestellte, Managerin oder als Hausfrau in einem Arbeiter- oder Angestelltenhaushalt gehört. Der weibliche Habitus kann – worauf schon hingewiesen wurde – recht unterschiedliche Formen annehmen, je nachdem, ob es sich um Frauen der oberen oder der unteren Klasse handelt.

---

54 Vgl. Pierre Bourdieu im Gespräch mit Irene Dölling und Margarete Steinrücke (*Eine sanfte Gewalt*, S. 222); siehe auch Kapitel 1.

Frauen sind nicht zuletzt deshalb sozial benachteiligt, weil weibliche Eigenschaften, Interessen und Gewohnheiten, die im Sozialisationsprozess verinnerlicht werden, geringere Anerkennung erfahren als männliche Handlungsweisen. Das deutlichste Beispiel dafür stellt die unterschiedliche Bewertung von Arbeit dar: die Unterteilung in nicht bezahlte, weibliche Hausarbeit und bezahlte, männlich dominierte Erwerbsarbeit. Wenn selbst von berufstätigen Frauen regelmäßig die häusliche Verantwortung übernommen wird, um anhand dieses Beispiels fortzufahren, so nicht aufgrund unmittelbarer äußerer Zwänge, sondern aufgrund der Einverleibung einer Weltsicht, dass dies normal, nämlich Teil des Lebens als Frau, ist.»Die Frauen selbst wenden auf jeden Sachverhalt und insbesondere auf die Machtverhältnisse, in denen sie gefangen sind, Denkschemata an, die das Produkt der Inkorporierung dieser Machtverhältnisse sind«, schreibt Bourdieu und bezeichnet damit die zentrale Funktionsweise »symbolischer Gewalt«.[55] Die objektiven Verhältnisse prägen den Habitus dergestalt, dass die geschlechtsspezifische Unterteilung der Welt in weibliche und männliche Sphären selbstverständlich erscheint und die habituellen Verhaltensweisen dem entsprechen, was von den Geschlechtern erwartet wird – wobei die Frauen in diesem androzentrischen System allemal das untergeordnete Prinzip verkörpern. In diesem Prozess spielen wiederum körperliche Dispositionen eine grundlegende Rolle, die dafür verantwortlich sind, dass emanzipatorische Veränderungen nicht allein durch willkürliche Prozesse, sprich Aufklärung und die Änderung der Denkgewohnheiten, herstellbar sind.

Frau sein zeigt sich nicht nur in der verinnerlichten Zuständigkeit für die Kinderbetreuung und Haushaltsführung – Funktionen, die seit geraumer Zeit im Brennpunkt der öffentlichen Diskussion stehen –, sondern tiefgreifender noch in motorischen Schemata, die Unterordnung signalisieren, wie etwa die weibliche Sitzhaltung, die weit weniger Raum als jene der Männer beansprucht, oder die Art, auch in Eile keine ausladenden, sondern kleine, »zierliche« Schritte zu machen. In dieser Hinsicht spielt die Erfahrung des Körpers-für-andere eine ganz zentrale Rolle, das heißt die Selbsterfahrung, dass das Körperbild den Gegenstand männlicher Wahrnehmung bildet – eine Disposition, die letztlich der gesamten weiblichen Schönheitspraxis zugrunde liegt und die den Grund dafür darstellt, dass sich Frauen als das »schöne Geschlecht« begreifen. Der heftige Widerstand

---

55 Bourdieu, *Die männliche Herrschaft*, S. 63.

des Feminismus gegen dieses Schönheitsdiktat und die damit einhergehende Verdinglichung verweist auf die entscheidende Bedeutung der Blickkultur für die Aufrechterhaltung der männlichen Herrschaft. Um es nochmals zu verdeutlichen: In der Selbstdefinition als schönes Geschlecht drückt sich die Anerkennung der Macht des männlichen Blicks aus. Das soziale Machtgefälle, das darüber entscheidet, welches Geschlecht die Blickkultur, die »historisch geprägte Praxis des Sehens«,[56] dominiert, wer sozusagen »das Sehen hat«, manifestiert sich auf symbolischer Ebene darin, dass Frauen eine ungleich vielfältigere Schönheitspraxis als Männer verfolgen. Weit davon entfernt, bloß der Ästhetik zu dienen, drückt sich in der Haarpflege, im Schminken oder in der Depilation der Achsel- und Beinbehaarung die relative Machtlosigkeit des weiblichen Geschlechts aus. Besonders offensichtlich wird das dann, wenn Schönheit die wichtigste Ressource im Spiel um Liebe und Anerkennung darstellt, wenn die jugendliche Attraktivität von Frauen im Austausch gegen den Reichtum und die Macht älterer Männer gehandelt wird.

Das negative Korrespondenzverhältnis von Macht und Schönheit wird auch daran ersichtlich, dass mit der Höhe der sozialen Position von Frauen, also mit zunehmender sozialer Macht, die Distanzierung von allzu offensichtlicher Zurschaustellung der Femininität wächst. Der strikte Gehorsam gegenüber dem Schönheitsregime, der sich in auffälligem Make-up, stark gebräunter Haut oder Körpermodifikationen ausdrückt, erweckt genau jenen Eindruck von Vulgarität, den es beim eigenen distinguierten Schönheitshandeln zu vermeiden gilt. In der Regel zeichnen sich Frauen in gehobenen Positionen dadurch aus, Attraktivität auf zurückhaltende Weise zum Ausdruck zu bringen, etwa indem die »Natürlichkeit« des Aussehens und damit die »Authentizität« des Erscheinungsbildes betont werden und nur einige ausgewählte Schönheitspraktiken zur Anwendung kommen.[57] Je größer das kulturelle und ökonomische Kapital ist, je stärker diese Ressourcen für das Selbstverständnis und die Lebenszufriedenheit sind, eine desto geringere Rolle spielt die Perfektionierung des Erscheinungsbildes. Damit ist nicht gesagt, dass die Selbstinszenierungen mächtiger Frauen für das eigene Geschlecht keine Vorbildwirkung hätten. Indem sich Macht durch die Kultivierung eines »natürlichen« Aussehens oder auch eines sportlichen

---

56 Vgl. Bieger, »Schöne Körper, hungriges Selbst«, S. 63.
57 »Soziale Anerkennung erhalten diejenigen, die nichts außer ›sich selbst‹ repräsentieren«, argumentiert Nina Degele (*Sich schön machen*, S. 18). Waltraud Posch (*Projekt Körper*, S. 130 ff.) bezeichnet die Authentizität als wesentliches Kriterium für Schönheit.

Körpers veranschaulichen lässt, breiten sich diese Standards in der Gesellschaft aus, wie die medialen Diskurse über »natürliche Pflege« (im doppelten Wortsinn) und »natürliche Ausstrahlung« veranschaulichen.

Im Verhältnis zwischen den Geschlechtern beeinflussen wiederum die Machtverschiebungen in der Spätmoderne das Schönheitsspiel, und zwar in doppelter Weise: Zum einen zeigt sich die wachsende Autonomie von Frauen in einer »Vermännlichung« des weiblichen Schönheitsideals. Vor allem die zunehmende Präsenz von Frauen im sportlichen Feld, das Vordringen auf dieses ehemals männliche öffentliche Terrain, spielt dabei eine Schlüsselrolle. Frauen verfügen in wachsendem Ausmaß über sportliche Dispositionen, die zugleich typische geschlechtsspezifische Prägungen aufweisen und sich in der Neigung für sogenannte Frauensportarten, also »ästhetische« Disziplinen wie Eiskunstlauf oder Synchronschwimmen, zeigen (die gegenüber Männersportarten zweitrangig erscheinen). Dies trägt sowohl zu einem Körperbewusstsein bei, bei dem nicht der Körper-für-andere im Vordergrund steht und soziale Anerkennung auf sportimmanenten Prinzipien wie Ausdauer und Kraft beruht, als auch zu einem Anwachsen sportlicher Praktiken um der Schönheit willen.[58] Athletische Frauenkörper, bisweilen auch androgyne Erscheinungsbilder, die heute als schön wahrgenommen werden, bezeichnen damit einen Machtzuwachs des weiblichen Geschlechts, eine Veränderung der Geschlechterrelationen, um gleichzeitig eine neue Form der symbolischen Gewalt anzuzeigen, die dadurch gekennzeichnet ist, dass die Macht des männlichen Blicks Frauen sportliche Disziplin abverlangt.[59] Diese Hegemonie kommt in der Annäherung weiblicher Körperbilder an den jugendlich-knabenhaften Männerkörper zum Ausdruck.

Zum anderen führt die soziale Unabhängigkeit von Frauen, wie schon im vorigen Kapitel erwähnt, zu einer Vervielfältigung männlicher Schönheitspraktiken. In dem Maße, in dem traditionelle persönliche Abhängigkeitsverhältnisse in Ehegemeinschaften der Vergangenheit angehören, sich der soziale Rang von Frauen nicht mehr von jenem des Partners ableitet, verändern sich auch die Körperhaltungen, die *hexis*, und der Habitus der Männer. Hand in Hand mit der Neuformierung des weiblichen kulturellen und ökonomischen Kapitals – die dadurch zustande kommt, dass Frauen berufliche Positionen einnehmen und über eigenes Einkommen verfügen –

---

[58] Vgl. zum Beispiel Morse (»Artemis aging: Exercise and the Female Body on Video«) über die ambivalente Bedeutung von *aerobics*.
[59] Vgl. Kreisky, »Arbeits-, Sport- und Geschlechterkörper«.

geht eine Aufwertung der männlichen Schönheit einher. Männliche Attraktivität beginnt eine wichtigere Rolle für sexuelle Begegnungen und die Liebe zu spielen; und bezeichnenderweise für die sozialen Veränderungen nimmt die Vergegenständlichung von Männerkörpern, die mediale Repräsentation nackter Männlichkeit, im Zeichen des weiblichen Blicks zu. Der Machtverlust der Männer auf partnerschaftlichem Gebiet zeigt sich mit einem Wort in einer Art »Feminisierung« der Handlungsweisen, darin, dass nunmehr auch Männer als hässlich empfundene Körperbehaarung entfernen, der schlanken Linie wegen Diät halten oder chirurgische Eingriffe nachfragen. Darin drückt sich keineswegs das Verlangen aus, weiblich wirken zu wollen, sondern es geht gerade im Gegenteil darum, männliche körperliche Charakteristika zu veranschaulichen: Männlichkeit gekonnt in Szene zu setzen. Die Ablehnung solcher Praktiken, die auf homosexuelle Neigungen schließen lassen und damit das Stigma der Effemination tragen, das heißt alles, was »übertrieben«, »künstlich« und »geziert« wirkt, ist symptomatisch für die Ausrichtung der männlichen Schönheitspraxis.[60] Die Demarkationslinien zwischen den Geschlechtern werden also aufrechterhalten, wenngleich Männer mehr Arbeit in die Gestaltung eines muskulösen Oberkörpers und die Pflege der Frisur und des Bartes investieren. Dieses Schönheitshandeln signalisiert eine graduelle Veränderung der Machtkonstellation, genauer: eine Neuformierung der männlichen Macht in Zeiten wachsender weiblicher Selbstbestimmung und Handlungsmöglichkeiten.

Resümee

Aus dem bisher Gesagten sollte deutlich geworden sein, dass das Schönheitsspiel ein symbolisches Universum der sozialen Macht darstellt. Auf dem Gebiet des Schönheitshandelns drücken sich gesellschaftliche Über- und Unterordnungen entlang der Achsen sozialer Position und Geschlechterzugehörigkeit aus. Die klassen- und geschlechtsspezifischen Prägungen des Habitus führen zu systematischen Unterschieden der körperlichen Dispositionen und habituellen Denk- und Handlungsweisen. Dabei ist für die Schönheitspraxis besonders bedeutsam, dass im Zuge der Habitusformie-

---

[60] Nina Degele (*Sich schön machen*, S. 123 ff.) spricht in diesem Zusammenhang von Heteronormativitätserwartungen und -strukturen, die dem Schönheitshandeln zugrunde liegen.

rung ein differenzierter Umgang mit den übermächtig erscheinenden medialen Vorbildern erlernt wird. Deren Bedeutung für das Schönheitshandeln variiert stark nach sozialer Lage der Akteure, indem sich beispielsweise manche Menschen zur Nachahmung ermutigt fühlen, während andere hinter der glatten Fassade der Ikonen »Persönlichkeit« vermissen.

Die Realisierung spezifischer Vorstellungen von Attraktivität stellt sich unter dem Gesichtspunkt von Macht einmal als praktische Verkörperung (im doppelten Sinn von Inkorporierung und Performanz) sozialer Herrschaft und ein anderes Mal als Verkörperung der Machtlosigkeit dar. Je nachdem, welche Perspektive zentral erscheint, kann ein und derselben Handlung – man denke an die athletische Körperformung von Frauen – unterschiedliche Bedeutung zukommen. Der praktische Sinn für das Schönheitsspiel erschließt sich aus der Positionierung sowohl dem eigenen als auch dem anderen Geschlecht gegenüber. Dabei verweist die weibliche Schönheitspraxis allemal auf soziale Unterordnung gegenüber dem männlichen Geschlecht, während bei separater Betrachtung der Geschlechter je eigene soziale Hierarchien sichtbar werden. Jedes Mal geht es im Schönheitshandeln um die Sichtbarmachung sozialer Relationen, um die Veranschaulichung vertikaler Abstände einerseits und die Symbolisierung der binären Unterscheidung von Weiblichkeit und Männlichkeit andererseits. Diese Relationen sind immerzu umstritten, woraus sich die geschichtliche Dynamik des Schönheitsspiels erklärt, die dazu geführt hat, dass sich die Intensität der männlichen Schönheitspraxis erhöhte und weibliche Körperbilder den männlichen ähneln. In diesen Verschiebungen drückt sich eine allgemeine Restrukturierung der hegemonialen Verhältnisse aus: In der emergenten Schönheitspraxis zeigt sich der strukturelle Wandel sozialer Herrschaft und der praktisch gelebte Verhandlungsprozess über soziale Kontingenzen.

3. Das Feld der Schönheitspraxis: Vier Berichte

Im Folgenden sollen vier Fallbeispiele die Spannbreite der heutigen Schönheitspraxis veranschaulichen und dabei grundlegende vertikale und geschlechtsspezifische Unterschiede der Untersuchung sichtbar machen. Die vier Interviewauszüge stellen auf exemplarische Weise Eckpunkte des symbolischen Universums zur Schau, insofern sie das Schönheitshandeln und die Gründe für diese Praxis der obersten und untersten Klasse der empirischen Untersuchung wiedergeben – und zwar sowohl aufseiten der Frauen als auch aufseiten der Männer.

In der Einleitung zu jedem Interview findet sich ein kurzer Abriss über den biografischen Werdegang und die gegenwärtige soziale Position der Befragten sowie eine zusammenfassende Darstellung der Hauptcharakteristika des Schönheitshandelns (das dann im Interview weiter expliziert wird), sodass jedes Mal der Zusammenhang zwischen konkreter sozialer Lage und körperlichen Gewohnheiten ersichtlich wird.

Ohne allzu viel von der Auswertung des gesamten empirischen Materials vorwegzunehmen (die Ergebnisse werden ausführlich in den nächsten Kapiteln dargestellt), sei hier zumindest explizit erwähnt, dass die Aussagen der beiden Männer und Frauen deutlich machen, wie stark die Schönheitspraxis von der beruflichen Position und den Anforderungen des beruflichen Feldes abhängig ist. Gehobene Positionen, so ist den Gesprächen zu entnehmen, verlangen ein seriöses Auftreten und »gepflegtes Aussehen«, während bei harter körperlicher Arbeit, wie in Fallbeispiel 2, der Schweißgeruch ein vordringliches Problem darstellt. Aus den Interviews wird auch ersichtlich, dass das Volumen an kulturellem Kapital (beziehungsweise die spezifische Zusammensetzung des Gesamtkapitals aus kulturellem und ökonomischem Kapital), also Bildung in einem weiten Sinn, maßgeblichen Einfluss auf das Schönheitshandeln hat. Hingegen kommt den ökonomischen Ressourcen für die Erklärung unterschiedlicher Präferenzen vergleichsweise geringe Bedeutung zu. Auf typische Weise veranschaulichen die Gespräche auch gravierende geschlechtsspezifische Unterschiede. Beispielsweise ist der Umfang an Praktiken aufseiten der Frauen ungleich höher, und Männer haben wiederum größere Schwierigkeiten als Frauen ihr Schönheitshandeln und ihre Eitelkeit zu legitimieren.

So betrachtet, mit Blick auf diese klassen- und geschlechtsspezifischen Differenzen, stellen die folgenden Fallbeispiele eine illustrative Einführung in die wissenschaftliche Interpretation des zeitgenössischen Schönheitsspiels dar.

Fallbeispiel 1: Martin, Werbedesigner mit Hochschulbildung [61]

Martin ist Angestellter im Bereich Interactive Design bei einem Wiener Werbeunternehmen. Er ist 26 Jahre alt und lebt im 8. Wiener Gemeindebezirk – einem gutbürgerlichen, innerstädtischen Wohnviertel – zusammen mit seiner gleichaltrigen Freundin in einer geräumigen Mietwohnung. Derzeit verfügt er über ein Nettoeinkommen von 1.400,- Euro/Monat, das allerdings noch durch Nebeneinkünfte aus Geldanlagen ergänzt wird. Martins Herkunftsfamilie ist aufgrund der Tätigkeit seines Vaters als Notar finanziell gut situiert. Seine Mutter war trotz ihrer Ausbildung zur Volksschullehrerin den Großteil ihres Lebens als Hausfrau tätig und in erster Linie für die Erziehung von Martin und seinen vier älteren Geschwistern verantwortlich. Beiden Elternteilen war es ein Anliegen, dass Martin bereits in seiner Kindheit ein gepflegtes Auftreten in der Öffentlichkeit an den Tag legt. Obwohl dieser Aspekt Martins Schönheitspraxis mitgeprägt hat, ist eine gewisse Abgrenzung gegenüber den elterlichen Gewohnheiten spürbar. Darauf deutet Martins Aussage hin, dass sich seine Mutter in punkto Selbstdarstellung zu viel »Stress angetan hat«.

Martin bezeichnet sich heute als »Fan von schlichtem Understatement«, der weniger auffallen, als einen angenehmen Eindruck hinterlassen will. Interessanterweise betrachtet er seine, für Männer doch recht ausgeprägte Schönheitspraxis als Normalzustand. Gleichzeitig nimmt er jedoch Metrosexualität ausschließlich als ein Phänomen der Anderen wahr. Diese Form der Schönheitspraxis ist für Martin eine »übertriebene«, zu stark ausgeprägte Praxis, die er lediglich erwähnt, um sich davon zu distanzieren. In ähnlicher Weise lehnt Martin auch die offensichtliche Zurschaustellung

---

61 Alle Namen der Respondenten wurden anonymisiert. Das Gespräch mit Martin führte die Seminarteilnehmerin Carmen Kittel; das Textexzerpt wurde durch Philip Thom redaktionell bearbeitet.

von materiellem Reichtum ab, zumal dies eher einem Aufsteigerhabitus entsprechen würde. So meint er im Interview etwa, dass er einen Aston Martin einem Ferrari vorziehen würde. In dieser Metapher drückt sich seine Positionierung gegenüber Mitgliedern anderer Klassen aus, die es nötig hätten, ihren Reichtum, aber auch ihre Schönheit, demonstrativ zur Schau zu stellen.

Nachdem Martin sein Bachelorstudium im Bereich Multimedia an einem privaten Ausbildungsinstitut abgeschlossen hatte, entschied er sich gegen das Masterstudium, obwohl dies von seinen Eltern sowohl finanziell als auch ideell unterstützt worden wäre. Bald nach seinem Abschluss fand er Arbeit bei einer Werbeagentur, bei der er bis heute tätig ist. Das hohe Bildungskapital, also sein Studienabschluss, der Status der Eltern und sein davon geprägter Habitus sowie ein für sein Alter verhältnismäßig hohes ökonomisches Kapital charakterisieren ihn als Mitglied der oberen Klasse der Untersuchung.

Mit dieser sozialen Position korrespondiert folgendes Schönheitshandeln: Obwohl sich Martin nicht täglich rasiert, achtet er sehr darauf, dass sein Dreitagebart gepflegt wirkt. Seine regelmäßige sportliche Betätigung, insbesondere an den Wochenenden, äußert sich in einem schlanken, fast schon athletischen Aussehen. Zudem betont Martin, durchwegs »qualitativ hochwertige Lebensmittel« einzukaufen, und er erwähnt, dass er seit einem halben Jahr auch regelmäßig ein kostspieliges Nahrungsergänzungsmittel zu sich nimmt. Im Gespräch über die Ernährung sind (erhoffte) Schönheits- und Gesundheitseffekte kaum zu unterscheiden. Legitimiert wird die Schönheitspraxis durch pragmatische Argumente, wobei Martin ein gepflegtes Auftreten sowie einen körperlich gesunden Eindruck als Hauptziele seiner Schönheitshandlungen erachtet. Auch wenn er berichtet, nicht besonders viel Aufwand für sein Aussehen zu betreiben, so weist der Gebrauch von Mundwasser, Zahnseide, Zahnweißungsmittel und Ähnlichem doch auf ein eher ausgeprägtes Schönheitsempfinden hin. Auch der vergleichsweise hohe finanzielle Aufwand, der sich durch exklusive Ausgaben für sportliche Aktivitäten auf etwa 85,- Euro/Monat beläuft, ist ein weiteres Indiz dafür. In einigen Gesprächspassagen betont Martin, »schon sehr viel Wert« auf sein Äußeres zu legen und durchaus auch manchmal eitel zu sein. Martin will auffallen, aber erst auf den zweiten Blick, er will bewundert werden, aber nicht wegen seiner Extravaganz, sondern aufgrund seines stilsicheren Auftretens.

Martin im Gespräch

Welche Rolle spielte das Aussehen im Leben Deiner Eltern?
Das ist schwierig zu sagen. Natürlich war es meinen Eltern immer wichtig, dass sie, wenn sie in die Öffentlichkeit gehen oder mein Vater in die Arbeit geht, entsprechend angezogen sind. Wenn meine Mutter in die Öffentlichkeit gegangen ist oder auf irgendwelche Veranstaltungen, dann war ihr wichtig, dass die Haare genau passen, dass die Bluse zur Jacke passt und die Schuhe und die Handtasche dazu passen. Wobei sie sich meiner Meinung nach generell immer selber Stress angetan hat, was von außen nie so wahrgenommen worden ist. Aber das ist eigentlich meistens so.

Wie viel Zeit verwendest Du täglich für die Haar-, Gesichtspflege und die Rasur – sowohl Gesichts- als auch Körperrasur?
Auch das ist schwierig zu sagen, weil ich bei der Körperpflege nie auf die Uhr schaue. Ich würde sagen, in der Früh etwa 20 Minuten und am Abend etwa 15 Minuten. Täglich im Schnitt also etwas mehr als eine halbe Stunde. Nachdem ich mich jetzt nicht jeden Tag rasiere, geht es manchmal auch ein bisschen schneller. Natürlich gibt es Tage, wo ich dann wieder mehr Zeit benötige, weil ich mich dann rasiere, mir die Fingernägel schneide, mir meine Körperbehaarung trimme, mir die Haare schneide oder ins Solarium gehe. Ja, also im Schnitt investiere ich am Tag 30 bis 45 Minuten für meine Körperpflege. Ich denke auch nicht, dass das übertrieben ist, weil ich mich jeden Tag dusche. Es gibt auch mal Tage, an denen ich nicht dusche, aber ich dusche mich auf alle Fälle nach körperlichen Betätigungen. Und sonst mache ich es wie jeder andere auch, dass ich mir die Nägel schneide und mich rasiere.

Kannst Du abschätzen, wie viel Geld Du wöchentlich oder monatlich für Deine Schönheitspraxis, also inklusive Solarium, Friseur und so weiter, ausgibst?
Zum Friseur gehe ich sehr selten, sagen wir alle zwei Monate. Das macht dann etwa 25,- Euro, plus 30,- Euro fürs Solarium. So über den Daumen gepeilt wären es dann 85,- Euro inklusive Toilettartikel. Wobei man dazu sagen muss, dass ich für Parfums oder Eaux de Toilette und derartige Sachen nicht wirklich Geld ausgebe, da ich solche Sachen auch sehr oft geschenkt bekomme, was ja nicht unpraktisch ist.

Wie sehen Deine Ernährungsgewohnheiten aus? Gibt es da irgendwelche Besonderheiten, worauf achtest Du, und was ist Dir im Zusammenhang mit Deiner Ernährung wichtig?
Ich ernähre mich sehr breit gefächert, würde ich sagen. Ich bin weder Vegetarier noch gibt es irgendetwas, das ich versuche zu vermeiden. Aller-

dings achte ich darauf, dass ich mich ausgewogen ernähre, qualitativ hochwertige Lebensmittel einkaufe und auch zum Beispiel ausschließlich Freiland-Eier und keine Legebatterie-Eier einkaufe. Auch beim Fleisch und beim Gemüse schaue ich darauf, dass ich gute Produkte einkaufe. Aber sonst kann ich eigentlich nichts Großartiges über meine Ernährungsgewohnheiten berichten. Abgesehen davon, dass ich täglich Nahrungsergänzungsmittel zu mir nehme, um den ganzen Vitamin- und Mineralienbedarf, den mein Körper täglich hat, abzudecken. Das mache ich allerdings erst seit einem halben Jahr und investiere dafür monatlich circa 80,- Euro.

Du hast vorhin erzählt, dass Du ein Sportgymnasium besucht hast. Liegt Dir Fitness heute noch am Herzen? Welchen Sport betreibst Du noch und wie regelmäßig?

Der Sport ist eine Sache, aus der ich nach wie vor sehr viel Energie tanke und die ich daher regelmäßig betreibe, solange ich Zeit dafür habe und soweit es mein Job zulässt. Meistens geht das aber eben nur am Wochenende – abends ist es meistens schon dunkel, und ich bin schon zu müde. Ein Fitnessstudio besuche ich übrigens nicht, weil ich der Meinung bin, dass ich die Dinge genauso gut bei mir zu Hause auf einer Trainingsmatte machen kann. Außerdem gehe ich am Wochenende auch häufig laufen und dadurch, dass ich bereits einen Bandscheibenvorfall gehabt habe, bin ich nach wie vor dazu gezwungen, regelmäßig Übungen zu machen. Das heißt also, in der Früh nach dem Aufstehen mache ich ein viertelstündiges bis 20-minütiges Workout. Danach geht es unter die Dusche, und am Wochenende gehe ich gerne noch ins Grüne, um eine Runde zu laufen. Ich fahre auch gern öfter am Wochenende weg, zum Snowboarden und Skifahren oder einfach raus aus der Stadt. Aber das war es auch schon. Natürlich gibt es beim Sport den Hintergedanken, dass man sich damit auch was Gutes tut, körperlich und auch optisch, denn man will ja schlank und rank bleiben.

Unterbrichst Du am Wochenende Deine wöchentlichen Gewohnheiten? Nimmst Du Dir am Wochenende mehr Zeit für Deine Fitness und Körperpflege?

Ich würde sagen, bei mir gibt es keine tägliche Routine, aber vielleicht eine wöchentliche Routine, die sich halt öfters wiederholt, weil ich sehr viele Sachen, für die ich im täglichen Ablauf keine Zeit habe, eben am Wochenende erledige. Da stehe ich gerne früh auf und versuche dann eben die Zeit für die Sachen zu nützen, die ich unter der Woche aufgeschoben habe. Das sind einerseits sportliche Aktivitäten und andererseits sind es Aspekte der Körperpflege, etwa dass ich mich gründlich rasiere und mir die Nägel schneide oder die Haare trimme.

Du hast bereits erzählt, dass Du regelmäßig Sport machst, unter anderem für Deine Schönheit, und auch ins Solarium gehst. Gibt es Schönheitsdienstleistungen, die Du in Anspruch nimmst?

Nein, ich gehe nicht in Kosmetiksalons und lasse mir auch keine Pediküre machen, außer ich habe wieder irgendwelche Beschwerden, wie zum Beispiel ein Hühnerauge oder so. Aber sonst kommt das eigentlich nicht vor! Wenn ich allerdings zum Beispiel trockene Haut oder irgendwo Hornhaut habe, dann verwende ich schon einige Cremes, wenngleich das keiner Regelmäßigkeit unterliegt.

Was bedeutet für Dich der Begriff Schönheit?

Als Mann denke ich, dass Schönheit für Frauen vielleicht eine größere Rolle spielt als für Männer. Wobei ich der Meinung bin, dass jeder selbst entscheiden muss, was er macht, damit er sich in seiner eigenen Haut wohlfühlt. Manche übertreiben das auch, andere fühlen sich wohl, wenn sie nur einmal in der Woche duschen. Ich persönlich bin meiner Meinung nach jemand, der da im Mittelmaß liegt. Die Schönheitspflege umfasst für mich Rasieren, Duschen, Eincremen, Maniküre, Pediküre, Haare schneiden, das Verwenden von Deodorants, Kleidung einkaufen. Bei Frauen kommt noch das Schminken oder Haare glätten hinzu, wobei sich zwar auch Männer schminken, jedoch kommt das eher selten vor. Ich gehöre jedenfalls nicht dazu. Das ist dann immer die Streitfrage: Wo ist die Grenze zur, wie sagt man bei Männern, Metrosexualität? Ist ein Mann, der sich schminkt, metrosexuell? Also ich lege schon sehr viel Wert auf mein Äußeres und ich traue mich auch zu sagen, dass ich eine gewisse Eitelkeit habe, jedoch würde ich von mir selbst nicht behaupten, dass ich metrosexuell bin, weil ich keinen übertriebenen Wert auf mein Äußeres lege.

Was ist Deiner Meinung nach ausschlaggebend, um von anderen Personen als gepflegter Mann anerkannt zu werden?

Einen gepflegten Mann erkennt man daran, dass er glatt rasiert ist oder seinen Bart pflegt, dass er zum Beispiel keinen Schweißgeruch hat und dass er adäquat angezogen ist. Man sieht da ja schon einen gewissen gesellschaftlichen Status. Wenn jemand einen guten Job hat, gut verdient und beispielsweise ein *businessman* ist, dann kauft er sich meistens teure Anzüge, trägt gebügelte Hemden mit Krawatte, ist frisch rasiert. Dann gehe ich auch davon aus, dass der gepflegt ist und sich duscht, bevor er in ein frisches Hemd schlüpft. Wenn ich wirklich darauf schauen würde, dass ich nach außen gepflegt wirke, dann würde ich mich auch jeden Tag rasieren. Das tue ich derzeit aber nicht, weil ich der Meinung bin, dass es nicht notwendig ist, weil es eigentlich um mich persönlich geht und darum, dass ich mich selber im meiner Haut wohlfühle. Natürlich würde ich zu einem wichtigen Gespräch oder einem Präsentationstermin nicht in zerfetzten Hosen auftauchen, da könnten sie noch so frisch gewaschen sein. Natürlich zieht man dann eher etwas Schickes an und rasiert sich, um einen besseren Eindruck zu machen.

Gibt es irgendwelche außergewöhnlichen Aspekte bei Deiner Schönheitspraxis? Hast Du beispielsweise Tätowierungen oder Piercings? Hast Du schon chirurgische Eingriffe machen lassen, oder planst Du welche?

Nein, weder noch. Ich bin weder tätowiert noch gepierct und habe mir eigentlich nie große Gedanken darüber gemacht, dass ich so etwas jemals machen will. Das heißt allerdings nicht, dass mir manche Sachen nicht gefallen. Es gibt zum Beispiel ein paar Freunde, die sind tätowiert oder gepierct. Das einzige, was ich gehabt habe als kleineres Kind, war eine Zahnspange, wobei mir das mehr oder weniger von meinen Eltern aufgedrängt wurde. Aber eigentlich wollte ich auch eine haben, weil meine Zähne sehr ungerade waren und ich das heute nicht so schön fände. Ich bin auch froh darüber, dass ich eine gehabt habe. Später gab es ein paar Muttermale auf meinem Körper, bei denen ich eventuell in Betracht gezogen hätte, sie mir entfernen zu lassen, aber ich habe letztendlich bis jetzt nichts dagegen unternommen. Und solange sie mich nicht behindern oder meine Gesundheit gefährden, sehe ich keine Notwendigkeit das zu ändern.

Hat es in Deinem Leben Situationen gegeben, aufgrund derer Du Deine Schönheitspraxis verändert hast? Beispielsweise um bestimmte Personen zu beeindrucken.

Am ehesten noch durch die Kleidung, aber wenn man erwachsen wird, bildet man sowieso seine eigene Meinung und steht dann über den Dingen, weiß man, was man will und was für ein Typ man ist und vor allem welchen Stil man pflegt. Dazu gehört eben Körperpflege und Kleidung. Vermutlich sehr ausschlaggebend war meine erste oder zweite Freundin. Da hat man sich vielleicht ein bisschen verändert, einmal Sachen ausprobiert, die man vorher noch nicht ausprobiert hat. Ich habe mir zum Beispiel die Haare anders geschnitten oder die Körperbehaarung getrimmt – oder Sachen gemacht, die ich sonst nicht gemacht hätte.

Machst Du auch öfters Wellnesstage?

Ich gehe gerne in die Therme, Sauna, Dampfbäder, Infrarotkabine, zur Massage – alles was dazu gehört. Das mache ich aber maximal einmal im Monat, jedenfalls nicht regelmäßig.

Gibt es irgendwelche Vorbilder für dich? Gab es in Deiner Jugend Personen, an denen Du Dich orientiert hast, bei denen Du dachtest: So möchte ich aussehen?

Eigentlich habe ich immer darauf geschaut, keine Vorbilder zu haben, sondern dass ich meinen eigenen Stil finde, der mir gefällt und bei dem ich mich wohlfühle. Es gab schon Personen, an denen man sich orientieren konnte, aber Vorbild, wo ich gesagt hätte: »Das ist er und so möchte ich sein«, hat es nicht gegeben. Es gab eine Phase, wo ich gerne so getanzt hätte wie Michael Jackson, aber von der Optik her war er nicht unbedingt ein Vorbild. Wenn ich einen attraktiven Mann sehe, der gut aussieht und schicke Lackschuhe, Jeans, ein Hemd und ein Sakko trägt, dann denke ich allerdings schon oft: »Ja, der schaut gut aus, dem steht das.« Vielleicht würde mir das auch stehen, aber ich bin nicht der Typ dafür – oder vielleicht noch nicht, sondern erst später. Momentan fühle ich mich wohl mit T-Shirt, Jeans und Sneakers.

Gibt es Medien, die Deine Schönheitspraxis und Deinen Stil beeinflussen?

Ja natürlich, wenn man die Medien näher verfolgt, sei es jetzt im Fernsehen oder in Zeitschriften, dann kommen einem immer Sachen unter, die im Trend sind und einem gut gefallen und wo man sich denkt: »Ja, das will ich auch haben, auf alle Fälle.«

Gibt es Zeitschriften, die Du kaufst, um neue Trends zu entdecken und Dich weiterzuentwickeln?

Nein, ich bin keiner, der regelmäßig Fashionmagazine liest.

Es muss dabei ja nicht nur um Fashion gehen, ich meine damit auch das Durchblättern der Modeseiten in einem anderen Magazin. Konsumierst Du Magazine, in denen auch neue Trends vorgestellt werden?

Wenn ich mir solche Zeitschriften kaufe oder in die Hand nehme, sei es in irgendeinem Wartesalon oder sonst irgendwo, dann nicht, um gleich im Inhaltsverzeichnis nach den neuen Fashiontrends zu suchen, sondern ich lese zuerst einmal die anderen Sachen. Erst danach komme ich zur Fashionabteilung und lese mir das natürlich auch durch. Also ich behaupte jetzt nicht, dass mich das nicht interessiert. Zeitschriften aus dem Fitnessbereich interessieren mich, wie zum Beispiel *Men's Health* oder *FHM*, die im Grunde eigentlich immer dasselbe Thema haben. Zum einen eben Ernährung: »Wie bleibe ich schlank?«, »Was sind die Top 10-Workouts?« und »Wie kriege ich jede rum?«. Und dann ist da immer eine kleine Modestrecke dabei. Ja, so etwas lese ich auf alle Fälle.

Gibt es Werbung, die für Dich Anstoß zum Konsum irgendeines Schönheitsproduktes oder zu einer Verschönerungsmaßnahme war?

Ich traue mich schon zu behaupten, dass ich mich wenig von Werbung beeinflussen lasse. Allerdings, wenn es da ein Produkt auf dem Markt gibt, von dem ich mir denke: »Ja, das möchte ich ausprobieren«, dann kaufe ich mir das schon. Zum Beispiel habe ich unlängst ein Zahnweißungsmittel, die *White Stripes,* ausprobiert, und ich verwende auch eine elektrische Zahnbürste. Aber gut, das muss jeder selber für sich entscheiden, was ihm am besten gefällt. Also, indirekt nehme ich Produkte schon durch die Werbung wahr, weil ich dadurch erfahre, dass dies oder das Produkt überhaupt am Markt ist. Man sieht es natürlich auch beim Einkaufen, weil es in den Regalen steht, und in weiterer Folge verschmilzt Werbung und Angebot miteinander.

Gibt es noch andere Produkte, die Du im Laufe der Zeit in Deine Schönheitspflege integriert hast?

Es kommt eher selten vor, dass ich mal ein neues Haargel im Fernsehen sehe, mir den Namen auf einen Zettel schreibe und dann gleich am nächsten Tag ins Geschäft gehe, um es mir zu kaufen. Viel eher ist es so, wenn ich zufällig im Drogeriemarkt bin und das Produkt im Regal stehen sehe, dann denke ich mir schon hin und wieder: »Aha, das ist ja das, was ich in der Werbung gesehen habe, probieren wir es halt einmal aus, ob es das hält, was die Werbung verspricht.« Ja, das habe ich schon öfters gemacht.

Gibt es männliche Models oder Schauspieler, die Dir ein Begriff sind und die Du attraktiv findest?

Nein, ich befasse mich eigentlich so gut wie gar nicht damit. Ich meine, es gibt schon Namen, die ich nennen kann. Zum Beispiel Markus Schenkenberg, ein Model, das sowieso in aller Munde ist, den finde ich nicht unattraktiv, aber habe nicht das Bedürfnis ihn nachzuahmen. Es kommt schon vor, dass ich, auch im realen Leben, Männer auf der Straße sehe, wo ich mir denke: »Aha, der schaut ganz gut aus«. Das sind dann eigentlich eher Ältere, die einen sehr gepflegten Eindruck machen und gut angezogen sind – Leute, wo ich mir sage: »Ja, so könnte ich in 20 Jahren auch aussehen.« Wenn ich einen sehr trainierten Vierzig- oder Fünfzigjährigen sehe, denke ich auch: »Ja, körperlich macht der einen sehr gesunden, fitten Eindruck. Das möchte ich auch erreichen, dass ich in dem Alter körperlich noch so fit bin und man mir ansieht, dass ich gesund lebe und für meinen Körper etwas tue und regelmäßig Bewegung mache.«

Bei Schauspielern ist das generell schwierig, weil die ohnehin in jedem Film ein wenig anders aussehen. David Beckham wird als einer der feschesten Männer bezeichnet, was ich durchaus bestätigen kann. Lustigerweise finde ich den manchmal sehr toll gestylt, sodass er mir gut gefällt, und das nächste Mal, wenn ich ihn im Fernsehen sehe, denke ich mir wieder. »Nein, das steht ihm überhaupt nicht, da hat er mir das letzte Mal viel besser gefallen«, vielleicht auch, weil ich mich selber damit eher identifizieren kann.

Was ist denn schlussendlich ausschlaggebend dafür, ob Dir die Aufmachung gefällt?
Na ja, man schlüpft gedanklich vielleicht kurz in die jeweilige Rolle und wiegt es dementsprechend ab. Ich bin sowieso eher ein Fan von schlichtem Understatement – von Sachen, die qualitativ super sind und auch wirklich gut aussehen, aber eher auf den zweiten denn auf den ersten Blick. Also, ich bin kein Fan von Outfits oder Leuten, die auf Anhieb versuchen, alle Blicke der Welt zu erhaschen. Ich denke mir das speziell bei Autos. Sicherlich fällt ein roter Ferrari viel mehr auf als ein silberner Aston Martin, aber mir wäre trotzdem der Aston Martin lieber. Das ist auf den zweiten Blick einfach das schönere und elegantere Auto.

Gibt es, abgesehen von den Medien, bestimmte Personen in Deinem Leben, die Einfluss auf Dein Schönheitsempfinden oder Deine Schönheitspraxis ausüben? Nehmen beispielsweise Deine Freundin oder Deine Freunde und Berufskollegen Einfluss?
Ich würde schon sagen, dass der Beruf und auch die unmittelbaren Partner im Leben eine große Rolle spielen. Außerdem möchte man bei den Personen, mit denen man täglich Kontakt hat, einen guten Eindruck hinterlassen. Man möchte zumindest keinen unangenehmen Eindruck, etwa durch Schweiß- oder Mundgeruch, bei diesen Leuten hinterlassen. Ich versuche schon, mir jeden Tag, bevor ich ins Büro gehe, die Zähne zu putzen, den Mund mit Mundwasser auszuspülen und Deo zu verwenden. Genauso mache ich mich des Öfteren für meine Freundin hübsch und greife dabei zum Beispiel zu Parfum.

Fallbeispiel 2: Richard, gelernter Koch, Staplerfahrer [62]

Richard ist 29 Jahre alt und wuchs in einer kleinen Stadt in der Umgebung von Wien auf. Dort besuchte er die Volksschule und die Unterstufe eines neusprachlichen Gymnasiums. Für seine daran anschließende Hotelmanagementausbildung pendelte er nach Wien in eine Tourismusschule. Ri-

---

[62] Das Gespräch mit Richard führte der Seminarteilnehmer Stefan Havranek; die biografische Zusammenfassung und das Interview wurden für die Publikation von Barbara Rothmüller redaktionell überarbeitet.

chards Mutter ist gelernte Bürokauffrau und verwaltet eine Liegenschaft. Seine Eltern trennten sich als Richard 16 Jahre alt war, er lebte nach der Scheidung mit seiner Mutter und der zwei Jahre jüngeren Schwester in einem Haushalt. Das Einkommen der Mutter war dabei »hoch genug, sie hätte uns auch alleine versorgen können«. Die Scheidung seiner Eltern belastete ihn sehr, da zeitgleich seine Mutter aufgrund einer Krebserkrankung häufig im Krankenhaus behandelt wurde und es ihr physisch sehr schlecht ging. Sein Verhältnis zum Vater ist seither nicht besonders gut, sie sehen sich selten. Auch die Tatsache, dass die Eltern nicht mehr miteinander reden, macht ihm zu schaffen.

Richard musste aufgrund »mangelnder Motivation« eine Klasse wiederholen, nach sechs Jahren schloss er seine Ausbildung an der Tourismusschule ab und wollte so schnell wie möglich von zu Hause ausziehen. Ihm fehlten jedoch die finanziellen Möglichkeiten. Nach der Absolvierung seines Grundwehrdienstes begann Richard als Koch in einem Hotel zu arbeiten. Zu dieser Zeit zog er mit seiner damaligen Lebensgefährtin in eine Wohnung im 10. Wiener Gemeindebezirk (ein traditioneller Arbeiterbezirk Wiens), die Beziehung hielt bis 2001. Innerhalb dieser drei Jahre war Richard in drei verschiedenen Hotels beziehungsweise Restaurants als Koch beschäftigt. Zwei Mal kündigte er seine Arbeit, weil er mit den Arbeitsbedingungen nicht zufrieden war, ein weiterer Arbeitswechsel erfolgte aufgrund einer Entlassung.

Nach der Trennung von seiner Partnerin reiste Richard für drei Monate nach Australien, um in einer sozialen Einrichtung mitzuarbeiten. Wieder in Österreich, bezog er eine Wohnung in Wien Simmering, also wiederum in einem typischen Arbeiterwohnbezirk, und war als Betreuer in verschiedenen Sozialeinrichtungen tätig. Daneben begann er eine Ausbildung an der Fachhochschule für Soziales und verdiente etwas Geld durch Gelegenheitsjobs. Die Arbeit machte ihm Spaß, allerdings kam er »jeden Tag körperlich und psychisch fertig nach Hause«. 2004 beschloss er, die Ausbildung zum Sozialarbeiter abzubrechen. Als Grund gibt er die enorme Belastung an, die ihm einerseits durch zeitliche und andererseits durch psychische Probleme entstand.

Nach einem Jahr Arbeitslosigkeit, in dem er im Zuge eines Kurses des Arbeitsmarktservice den Staplerführerschein machte, nahm er eine Stelle als Staplerfahrer bei einem Großkonzern an. Mittlerweile ist er seit zwei Jahren in diesem Beruf tätig. Allerdings ist er mit den Aufstiegsmöglichkeiten, dem Gehalt und teilweise auch mit den Arbeitskollegen unzufrieden. Richard hat zurzeit keine Lebensgefährtin, vor wenigen Monaten trennte er sich von seiner Freundin, mit der er jetzt nur noch selten Kontakt hat. Richard arbeitet 45 Stunden in der Woche und ist nach der Arbeit oft zu müde, um seinen Hobbys nachzugehen. In seiner Freizeit spielt er Schlagzeug und Bass, wobei er früher verschiedenen Bands angehörte. Nach wie vor geht er gerne auf Konzerte oder abends mit seinen Freunden in Lokale, jedoch seltener als früher. Meist sieht er fern oder hört Musik. Manchmal spielt er mit Freunden Fußball und Volleyball, aber nicht im Rahmen eines Vereins.

Richard ist in keiner politischen Bewegung aktiv und würde sich selbst auch nicht explizit einer politischen Partei zuordnen. Bei der letzten Wahl hat er grün gewählt, und er bezeichnet sich selbst als »eher links«. Ein wichtiges Anliegen ist ihm der Umweltschutz, da er selbst einmal Kinder haben und ihnen ermöglichen will, »in einer gesunden Welt aufzuwachsen«.

In Bezug auf Schönheit bezeichnet sich Richard als »reinlich, aber nicht eitel«. Es ist ihm wichtig, einmal am Tag zu duschen oder zu baden, speziell wenn er arbeiten war oder abends vom Ausgehen nach Hause kommt. Er putzt sich mindestens zweimal täglich die Zähne, versucht sich aber anzugewöhnen, nach jedem Essen Zahnhygiene zu betreiben. Bei seinem Aussehen gilt das Hauptaugenmerk der Kopfbehaarung. Er trägt gerne ausgefallene Frisuren, wobei er es bevorzugt, die Haare lang wachsen zu lassen. Den Kopf wäscht er sich »nur jeden dritten Tag oder so«, da er es anstrengend findet, seine fast schulterlangen Haare zu reinigen und trocken zu bekommen. Richard ist gepierct und tätowiert, zu Vorstellungsgesprächen nimmt er seine Piercings ab, obwohl er »nicht wegen Äußerlichkeiten, sondern aufgrund meiner Fähigkeiten« eingestellt werden möchte. Seinen Bart trägt er kurz, er rasiert sich »ungefähr jeden dritten Tag«, achtet aber nicht sehr darauf. Er verwendet ein Rasierwasser, das ihm seine letzte Lebensgefährtin geschenkt hat. Auch die Verwendung eines Deodorants ist ihm wichtig – dabei legt er Wert darauf, dass es den Schweißgeruch minimiert, wofür er zusätzlich die Achselhaare rasiert. Der Einfluss von Partnerinnen und der Popkultur auf die Schönheitspraktiken sowie die Betonung von Hygiene sind die wichtigsten Merkmale des Gesprächs über sein Schönheitshandeln.

Richard im Gespräch

Erzähle mir ein wenig über die tagtäglichen Abläufe, was machst Du jeden Tag, um schön zu sein?
Ich stehe auf und mache halt, was man in der Früh so macht, gehe mich waschen, gehe Zähne putzen, das mache ich übrigens zweimal am Tag. Sollte man noch öfter machen, glaube ich, das versuche ich mir gerade anzugewöhnen, nach jedem Essen Zähne putzen, aber da gibt es ja Kaugummis, die nehme ich auch zeitweise. Aber sonst in der Früh…, frisieren halt, dass ich wieder ein Mensch bin.
Wie schauen die Rasiergewohnheiten aus?
Rasieren, wenn es notwendig ist, also bestimmte regelmäßige Abstände habe ich nicht. Ich trage ja auch keine spezielle Bartmode, ich rasiere mich halt nach drei Tagen oder so, obwohl mir das eigentlich gefällt, so ein Dreitagebart. Nur wenn ich etwas Wichtiges oder Offizielles machen muss, zum Beispiel wenn ich mit wem gut essen gehe oder einen Termin beim Chef habe, da schaue ich schon, dass ich rasiert bin. Und gewaschen natürlich. Das ist mir überhaupt wichtig: Wenn ich mich nicht duschen kann, bin ich es nicht. Ich meine, einmal am Tag duschen oder baden, das muss schon sein – speziell nach dem Arbeiten oder Fortgehen, da kann es auch vier Uhr in der Früh sein, dreckig ins Bett will ich nicht, … dauert ja nicht lange.
Verwendest Du da irgendwelche speziellen Pflegeprodukte?
Nein! Eigentlich ist mir das egal. Ich kaufe halt nichts Sündteures, und ganz egal ist es mir auch nicht, also wenn es nicht gut riecht, zum Beispiel das Rasierwasser, ich meine, ich bin da empfindlich. Jetzt habe ich zum Beispiel eins, das hat mir Nina geschenkt damals, und das nehme ich jetzt bis es aus ist, weil wegwerfen wäre blöd. Ich habe einmal eins gehabt, da habe ich richtig Ausschlag gekriegt, also da muss ich ein wenig aufpassen. Ich schaue halt auf den Preis, weil für mich ja nur wichtig ist, dass ich irgendwas nehme, halt nicht nur Wasser beim Duschen. Da habe ich jetzt so ein Duschgel, wo ich nicht einmal weiß, woher ich das habe, und da lege ich keinen Wert darauf, ob das jetzt eins von Nivea oder von XY ist, solange es nicht zu teuer ist und gut riecht.
Und sonst nehme ich ja gar nichts. Zahnpasta habe ich auch keine spezielle, ich kaufe immer so *bright*- oder *white*-Sachen. Ich rauche, da will man ja keine gelben Zähne haben – ob es hilft? Ich nehme es halt, weil da wahrscheinlich ohnehin kein Unterschied ist. Ich habe einmal gehört, dass Zahnpasta ohnehin unnötig ist, dass die gar nicht sauber macht, sondern

dass das nur durchs Putzen passiert, und die Zahnpasta ist nur für den Mundgeruch. Aber ich weiß jetzt auch nicht, ob das stimmt, ich glaube es halt. Trotzdem kaufe ich die, von denen es heißt, dass sie die Zähne weiß machen.

Deo ist mir wichtig, nach dem Sport oder immer, wenn man schwitzt. Ich hasse es, wenn andere schwitzen und das stinkt dann so – das kann ich echt nicht riechen, in der U-Bahn oder überhaupt, das mag ich echt nicht, und darum geht es mir auch auf die Nerven, wenn ich stinke. Also, ich schaue immer, dass ich nicht schwitze. Wenn ich es bei anderen nicht will, dann will ich es bei mir selber erst recht nicht. Ich habe immer einen Roller dabei, von Nivea oder so, das habe ich mir angewöhnt. Eine Zeit lang habe ich mir die Achseln rasiert, also im Sommer, weil wir viel Volleyball gespielt haben mit ärmellosen Leibchen – da war damals noch die Nina mit mir zusammen und hat mich immer aufgezogen. Irgendwann habe ich dann »okay« gesagt und mich zu rasieren begonnen. Das war echt nicht schlecht, irgendwie schwitzt Du dann nicht so arg, das ist irgendwie besser, und dann habe ich eben so einen Roller genommen, die halten, glaube ich, länger als andere Deos. Na ja, rasieren, jetzt nur mehr das Gesicht eigentlich.

Früher, also mit Nina zusammen, da habe ich die Achseln rasiert – und was anderes dann auch noch. Ihr hat das gefallen. Irgendwann haben wir geblödelt und es war recht lustig, und dann habe ich die Haare im Intimbereich einfach abrasiert, nicht so oft, vielleicht zweimal. Ich habe dann zeitweise auch die Brust rasiert, und jetzt denke ich mir, irgendwie gehört das dazu, es stört mich nicht und hässlich finde ich es auch nicht. Eigentlich ist mir das egal. Aber die Achseln rasieren – das mache ich im Sommer, im Schwimmbad, da schaue ich drauf, das gefällt mir eigentlich auch besser und man schwitzt nicht so, also es stinkt nicht so, im Sommer finde ich das irgendwie hygienischer.

Wie wichtig ist die Frisur? Hast Du aus irgendeinem besonderen Grund lange Haare?

Das stammt noch aus der Musikszene. Eigentlich gefallen mir lange Haare einfach, ich will keine kurzen Haare haben. Lange Haare wirken irgendwie anders, man kann sich gut von anderen abgrenzen. Irgendwie hat das viel mit Musik zu tun. Ich habe immer Rock und Metal gehört, und da haben alle lange Haare. Außerdem gefällt es mir, und ich habe noch keine schlechten Erfahrungen gemacht damit. Einmal habe ich auch *dreads* gehabt, da war das schon ein wenig anders – aber mit normalen langen Haaren, da sagt eigentlich keiner etwas, das ist normal. Man zeigt halt, dass man zu einer Gruppe gehört. Die Nazis haben Glatzen, und das will ich auf keinen Fall, also habe ich eher lange Haare. Kurz geschnitten habe ich die Haare auch schon gehabt, nach dem Bundesheer sicher noch zwei Jahre, dann habe ich sie wieder wachsen lassen und so eine Gelfrisur gehabt, mit Gel nach hinten, ein wenig wie Falco, obwohl ich eigentlich nie geschaut habe, was gerade in Mode ist. Ich gehe ja auch nicht zum Friseur, mir schneidet meistens meine Tante die Haare. Zum Friseur gehen, das, finde ich, zahlt sich nicht aus. Da denke ich mir, warum muss das so viel Geld kosten? Wie wir noch in der Schule waren, vorm Schulball, da war ich das letzte Mal beim Friseur, glaube ich. Ich habe mir die Haare überhaupt, also nach den *dreads*, lange Zeit nur mit Seife gewaschen. Danach habe ich arge Schuppen bekommen und Schuppenshampoo verwendet. Seitdem nehme ich Shampoo, halt kein Schuppenshampoo mehr, aber Haarshampoo. Im Winter ist es blöd mit den Haaren, wenn sie nass sind. Ich föhne mir die Haare nicht, das mag ich nicht, weil die Haare dann so weich, so stehend werden. Und deshalb dauert es lange bis die Haare trocken sind, und dann kann man nicht raus – da habe ich mir schon einmal eine Grippe eingefangen, mit nassen Haaren draußen. Und darum wasche ich sie mir nicht jeden Tag, sondern nur wenn ich Zeit habe, aber mindestens jeden dritten Tag, weil ich will ja keine Läuse bekommen.

Du bist gepierct. Was hat Dich dazu bewegt? Wann hast Du Dir das machen lassen?

Da war ich 18 oder 19 Jahre. Ich habe noch mehr gehabt – ganz am Anfang ein Flinserl, das war ohnehin normal. Das haben damals alle gehabt, das war sogar mit Mutter ausgemacht, nur mehr wollte sie nicht. Darum habe ich erst mit 18 einen Nasenring machen lassen, und dann noch ein Piercing durch die Augenbrauen, und später einen Ring durch die Unterlippe. Das war dann meiner Mama nicht so recht. Na ja, das war halt damals so, da haben wir anders sein und auffallen wollen, halt irgendwie zeigen, dass wir cool sind. Später habe ich mich dann sogar tätowieren lassen. Das wollte ich selber. Eigentlich auch schon davor, aber ich habe nie Geld dafür gehabt und mich irgendwie auch nicht getraut. Dann habe ich einen Freund gehabt, der war tätowiert, und der hat mich einmal mitgenommen zum Zuschauen, also wie er tätowiert wurde, und so bin ich dann dazu gekommen. Aber ich habe nur eine Tätowierung am Oberarm machen lassen, er hatte den ganzen Rücken voll. Und mit 26 habe ich mich auch am

Rücken tätowieren lassen, da habe ich jetzt zwei Tattoos, also auf jeder Schulter eins, aber nicht so große.

Haben diese Tattoos eine Bedeutung?

Das erste ist ein *tribal*, also ein brasilianisches Muster, und mir gefällt Brasilien, ein Muster der Eingeborenen, glaube ich, und das andere, das heißt *equilibrium* und *catharsis*, also Gleichgewicht und Entspannung oder so etwas in der Art. Das habe ich mir machen lassen, da hatte ich gerade eine recht schwierige Zeit hinter mir – und das soll mich daran erinnern und mich das Ganze nicht vergessen lassen: Dass ich nicht noch einmal so dumm bin.

Wie ernährst Du dich? Achtest Du beim Essen auf irgendwas Spezielles?

Also ich esse, was mir schmeckt! Ich halte nichts von Diäten. Ich finde, man weiß ohnehin selber, wie viel man essen soll. Ich war auch nie dick, ich esse einfach so viel, wie ich brauche. Man merkt es, wenn man genug hat, und ich mache ja auch Sport, also ich spiele manchmal Fußball oder Volleyball mit Freunden – nicht im Verein und nicht regelmäßig, aber so als Hobby. Dadurch, glaube ich, ist es egal, wie viel ich esse. Ich schaue schon, dass ich nicht immer das Gleiche esse, dass ich nicht dauernd zu *McDonalds* gehe oder nur Fleisch esse, aber damit habe ich keine Probleme. Und ich kann ja selber kochen, also ich habe kochen gelernt, und ich mache es auch gern – wenn ich Zeit habe. Das ist auch billiger und besser. Und es macht ja auch Spaß, vor allem, wenn ich jemanden einlade. Mit Nina habe ich immer Müsli gegessen, die war sehr für das Gesunde. Die wollte auch immer laufen gehen, was ich eigentlich nie wollte. Mit ihr habe ich auch angefangen Volleyball zu spielen – einmal in der Woche, auch im Winter in der Halle. Und beim Essen waren es halt immer gesündere Sachen, sie hat fast kein Fleisch gegessen und wollte vor allem Gemüse. Damals habe ich wahrscheinlich am gesündesten gelebt, abgesehen vom Trinken.

Gibt es irgendwelche Vorbilder, denen Du gerne ähnlich sehen würdest?

Na ja, Brad Pitt. Also ein richtiges Vorbild habe ich nicht. Außerdem schaut ohnehin jeder anders aus, und das ist gut so. Irgendwen nachmachen wollte ich nie. Wenn wer die gleichen Schuhe oder die gleiche Frisur wie ich gehabt hat, wollte ich das auch nicht. Klar habe ich mir den Ohrstecker stechen lassen, weil das irgendwer anderer auch gehabt hat – aber da war ich jünger. Bei manchen Sachen lässt man sich sicher beeinflussen durch das, was man im Fernsehen sieht. Wenn jemand ein tolles Hemd anhat oder eine arge Frisur trägt, dann denke ich mir schon, das gefällt mir.

Aber ich würde nicht gleich zum Friseur rennen, nur weil es ein anderer hat. Sicher, ab und zu schaut man sich etwas ab von anderen, zum Beispiel von Freunden, ganz altmodisch darf man ja auch nicht sein, einen Vokuhila oder ich weiß nicht was tragen. Im Endeffekt geht es darum, wem anderen zu gefallen – deswegen möchte man gut ausschauen. Wenn man sich schon herrichtet, dann will man auch, dass es die anderen mitkriegen. In der Arbeit ist es mir egal, wie ich ausschaue, da muss ich ohnehin nur meinen Job machen und niemandem gefallen. Aber wenn ich abends fortgehe, da schaue ich schon, dass ich rasiert bin und nicht stinke. Man will ja nicht, dass den anderen vor einem graut.

Würdest Du eine Schönheitsoperation machen lassen, um einen körperlichen Makel zu beheben?

Nein, das würde ich nie machen, da bin ich strikt dagegen. Wenn einer einen Unfall gehabt hat und irgendwie entstellt ist, dann ist es okay, aber ich finde, es macht die Leute nicht schöner, eher im Gegenteil. Man merkt ja, dass operiert wurde, und das schaut einfach unnatürlich aus. Bei Männern ist das sowieso nicht so üblich, glaube ich. Also für mich wäre das sicher nichts, ich würde das nicht machen lassen. Und auch bei Frauen finde ich es nicht gut. Schau Dir den Michael Jackson an, so etwas will ich nicht. Ich bin zufrieden damit, wie ich ausschaue, und außerdem soll man ja ohnehin nicht nur auf das Äußere schauen.

Fallbeispiel 3: Martina, gelernte Einzelhandelskauffrau, Dekorateurin und Stilberaterin [63]

Martina wurde 1981 in einem kleinen Ort in Niederösterreich geboren. Sie besuchte in diesem Dorf die Volks- und Hauptschule. Um anschließend die Handelsschule zu absolvieren, musste sie täglich mit dem Zug nach Wien pendeln. Martinas Mutter arbeitete als Einzelhandelskauffrau, ihr Vater als Maler und Anstreicher. Trotz des geringen Einkommens »haben wir alles gekriegt, was wir gebraucht haben, uns hat es nie an irgendetwas gefehlt«. Von Martinas vier Geschwistern hat einzig der jüngste Bruder einen Maturaabschluss, ihre älteren Geschwister arbeiten als Lenkfahrer, Sachbearbeiterin und Monteur.

In ihrem ersten Handelsschuljahr geriet Martina in den »falschen Freundeskreis« und brach nach diesem Jahr die Schulausbildung ab, um in

---

63 Das Gespräch mit Martina führte die Seminarteilnehmerin Marijana Djuric; Barbara Rothmüller überarbeitete den Text redaktionell.

weiterer Folge eine Lehre als Einzelhandelskauffrau bei einer internationalen Textilhandelskette in Wien zu absolvieren, die sie nach drei Jahren mit sehr gutem Erfolg abschloss. In den darauf folgenden Jahren arbeitete sie als Verkäuferin, holte aber den Handelsschulabschluss an einer Wiener Abendschule nach. Zusätzlich schloss sie firmeninterne Ausbildungen zur Dekorateurin sowie zur Typ- und Stilberaterin ab: »Das hat mir eigentlich viel gebracht, somit mache ich nicht immer das Gleiche jeden Tag.« Etwa zweimal im Jahr finden Typ- und Stilberatungen für KundInnen der Textilhandelskette statt, die dann Martina anbietet.

Mit 23 Jahren lernte sie ihren jetzigen Verlobten kennen, und ein Jahr später zog sie in die Firmenwohnung ihres Partners, für die sie weder Miete noch Strom- und Gaskosten zahlen müssen. Den Umzug von ihren Eltern zu ihrem Partner sieht sie als einzige wesentliche Veränderung in ihrem Leben, die Heirat befindet sich in Planung und »der Wunsch nach gemeinsamen Kindern ist auf jeden Fall da«. Während Martina mittlerweile nurmehr in Teilzeit beschäftigt ist, arbeitet ihr Verlobter ganztägig als Techniker und Abteilungsleiter. Gemeinsam stehen ihnen monatlich etwa 2.300,- Euro zur Verfügung. Sie besitzen einen Opel Vectra: »Mein Freund liebt Autos über alles.« In ihrer Freizeit macht Martina den Haushalt, und sie geht gerne einkaufen, »am liebsten alleine, da keiner so viel Geduld hat mit mir«. Zwei- bis dreimal im Jahr machen sie kurze Ausflüge, indem sie etwa ein Wellnesswochenende in Ungarn verbringen oder in Österreich Schi fahren. Ihren letzten Sommerurlaub verbrachten sie auf einer griechischen Insel, »da bin ich dann auch das erste Mal geflogen«.

Martina bezeichnet sich selbst als sehr religiös, ihre »Eltern hatten da immer ein Auge darauf«. Neben den selbstverständlichen Kirchgängen zu den großen katholischen Feiertagen, verbringt sie ab und zu auch zwischendurch Zeit in der Kirche. Im Glauben findet sie Unterstützung, wenn es ihr schlecht geht: »Also, wenn ich Probleme habe, gehe ich in die Kirche und bete, und danach geht es mir besser.« Ihre Kinder möchte sie einmal ebenso religiös erziehen. Parteipolitisch widerstreben ihr FPÖ und BZÖ, weil diese ausländerfeindlich seien und zu radikal vorgehen würden, wenn sie an die Regierungsspitze kommen würden. Sie bevorzugt die SPÖ, während die ÖVP »aber auch nicht schlecht« sei.

Martinas umfassende Schönheitspraxis passt sich vor allem den Anforderungen ihrer Tätigkeit im Verkauf an. Entsprechend ihrem Berufsfeld nimmt Mode eine zentrale Stellung ein. In ihren Praktiken wie in ihren Argumentationen wird vor allem die deutliche Trennung zwischen Öffentlichkeit und Privatheit sichtbar. Wenn sie nicht arbeitet, schminkt sie sich auch nicht. Sie spricht von »Gesellschaftsanpassung« und möchte ihrem Verlobten gefallen, gleichzeitig grenzt sie sich von Vorbildern ab und verfolgt Verschönerungsstrategien, deren (subjektive) Bedingung ihre öffentliche Unsichtbarkeit ist, wie bei ihrem Tattoo und Piercing. Professionelle Beratung und Pflege sind für Martina eine Selbstverständlichkeit, weil sie selbst als Typ- und Stilberaterin tätig ist. Ihre weitläufigen Praktiken präsentiert sie routiniert entlang eines ungebrochenen Glaubens an den Sinn der Schönheit. Nach eigener Einschätzung wendet sie nicht viel Geld und nicht übermäßig viel Zeit für ihre Schönheitspraxis auf.

Martina im Gespräch

Welche täglichen Routinen gibt es, zum Beispiel bei der Haar- oder Gesichtspflege? Wie viel Zeit investierst Du darein, und wie viel Geld gibst Du dafür aus?

Es ist zunächst einmal wichtig, dass man Zeit dafür findet, vor allem in der Früh. Man sollte sich immer Zeit dafür nehmen, aber nicht überragend viel, da man in der Früh ja auch Stress hat. Es ist aber wichtig, dass man sich die Zähne putzt, das Gesicht wäscht, sich eine Tagescreme aufträgt, sich ein wenig schminkt, aber nicht zu viel, damit man gepflegt ausschaut.

Wie oft duscht Du in der Woche?

Jeden Tag natürlich.

Was benutzt Du alles dazu? Duschgel? Bodylotion?

Ich benutze ein Duschgel von Kenzo. Nach dem Duschen verwende ich dann eine Bodylotion aus der Apotheke, aber ich habe jetzt keine Ahnung, wie sie heißt, halt so eine für sehr trockene Haut.

Darf ich fragen, wie viel Du für diese Produkte ausgibst?

Das Duschgel von Kenzo hab ich von meinem Freund geschenkt bekommen, das weiß ich also nicht, aber die Bodylotion aus der Apotheke kostet so circa 11,- oder 12,- Euro.

Wie gehst Du bei Deiner täglichen Gesichtspflege vor?

Also, wenn ich aufstehe, wasche ich mir nur das Gesicht mit so einer Gesichtsseife und trage eine Tagescreme auf. Am Abend sieht es aber anders aus. Zuerst reinige ich mir das Gesicht mit Reinigungstüchern, weil ja zuerst das ganze Make-up runter muss, und trage danach ein Gesichtspeeling auf, da meine Haut trocken ist und noch die restlichen Unreinhei-

ten beseitigt werden müssen. Wenn ich es dann runter gewaschen habe, trage ich noch eine Nachtcreme auf.
In welcher Preisklasse liegen diese Produkte?
Diese Reinigungstücher sind ganz normale Tücher von Bebe, so um 3,- Euro, glaube ich. Die Tages- und Nachtcreme bekomme ich von meiner Kosmetikerin verschrieben.
Du hast erwähnt, dass Du Make-up trägst. Was trägst Du alles auf, wenn Du Dich in der Früh fertig machst?
Also, wenn ich in die Arbeit fahre, trage ich ein Make-up auf, schminke mir noch die Augen, Lidschatten, Eyeliner und Wimperntusche, halt so die Sachen, die dazu gehören. Wenn ich zu Hause bin, dann schminke ich gar nicht.
Wie sieht Deine Haarpflege aus?
Ich wasche mir die Haare jeden zweiten Tag, manchmal auch öfters, das ist bei kurzen Haaren, glaube ich, umständlicher als bei langen, die kann man ja dann zubinden oder hochstecken. Ich wasche sie mir mit einem Haarshampoo und trage danach ein Haarbalsam auf, lasse es eine Minute einwirken und spüle es dann aus. Bevor ich sie föne, gebe ich ein Pflegeprodukt für die Haarspitzen drauf, damit sie nicht austrocknen.
Wie viel Geld investierst Du monatlich in Deine Pflegeprodukte?
Nicht allzu viel, es ist mittelmäßig. Ich nehme nicht die teuersten Produkte, aber auch nicht die günstigsten. Ich probiere auch nicht gerne neue Produkte aus, ich habe da mein bestimmtes Make-up, und das verwende ich eigentlich immer und bin mit dem auch zufrieden.
Wie schauen Deine Ernährungsgewohnheiten aus? Wie viele Mahlzeiten isst Du am Tag?
Also ich esse alles – von Fast Food bis zu Chinesisch.
Also, man könnte sagen, Du achtest nicht wirklich darauf, ob Du kalorienarm oder kalorienreich isst?
Auf das nehme ich eigentlich keine Rücksicht, ich esse das, worauf ich gerade Lust habe.
Wie sehen Deine Fitness-Gewohnheiten aus? Machst Du viel Sport, gehst Du vielleicht Joggen oder ins Fitnessstudio?
Früher war ich ein bisschen sportlicher unterwegs, ich habe viele Sportarten gemacht, ich habe zum Beispiel Faustball, Basketball und Tennis gespielt. Mit der Zeit hat das aber leider abgenommen, weil ich umgezogen bin. Wir haben zwar Sportgeräte zu Hause, aber so richtig trainieren tut eigentlich keiner von uns beiden.

Wie oft trainierst Du? Ist es dann eher unter der Woche oder am Wochenende?
Wenn ich trainiere, dann eher unter der Woche als am Wochenende. Ich finde es tut gut, wenn man müde von der Arbeit nach Hause kommt, man kann dadurch schön entspannen. Man sollte sich auch ein paar Minuten Zeit für sich nehmen.

Wenn ich richtig verstanden habe, achtest Du nicht auf die Kalorien und Du betreibst nicht viel Sport. Wie kommt es dann, dass Du so schlank bist?
Vielleicht liegt es daran, dass ich ab einer bestimmten Uhrzeit nichts mehr esse, also man könnte sagen, dass ich das Abendessen weglasse.

Also, Du hältst keine Diäten, aber Du achtest schon in gewisser Weise auf Dein Gewicht.
Ja genau, also ich achte darauf, dass ich in einem bestimmten Bereich bleibe.

Wie ich sehe, hast Du kurze Haare, also gehe ich davon aus, dass Du zum Friseur gehst. Wie oft gehst Du zum Friseur?
Dadurch, dass ich kurze Haare habe, gehe ich regelmäßig zum Friseur.

Zu welchem Friseur gehst Du, und was lässt Du Dir alles machen?
Ich gehe zu Mona Lisa auf der Mariahilferstraße und lasse mir immer das volle Programm machen. Das heißt Haare waschen, färben, schneiden und fönen. Und ab und zu lasse ich mir Strähnchen machen.

Wie oft pro Jahr gehst Du zum Friseur? Und wie viel kostet Dich das?
So alle zwei bis drei Monate gehe ich zum Friseur. Wie viel mich das kostet? Das ist unterschiedlich, weil ich mir nicht immer dasselbe machen lasse, aber über 100,- Euro kostet es auf jeden Fall.

Gehst Du auch ins Sonnenstudio oder in die Sauna?
Also ins Sonnenstudio gehe ich schon, da gehe ich sehr gerne hin, aber auch nicht so oft, so einmal die Woche. Es ist wichtig, im gesunden Maß ins Sonnenstudio zu gehen und es nicht zu übertreiben, sonst schaut es ja auch nicht mehr schön aus. In die Sauna gehe ich auch sehr gerne, das ist auch etwas Schönes für die Haut und den Körper, da wird die Haut gereinigt.

Lässt Du Dir auch professionelle Hand-, Fuß- und Gesichtspflege machen?
Ja natürlich, das gehört natürlich auch dazu. Ich gehe so einmal im Monat zur Kosmetikerin und lasse mir das Gesicht reinigen. Maniküre und Pediküre lasse ich mir dort auch machen.

Wie ich sehe, hast Du Kunstnägel. Wie oft lässt Du sie Dir machen?
Das sind Gelnägel, die lässt man sich einmal machen und geht dann immer von Zeit zu Zeit nachfüllen.

Wie viel kostet das?

Also, man geht ja zuerst die Gelnägel machen, das kostet so um die 60,- bis 70,- Euro, und später geht man nur noch zum Nachfüllen, das kostet dann so um die 30,- Euro.

Hast Du vielleicht irgendwelche medizinischen oder chirurgischen Eingriffe an Dir machen lassen? Beziehungsweise hast Du Tattoos oder Piercings?

Also medizinische oder chirurgische Eingriffe im Sinn von Fettabsaugung, Gesichtsstraffung oder Silikonimplantaten habe ich nicht probiert, aber ich habe ein Tattoo und ein Piercing.

Wenn ich fragen darf, wo und wann hast Du es Dir machen lassen?

Ich habe hinten am Steißbein einen Schmetterling, und ein Piercing habe ich im Bauchnabel. Habe ich beides mit 18 Jahren machen lassen, weil ich vorher die Unterschrift der Eltern gebraucht hätte, also habe ich gewartet bis ich 18 bin, um es zu machen.

Hast Du es wegen eines Freundes machen lassen oder weil es Dir persönlich gefällt?

Weil es mir persönlich gefällt, weil ich es an bestimmten Hautstellen wirklich schön finde. Also, es gefällt mir nicht überall, muss ich dazu sagen. Ich habe es auch aus bestimmtem Grund an dieser Stelle gemacht, damit es nicht jeder sieht, weil es doch etwas für mich ist. Auch das Tattoo ist ja nicht so offenherzig, dass es jeder sieht, es ist alleine für mich da.

Was hat Dir den Anstoß, die Motivation dazu gegeben, so auf Dein Äußeres zu achten? Hast Du bestimmte Ideale, Vorbilder, denen Du nacheiferst?

Also Vorbilder, Ideale habe ich natürlich keine. Ich finde es ist einfach wichtig, dass man ein gepflegtes Äußeres hat, und man muss sich einfach der Gesellschaft anpassen. Und wie gesagt arbeite ich auch im Verkauf, natürlich ist es auch dadurch sehr wichtig, dass man ein gepflegtes Äußeres hat. Die Kunden kommen dann auch eher zu Dir und fragen Dich etwas, als wenn man nicht so gepflegt ist. Es ist aber auch wichtig für den Freund.

Wie wichtig ist es, Deinem Partner zu gefallen?

Natürlich ist es wichtig, dem Partner zu gefallen, aber in erster Linie muss man sich selbst gefallen. Aber wenn man dann noch zusätzlich dem Partner gefällt, ist es noch schöner.

Liest Du Zeitschriften?

Ja, ich lese sehr gerne Zeitschriften, ich bin ja auch viel mit der U-Bahn unterwegs. Ich lese sehr gerne Modezeitschriften, da gibt es ja sehr viele. Ich lese aber auch den *Standard*, schließlich sollte man sich ja auch in der heutigen Politik und Wirtschaft ein bisschen auskennen.

Bei welcher Gelegenheit liest Du welche Zeitschrift?

Zum Beispiel wenn ich in der U-Bahn bin, wenn ich reise, dann kann ich mir die Zeit mit Modemagazinen vertreiben, aber zum Frühstück gibt es die Tageszeitung, den *Standard*, der wird bei uns pünktlich geliefert in der Früh.

Du liest regelmäßig den Standard?

Na ja, regelmäßig. Er wird uns geliefert, aber ich komme auch nicht jeden Tag dazu, ihn zu lesen. Die Modemagazine lese ich ja auch nicht jeden Tag.

Was siehst Du Dir im Fernsehen an? Gibt es bestimmte Sendungen, die Du besonders gerne hast?

Ja, gibt es. Also da gibt es eine Sendung, die ich mir mit meinem Verlobten immer anschaue, das ist *Verliebt in Berlin*, eine Telenovela, die es auf Sat 1 spielt. Sonst schaut er sich gerne Sport an, und ich schaue mir gerne diese Reportagen an, oder wie sagt man dazu? Na halt *Blitz* oder *taff*, wo es um Stars und Mode geht und was gerade in der Welt passiert.

Schaust Du Dir diese Sendungen regelmäßig an?

Es kommt darauf an, ob ich arbeite oder nicht. Wenn ich am Abend nach Hause komme, ist es meistens schon zu spät für diese Sendungen. Gemeinsam schauen wir uns dann am Sonntag Serien in der Wiederholung an.

Schaust Du Dir die Sendungen wegen bestimmter Personen an, weil sie da mitspielen oder moderieren oder aus rein inhaltlichem Interesse?

Aus inhaltlichem Interesse eigentlich. Das ist ja auch so eine Sucht, wenn man sich mal eine Folge von einer Serie angesehen hat, will man immer wissen, wie es weiter geht.

Wenn Du bestimmte Sendungen verfolgst, siehst Du ja auch die Werbung. Glaubst Du, dass Du von Werbung zum Konsum von Schönheitsprodukten angeregt wirst?

Je nachdem. Wenn es um Kosmetika geht, bin ich nicht der Typ, der sagt, das muss ich mir sofort kaufen, das muss ich auch haben. Ich habe ja eine Kosmetikerin, die verschreibt mir die Sachen, die für meinen Hauttyp gut sind. Aber was den Bereich Textilien, Kleidung betrifft, da bin ich schon der Meinung, wenn ich etwas sehe und das ist jetzt modern und wird gerade getragen, dann möchte ich es auch haben. Also was Kleidung betrifft werde ich schon zum Konsum verleitet, aber eher durch Sendungen wie *taff* oder *Blitz* und nicht durch Werbung.

Gibt es Models in der Modeszene, denen Du gerne ähnlich sehen möchtest?

Nein, die gibt es eigentlich nicht, jeder ist schön auf seine eigene Art und Weise.

Fallbeispiel 4: Anna, Unternehmensberaterin im Telekommunikationsbereich [64]

Anna ist 27 Jahre alt und bewohnt mit ihrem Freund eine 60 Quadratmeter große Mietwohnung in Wien. Sie studierte Internationale Wirtschaftsbeziehungen an einer Fachhochschule und ist als Controlling-Beraterin im Telekommunikationsbereich tätig. Ihre Kindheit verbrachte sie in der Steiermark, wo ihre Mutter als Lehrerin für Chemie und Physik an einem Gymnasium arbeitete und ihr Vater als Einkäufer bei einer Papierfabrik beschäftigt war. Sie begleitete ihre Eltern auf zahlreiche Reisen innerhalb Europas, nach Asien und Amerika, und sie reist auch heute als Erwachsene gerne.

Nach dem Abschluss des Gymnasiums übersiedelte Anna nach Eisenstadt im Burgenland und nach dem dortigen Studium schließlich nach Wien. Sie war zunächst als Controllerin in der Chemieindustrie beschäftigt, wechselte dann aber zu einer Firma für Unternehmensberatung im Bereich der Telekommunikation. Ihr Arbeitgeber ging bald in Konkurs, doch sie konnte ihre Kunden halten, sodass sie derzeit freiberuflich tätig ist. Mit 26 Jahren begann Anna neben ihrer beruflichen Tätigkeit das Fach Önologie (Weinanbau und -produktion) zu studieren.

Als wesentliche Veränderungen in ihrem Leben erwähnt Anna nur die beiden Ortswechsel von der Steiermark ins Burgenland und von dort nach Wien. Sie verbrachte zwar während des Studiums ein Semester im Ausland, schätzt diese Zeit aber nicht als besonders prägend ein. Zu ihrer politischen Haltung möchte sie sich nicht äußern. Sie ist römisch-katholisch getauft, geht aber nur selten in die Kirche.

Die Wochenenden verbringt Anna meist mit ihrem Freund in Tirol oder in der Steiermark, wo sie auch oft gemeinsam Sport betreiben. Zweimal im Jahr fahren sie für ein Wochenende in eine Therme. Außerdem gehen die beiden gerne abends ins Kino. Insgesamt hat Anna jedoch aufgrund ihrer Berufstätigkeit und des vor Kurzem begonnenen Zweitstudiums nur sehr wenig Zeit, um ihren Hobbies nachzugehen. Dennoch versucht sie regelmäßig ins Fitnesscenter und dort auch in die Sauna oder ins Dampfbad zu gehen. Annas Ernährung ist teilweise sehr kalorienreich, da sie tagsüber meist in der Firmenkantine isst und dort sehr nahrhaft gekocht wird. Als Ausgleich versucht sie, sich zu Hause »ausgewogen« zu ernähren.

---

64 Das Gespräch mit Anna führte die Seminarteilnehmerin Silvia Udwary; es wurde für die Publikation von David Loibl redaktionell überarbeitet.

Das Gespräch über die Schönheitsroutinen kreist vor allem um die Haut- und Haarpflege. Sie cremt sich nach dem Duschen immer ein, um trockener Haut vorzubeugen, und muss dabei auf die Hautverträglichkeit der Kosmetika achten. Zur Pflege ihrer Gesichtshaut verwendet sie manchmal Gesichtsmasken, die sie selbst aufträgt. Auch die Haarpflege erfolgt regelmäßig zu Hause mit selbst hergestellten Masken – einen Friseur oder eine Friseurin besucht sie höchstens dreimal im Jahr. Annas Schminkstil ist sehr dezent: Make-up verwendet sie nur beim abendlichen Ausgehen und auch da nicht immer.

Anna im Gespräch

Was machst Du alles für die Schönheit?
Derzeit besuche ich in der Freizeit die Universität, da bleibt nicht mehr besonders viel Zeit über. Ich versuche noch, ein- bis zweimal die Woche ins Fitnesscenter zu gehen, was oft recht schwierig ist, weil es sich kaum ausgeht.

Was war ausschlaggebend dafür, dass Du ins Fitnesscenter gegangen bist?
Der Wunsch regelmäßig Bewegung zu machen. Wenn ich nirgendwo angemeldet bin, mache ich wenig oder höchstens am Wochenende etwas, und so ist man doch verpflichtet, wenn man schon bezahlt, unter der Woche auch hinzugehen.

Wie schaut Dein Tagesablauf aus – ist der immer gleich? Wie viel Zeit verbringst Du im Bad?
Mein Tag ist so aufgeteilt, dass ich am Abend länger im Bad bin und auch eher am Abend dusche und Haare wasche – und in der Früh dann eben nicht so lange brauche. In der Früh ist immer Hektik im Badezimmer. Zuerst einmal putze ich die Zähne. Nachdem ich am Abend dusche, wasche ich mich in der Früh nur. Ab und zu wasche ich auch die Haare in der Früh, was bei meinen Haaren aber relativ aufwändig ist – deswegen versuche ich sie eher nicht in der Früh zu machen, da es recht lange dauert bis sie geföhnt sind. Make-up verwende ich eher nicht, also wenn, dann nur beim Ausgehen, aber meistens auch dort nicht. Am Abend kommt meistens duschen und eincremen. Meine Haut ist sehr trocken, und ich muss sie jeden Tag ordentlich einschmieren.

Welche Produkte verwendest Du?
Meine Haut ist total empfindlich und sehr trocken, und ich verwende sehr oft Babyprodukte, also Babyöl zum Beispiel, zum Einschmieren nach

dem Duschen. Im Sommer föne ich meine Haare nicht, damit sie nicht so beansprucht werden. Ich föne sie eigentlich nur, wenn es draußen kalt ist. Ich föne in Etappen – wenn ich sie wasche, dann lasse ich sie erst einmal im Handtuch eine Zeit lang, dann föne ich einmal vielleicht drei, dann fünf Minuten.
Und wie oft wäscht Du Deine Haare?
Prinzipiell wasche ich sie mir jeden zweiten Tag. Ich kann sie nicht jeden Tag waschen, das halten sie nicht aus.
Verwendest Du spezielle Shampoos beziehungsweise mehrere spezielle Produkte?
Beim Haarshampoo bin ich jetzt auf die *Blond Shampoos* umgestiegen, die es seit Neuestem für unterschiedliche Haarfarben gibt. Fürs Zähneputzen verwende ich eine elektrische Zahnbürste und in der Früh und am Abend meistens unterschiedliche Zahnpasten. Ob das jetzt wirklich etwas bringt oder man das nur sagt, das sei dahingestellt, aber ich verwende meistens verschiedene. Ich wechsle meistens, aber oft habe ich Mentadent C.
Färbst oder tönst Du die Haare?
Nein, gar nichts. Ich verwende ab und zu eine Haarmaske – eine dieser komplizierten, die sehr zeitaufwändig ist. Diese Sachen mache ich eher am Wochenende – also alle zwei Wochen eine richtige Haarmaske, die eine Zeit lang drinnen bleibt, die man nachher wieder rauswaschen kann. Das ist unter der Woche zu anstrengend. Taft und solche Sachen verwende ich nicht. Die Haare sind sehr schnell strapaziert, und die brauchen sehr viel Pflege, damit sie nicht Spliss kriegen und trocken werden. Also ab und zu verwende ich einen Spray, damit sie ein bisschen mehr glänzen.
Wie oft gehst Du zum Friseur im Jahr?
Zum Friseur gehe ich nicht sehr oft, vielleicht dreimal im Jahr. Da lasse ich mir meistens nur die Spitzen schneiden und föne sie selber. Das ist mir zu mühsam.
Rasierst Du die Beine und Achselhaare?
Die Beine rasiere ich wöchentlich, also im Winter wöchentlich, im Sommer ein bisschen öfter – rasieren mit dem Nassrasierer, zweimal die Woche, einfach mit Duschgel unter der Dusche. Was ich noch nicht gesagt habe: Ich verwende als Duschgel ausschließlich Duschöl. Wenn die Haut noch nass ist, also vorm Abtrocknen, schmiere ich sie noch mit Babyöl ein – dann wird die Haut total schön. Wenn ich ein Top anhabe, dann rasiere ich mich auch öfter.
Die Achseln, oder?

Die Achselhaare rasiere ich dann öfter, und wenn ich eine Badehose anhabe, dann rasiere ich mich auch öfter. Aber im Winter? Also, auffällig ist die Behaarung nicht, sodass man sie sehr stark sieht. Was habe ich denn noch nicht gesagt? Maniküre, Pediküre...
Genau.
Maniküre mache ich relativ häufig, nicht durchgehend für alle Finger, aber an ein paar Fingern an jedem Tag irgendwas. Ich mache es immer selber und schneide sie eigentlich immer recht kurz. Ich habe sie immer kurz, und wenn ich sie lackiere, dann farblos. Ich lackiere höchstens die Zehennägel – im Sommer, wenn ich Sandalen anhabe, im Winter überhaupt nicht. Und Pediküre mache ich vielleicht einmal die Woche im Winter.
Gehst Du manchmal zur Kosmetikerin?
Nein, nie.
Würdest Du gerne?
Nein, solange ich mich noch runterbücken kann bis zu den Füßen, habe ich kein Problem. Augenbrauen zupfe ich auch nicht.
Ernährungsgewohnheiten – wie viel isst Du?
Zu viel. Viel zu viel.
Kalorienarm, -reich, vegetarisch, oder...
Unterschiedlich, auf keinen Fall vegetarisch. Unter der Woche habe ich Kantinenessen, das ist sehr kalorienreich, aber wenn ich selber daheim koche, schaue ich schon darauf, dass es ausgewogen ist. Ich bin aber nicht darauf fixiert, dass ich immer etwas Gesundes essen muss. Ich esse auch gerne mal etwas Ungesundes, aber insgesamt schon eher ausgewogen.
Wie oft gehst Du in irgendein Fast Food-Lokal?
In zwei Monaten einmal vielleicht, höchstens. Aber es kommt dabei auf meinen Arbeitsplatz an – etwa am Schwarzenbergplatz, da bin ich viel öfter zu McDonalds gegangen, obwohl ich nicht sagen kann, ob das gesünder oder ungesünder ist als Kantinenessen.
Machst Du übers Jahr Diäten?
Nein, also ich trinke zeitweise Entschlackungstee, aber nicht aus Diätgründen, sondern einfach zum Entgiften.
Wenn Du ins Fitnesscenter gehst, was trainierst Du da?
Radfahren auf jeden Fall, und eine Zeit lang habe ich Pilates gemacht. Das ist jetzt aber wegen des Termins nicht so optimal gewesen in letzter Zeit. Ich habe dann Geräte-, also Krafttraining gemacht.
Gibt es sonst noch irgendwelche Sportarten, die Du am Wochenende machst?

Also am Wochenende gehe ich eher wandern oder spazieren – einen ganzen Tag lang einen Ausflug machen. Laufen und schwimmen gehe ich noch gerne im Sommer, und Schifahren würde ich auch gerne gehen.
Sonnenstudio, Massage, Sauna?
Ja, Sauna und Dampfbad habe ich sehr gerne. Im Fitnesscenter gibt es Dampfbad und Sauna, aber auch wenn wir in eine Therme fahren, sind wir hauptsächlich im Saunabereich. Ins Sonnenstudio gehe ich nicht. Ich gehe auch sonst nicht in die Sonne, wenn es sich vermeiden lässt. Und was war das Dritte?
Massage.
Nein, auch nicht, würde ich aber gerne.
Warum gehst Du gerne in die Sauna? Aus gesundheitlichen Gründen?
In erster Linie, weil es für mich eine Entspannung ist. Für meine Haut ist es nicht optimal in die Sauna zu gehen – die trocknet dann wieder sehr schnell aus. Ich weiß, dass es für den Kreislauf gesund ist, aber für meine Haut ist es sicher nicht gesund.
Wie oft gehst Du in die Sauna?
Wenn ich ins Fitnesscenter gehe – aber ich gehe meistens ins Dampfbad, da ist es nicht so heiß. Auch in der Therme gehen wir eher dorthin, wo es nicht so heiß ist.
Wie oft besucht ihr Thermen?
Ein- bis zweimal im Jahr, am Wochenende. Peeling und Gesichtsmasken mache ich ab und zu selber.
Gesichtsmasken machst Du manchmal selbst?
Ich mag es nicht, wenn irgendwer an mir rummacht – ich mag ja auch nicht zum Friseur gehen.
Hast Du irgendwelche medizinischen Eingriffe an Dir vornehmen lassen zur Verschönerung?
Abgesehen von Muttermalentfernungen, nein. Das ist noch gar nicht lange her, letzte Woche habe ich ein paar Muttermale entfernen lassen. Aber nicht rein aus Schönheitsgründen, sondern weil es eben stört und mir unangenehm ist, wenn ich sie aufkratze, weil sie ungünstig positioniert sind...
Tattoos, Piercings?
Nein, aber Ohrringe.
Jetzt wäre es noch interessant zu wissen, aus welchem Grund Du die ganze Schönheitspflege machst?

Ich creme mich zum Beispiel ein, weil es unangenehm ist, wenn die Haut trocken ist. Das würde ich wahrscheinlich nicht so oft machen, wenn ich nicht so trockene Haut hätte. Und ich schmiere die Haare mit einer Maske ein, damit sie schön bleiben und nicht stumpf werden. Ich wasche mich täglich, weil ich es bei den anderen auch nicht mag, zum Beispiel in der U-Bahn, wenn sie nicht gewaschen sind. Die Haare mache ich in erster Linie für mich selber.

Gibt es irgendwelche Vorbilder, also Menschen, die Dir besonders gut gefallen, sei es jetzt im Freundeskreis oder in den Medien? Gibt es Werbung, die Dich beeinflusst?
Nein. Da musst Du meinen Partner interviewen, aber nicht mich.

Warum hast Du lange Haare?
Weil ich die immer schon habe, eigentlich aus reiner Gewohnheit. Ich bin gerade das Gegenteil von denjenigen Menschen, die etwas nachmachen. Und sollte mir im Fernsehen irgendjemand besonders gut gefallen, würde ich mir trotzdem nicht die gleiche Frisur schneiden lassen, nein, nein.

Du sagst, Du bist von niemandem beeinflusst. Aber wenn Du in der Unternehmensberatung tätig bist, dann musst Du schon ein bestimmtes Auftreten in der Öffentlichkeit haben.
Ja, ein gepflegtes Auftreten. Aber ich bin insofern nicht sehr beeinflusst, weil nicht viele Frauen das machen und weil ich nichts mit Frauen in diesem Bereich zu tun habe. Deswegen muss ich mich nicht den Männern anpassen, und den Frauen auch nicht.

Verfolgst Du Schönheitsberichte im Fernsehen oder in Magazinen?
Also, Berichte über Haare, die schaue ich mir im Fernsehen an, wenn ich es zufällig sehe. Aber ich schalte nicht bewusst zu so etwas ein. In Zeitschriften oder Zeitungen lese ich mir das schon durch, also speziell wenn für die Haare irgendein Vorschlag drinnen steht, über ein neues Produkt, eine selbst gemachte Maske. Für meine Haare mache ich eine Art Mayonnaise selber und schmiere das in die Haare.

Cool …, wie?
Das ist echt grausig, also Ei mit Olivenöl schlagen, schlagen, dann wird Mayonnaise draus, und ein bisschen Zitronensaft. Dann musst Du aber hinterher zweimal waschen, damit Du nicht stinkst.

Und das machst Du alle zwei Wochen?
Nein, das mache ich nur im Sommer ab und zu.

Gesichtsmasken machst Du auch hin und wieder, hast Du gesagt.

Ja, aber die kaufe ich. Da kaufe ich immer welche für empfindliche Haut.

Solche wie es im Drogeriemarkt, bei Bipa und dm, gibt?

Ja, die normalen, die es im Drogeriemarkt gibt, Nivea, Balea, aber auf jeden Fall für empfindliche Haut – Feuchtigkeitsmasken.

Welche Produkte verwendest Du für die Haut – kaufst Du die auch im Drogeriemarkt?

Ich kaufe fast alles im Drogeriemarkt, also keine speziell teuren Produkte. Nur im Sommer, die Sonnencreme, besorge ich in der Apotheke.

Gibt es irgendwelche Models der Modeszene, die Du als ideal empfindest?

Die sind mir egal, und ideal sind die auch nicht.

Hast Du Freunde oder Freundinnen, die besonders viel Zeit aufwenden für die Schönheit, Fitness und Körperpflege?

Mein Freund – der wendet sehr viel Zeit für diese Sachen auf, sowohl für den Sport als auch für die Körperpflege, sicher doppelt so viel Zeit in der Woche wie ich.

Wie viel Zeit verbringst Du im Badezimmer, wie viele Stunden – kannst Du das sagen?

Ich würde sagen, in Summe jeden Tag eine Stunde, also sieben Stunden in der Woche, und fürs Wochenende noch eine Stunde dazu, sind also acht Stunden.

Weißt Du, wie viel Geld Du für die Schönheitspflege ausgibst?

Für das Fitnesscenter gebe ich 70,- Euro im Monat aus und für den Rest vielleicht 50,- bis 70,- Euro im Monat, also nicht wirklich viel.

4. Methodische Anmerkungen

Zur Erhebung

Der Studie liegen insgesamt 85 Tiefeninterviews zugrunde, die in zwei Intervallen in den Jahren 2007 und 2008 von TeilnehmerInnen an den Seminaren zur Theorie Pierre Bourdieus an der Universität Wien durchgeführt wurden. Die Auswahl der Gesprächspartner und -partnerinnen erfolgte nach einem sogenannten »Klumpenverfahren«, insofern die Studierenden aufgefordert waren, die Schönheitspraxis von Personen aus dem privaten Bekannten- und Freundeskreis zu hinterfragen. Ausschlaggebend für diese Auswahl war die übereinstimmende Auffassung, auf solche Weise relativ offene Gesprächssituationen vorzufinden, in denen auch die Erörterung intimer Details möglich sein würde, jedenfalls aber weniger stereotype Antworten zu erwarten seien als bei einer Zufallsauswahl der Befragten.

Aus theoretischen Überlegungen wurde die Wahl der GesprächspartnerInnen in vier Punkten eingeschränkt beziehungsweise vorstrukturiert:
Erstens sollten ethnische Unterschiede nicht zum Gegenstand dieser Untersuchung werden, was dazu führte, Personen mit Migrationshintergrund, die in Österreich vor allem aus der Türkei und den ehemaligen Ländern Jugoslawiens stammen, von der Befragung auszuschließen. Ein weiterer intersektionaler Faktor neben Klasse und Geschlecht hätte die Erklärungskraft der Interview-Stichprobe überfordert, wiewohl die Frage nach ethnischen Ausformungen der Selbstinszenierung in Zuwanderungsländern wie Deutschland und Österreich, zumal unter dem Gesichtspunkt von Macht, höchst interessant ist. Zu fragen wäre etwa, nach welchen Regeln sich Minderheiten in Szene setzen, die in vielerlei Hinsicht unterprivilegiert sind.[65] Besonders interessant erschiene es dabei, in Erfahrung zu

---

65 Ein zeitgenössisches Anschauungsbeispiel für Aufsehen erregende Selbstinszenierungen im Migrationsmilieu stellt die Jugendsubkultur der Krocha dar, die sich 2007 in Wien

bringen, wie stark der Einfluss der Religion auf solche männlichen und weiblichen Praktiken ist. Derartige Fragestellungen sind allerdings nur im Rahmen eigenständiger Studien zu beantworten und erfordern ein anderes als das gewählte Untersuchungsdesign.

Zweitens wurde das Alter der ProbandInnen auf 25 bis 45 Jahre begrenzt. Die Interviews geben damit Auskunft über das Schönheitshandeln im Erwachsenenalter, der *twenty*- bis *fourtysomethings*, jedoch nicht über die Praktiken in der zeitgenössischen Jugendkultur. Aus den Aussagen der Befragten lässt sich auf nachhaltige Auswirkungen historischer Jugendbewegungen und Subkulturen schließen – so sind etwa musikalische Vorlieben aus der Jugendzeit und Haartracht bei einigen männlichen Gesprächspartnern eng miteinander verwoben –, die Statements geben jedoch nicht aktuelle (und oft sehr kurzlebige) Trends der Jugendszene(n) wieder.

Drittens wurden nur berufstätige Personen in die Untersuchung miteinbezogen – Personen, die finanziell auf eigenen Beinen stehen, beruflichen Anforderungen unterworfen sind und über einen eigenen beruflichen Status verfügen. Noch in Ausbildung stehende und erwerbslose Personen sowie Hausfrauen, deren Status sich vom Beziehungspartner ableitet, wurden damit von der Studie ausgeschlossen. Nur auf diese Art war zu gewährleisten, die Schönheitspraxis von Frauen und Männern unter ähnlichen Bedingungen miteinander vergleichen zu können.»Man weiß nicht, wo man die Frauen sozial platzieren soll, die im Haus arbeiten«, bemerkt Pierre Bourdieu zu diesem methodologischen Problem: »Nach allgemeiner Konvention werden Frauen den sozialen Positionen zugeordnet, die ihre Ehemänner einnehmen. Diese Konvention ist nicht gänzlich ungerechtfertigt, [...] aber gefährlich, weil sie vergessen lässt, dass die Frauen nicht (im öffentlichen) Raum sind.«[66] Ausgehend von der Annahme, dass erhebliche berufliche Anforderungen an die Attraktivität existieren, war klar, die Berufstätigkeit für beide Geschlechter zur Voraussetzung für Vergleiche zu machen.

Entlang der Berufspositionen wurde *viertens* eine Vorauswahl der GesprächspartnerInnen getroffen, um eine annähernde Gleichverteilung oberer, mittlerer und unterer sozialer Lagen zu erhalten. Dieser Selektion lag

---

auszubreiten begann. Diese Szene zeichnet sich durch eine eigene Sprache, einen eigenen Tanz- und Bekleidungsstil aus, wobei Vokuhila-Frisuren und Solariumsbräune zu den wichtigen Kennzeichen der Jugendlichen gehören.

66 Pierre Bourdieu im Gespräch mit Irene Dölling und Margarete Steinrücke (*Eine sanfte Gewalt*, S. 222.).

die zentrale Hypothese zugrunde, dass sich die vertikalen und horizontalen Unterschiede im sozialen Raum, die die Berufspositionen anzeigen, auf symbolischem Gebiet und anhand der Schönheitspraktiken wiederfinden würden. Die Berufspositionen dienten dabei als gute Indikatoren für die allgemeine soziale Lage der befragten Personen, sind doch Berufe für gewöhnlich systematisch mit bestimmten Ausbildungswegen und Einkommen, also kulturellem und ökonomischem Kapital, verbunden.

Alle Gespräche wurden als offene, strukturierte Interviews geführt, die im ersten Teil auf biografische Informationen abstellten. Die GesprächspartnerInnen wurden gebeten, über ihre Herkunftsfamilie, ihren schulischen und beruflichen Werdegang zu berichten, um die Formung des Habitus ersichtlich zu machen. Als Endpunkt dieses Narrativs galt es, die momentane soziale Lage, in privater wie beruflicher Hinsicht, möglichst präzise darzustellen, um bei der Auswertung der Interviews die Beziehungen zwischen sozialer Position und Schönheitspraxis anschaulich machen zu können. Im zweiten Teil der Gespräche ging es um die Selbsteinschätzung der Interviewten (etwa ob sie sich selbst als attraktiv bezeichnen würden), um personale oder mediale Einflüsse auf ihr Schönheitshandeln und ganz zentral um die vielfältigen Facetten der praktischen Verschönerung sowie deren Begründung, also die subjektiven Schönheitseinstellungen oder -ideologien (wobei die Grenzen zwischen gesundheitlicher, hygienischer und ästhetischer Praxis zum Teil verschwimmen).

Über die Auswertung

Das Auswertungsverfahren zielt darauf ab, Ähnlichkeiten sichtbar zu machen, das heißt für Frauen und Männer Klassen (oder auch Klassenfraktionen) zu benennen, die durch einen ähnlichen praktischen Sinn für Schönheit charakterisiert sind. Forschungsleitend war dabei die bereits erwähnte Hypothese, dass das Schönheitshandeln auf systematische Art und Weise mit sozialen Positionen korrespondiert, oder anders gesagt, dass die jeweilige Ausstattung von Personen mit kulturellem und ökonomischem Kapital Unterschiede in den Schönheitspraxen bedingt. Es galt also die Annahme zu überprüfen, ob mit der Klassenlage systematische Unterschiede im Schönheitshandeln einhergehen – und zwar für beide Geschlechter.

Eine zweite Grundannahme der Untersuchung über erhebliche geschlechtsspezifische Unterschiede der Schönheitspraktiken liegt der Auswertung nach weiblichen und männlichen Präferenzen zugrunde, wobei hierbei der Versuch unternommen wurde, die Praxis von Frauen und Männern aus ähnlichen Klassenverhältnissen miteinander zu vergleichen. Dieser Teil der Analyse stellt auf die Erklärung von Unterschieden ab, die sich bei relativ homogener sozialer Lage aus der Geschlechterzugehörigkeit – aus der gesellschaftlichen Konstruktion von Weiblichkeit und Männlichkeit – ergeben.

Alle Gemeinsamkeiten des Sichschönmachens erschließen sich nur in Relation und in Abgrenzung zu Praktiken und Auffassungen, die als anders wahrgenommen werden und solcherart kategorisiert werden können. Dies gilt sowohl für den Klassen- als auch für den Geschlechtervergleich. Die Grenzen sind dabei mitunter nicht eindeutig zu ziehen, allerdings wird im Folgenden immer versucht argumentativ deutlich zu machen, warum Entscheidungen für bestimmte Systematisierungen und Typisierungen getroffen wurden.

Für den Begriff »Klasse« bedeutet dies in dieser Studie: Die konkreten, empirischen Klassen der Untersuchung dürfen nicht als Stichprobe der allgemeinen Klassenstruktur in Österreich (oder auch bloß Wiens) missverstanden werden, obgleich strukturelle Ähnlichkeiten existieren. Vielmehr resultieren diese Klassen aus den Relationen der befragten Personen, sodass beispielsweise die »Schönheitselite« dieser Untersuchung durch Menschen in höheren Berufspositionen mit Universitätsabschluss repräsentiert wird, die mit großer Wahrscheinlichkeit weder zur kulturellen noch zur ökonomischen Führungsschicht des Landes zählen. Am anderen Ende der sozialen Ordnung fehlen in der Stichprobe wiederum Industriearbeiterinnen, wodurch sich die untere Klasse auf der Frauenseite allein aus »kleinen« Angestellten im Dienstleistungsbereich (in »typischen« Frauenberufen) zusammensetzt. So betrachtet, geht es in der Studie um eine mögliche Kategorisierung des Schönheitshandelns, die nicht so sehr die spezifische Sozialstruktur eines bestimmten Landes, sondern vielmehr modellhaft Differenzen in der breiten Bevölkerung europäischer spätmoderner Gesellschaften bezeichnet.[67]

---

67 In der Forschungsliteratur wird diese Darstellung des Typischen auch als exemplarische oder symptomatische Repräsentativität bezeichnet; vgl. zum Beispiel Rastetter, *Zum Lächeln verpflichtet*, S. 173.

Ähnliche Klassenlagen basieren in der vorliegenden Studie auf den Faktoren familiäre Herkunft, Ausbildung, berufliche Stellung und ökonomische Ressourcen, sodass unter anderem ein Lehrabschluss oder eine abgebrochene Ausbildung und eine untergeordnete berufliche Position (wie im voran stehenden Beispiel 2) zur Zuordnung in die untere Klasse führten, während AbsolventInnen einer Universität oder Fachhochschule, die eine freiberufliche oder höhere Angestelltentätigkeit ausübten (wie in den Beispielen 1 und 4), der oberen Klasse zugerechnet wurden. Resultat dieser Kategorisierung waren drei relativ homogene Klassen, die nach Geschlechtern, also in Männer- und Frauenklassen, getrennt wurden (wobei sich jede einzelne der sechs Geschlechterklassen aus mindestens elf und höchstens 17 interviewten Personen zusammensetzte). Wie schon früher angemerkt, erwies sich in diesem Zusammenhang, dass das kulturelle Kapital einen wesentlich höheren Erklärungswert für das klassenspezifische Schönheitshandeln hat als die materiellen Möglichkeiten, und die Klassen somit eher als Bildungs-, denn als ökonomische Klassen zu begreifen sind (was sich zum Teil aus der relativen Jugend der RespondentInnen und aus geringen Anfangseinkommen erklärt).

Im folgenden Kapitel werden alle sechs Schönheitsklassen ausführlich dargestellt – in absteigender Reihenfolge, beginnend mit der oberen Klasse von Frauen und Männern – und anhand von Fallbeispielen illustriert, bevor die Geschlechter- und Klassendifferenzen, also die Unterschiede im praktischen Sinn für Schönheit, herausgearbeitet werden und die Untersuchungsergebnisse abschließend nochmals im Kontext der Macht verortet werden.

5. Sechs Schönheitsklassen

5.1 Natürlichkeit und Individualität – Frauen der oberen Klasse

David Loibl

Der oberen Klasse wurden 13 Gesprächspartnerinnen zugeordnet, die durchwegs über eine abgeschlossene akademische Ausbildung an Fachhochschulen oder Universitäten verfügen. Dabei dominieren rechtswissenschaftliche und betriebswirtschaftliche Bildungswege. Die befragten Frauen sind entweder selbständig berufstätig – etwa als Unternehmensberaterin, Psychotherapeutin oder Fotografin – oder in führenden Positionen privater Unternehmen tätig, beispielsweise als Sales Managerin, leitende Zeitungsredakteurin und Architektin. Eine kleine Gruppe der Frauen hat wissenschaftliche Forschungspositionen inne.

Die befragten Frauen der oberen Klasse zeichnen sich durch eine zielgerichtete, aber insgesamt eher zurückhaltende Schönheitspflege aus, die nicht allzu viel Zeit und Energie beanspruchen soll. Die Frauen wollen sich in erster Linie in ihrem Körper wohlfühlen und dabei gepflegt und möglichst »natürlich« wirken. Neben der Natürlichkeit des Aussehens bildet die Individualität des Stils ein wesentliches Ziel ihres Schönheitshandelns. Statt »jeder Mode nachzulaufen« und dem »Schlankheits- oder Jugendwahn« zu erliegen, wollen sie ein Aussehen erreichen, das ihren eigenen, selbst definierten Ansprüchen genügt und mit ihrem Selbstbild vereinbar ist. «Man soll einmal in sich selbst hineinhören und schauen, womit man zufrieden ist und womit man nicht ganz so zufrieden ist, und vielleicht daran arbeiten, dass man zufriedener wird – aber nicht auf das Außen schauen, sondern auf sich selbst«, formuliert eine Gesprächspartnerin dieses Ziel.

Dieser Zugang zum eigenen Körper und zum Thema Schönheit geht einher mit einem großen Vertrauen in die eigenen Fähigkeiten im Bereich des Schönheitshandelns und einem selbstsicheren Umgang mit professionellen SchönheitsdienstleisterInnen. Dienstleistungen, wie professionelle Maniküre oder Pediküre, werden von Frauen der oberen Klasse kaum in Anspruch genommen – unter anderem deshalb, weil aufwändige Praktiken, wie das Verzieren oder künstliche Verlängern der Fingernägel, in dieser Klasse nicht üblich sind. Auch FriseurInnen werden von Frauen der oberen Klasse kaum als ExpertInnen betrachtet, denen man sich anvertrauen kann und muss: Viele Interviewpartnerinnen wechseln ihre/n FriseurIn häufig, und einige korrigieren selbst nach oder nehmen die Bearbeitung ihrer Haare ganz in die eigene Hand. Jene, die regelmäßig Frisiersalons besuchen, tun dies vielleicht alle zwei, meist aber nur alle drei oder vier Monate.

Wichtiger als das Styling ist für die befragten Frauen die Pflege der Haare, für die teilweise auch recht aufwändige Prozeduren in Kauf genommen werden, während das Färben der Haare – dem Ideal »schön und gepflegt, aber natürlich« entsprechend – weniger üblich ist. Das Ziel der Haarpflege besteht vor allem darin, möglichst gesunde beziehungsweise gesund aussehende Haare zu haben. Einige der Befragten waschen ihre Haare zum Beispiel nur jeden zweiten Tag, um zu verhindern, dass sie strohig und brüchig werden.

Bei der Körperpflege von Frauen der oberen Klasse spielt die Angst vor trockener Haut eine zentrale Rolle. Etwa die Hälfte der Befragten gibt an, nur jeden zweiten Tag zu duschen, um die Haut zu schonen, und viele verwenden nach dem Duschen Cremes, Öle oder Lotionen zur Pflege ihrer Haut. Das Entfernen der Körperhaare ist durchaus üblich, wenngleich es nicht von allen Interviewpartnerinnen praktiziert wird. Auch wird die Körperhaarentfernung weniger als Selbstverständlichkeit, denn als sozialer Zwang betrachtet, den einige Befragte stark inkorporiert haben und als persönliche Notwendigkeit empfinden, andere dagegen als äußeren Zwang erleben. So meint eine Interviewpartnerin zur Achselhaarentfernung: »Da denke ich mir: Das ist für mich schon die Grenze, das geht nicht – die Achselhaare muss man sich rasieren«, während eine andere von gesellschaftlichen Tabus spricht und erklärt: »Mein Bedürfnis wäre es nicht unbedingt, dass ich jeden Tag meine Achselhaare schön abrasieren muss.« Solarienbesuche oder Körperschmuck wie Tätowierungen und Piercings stoßen in dieser Klasse durchwegs auf Ablehnung und kommen entsprechend selten vor.

Wie bei der Körper-, so spielt auch bei der Gesichtspflege die Sorge, dass die Haut trocken werden könnte, eine wichtige Rolle. Fast alle befragten Frauen benutzen täglich Gesichtscremes, und dies ist auch einer der wenigen Bereiche, in denen viele Interviewpartnerinnen ganz bestimmte und in manchen Fällen teure Marken bevorzugen. Die Bereitschaft mit verschiedenen Produkten zu experimentieren ist eher gering – wenn eine Marke zufriedenstellend, das heißt vor allem gut verträglich ist, bleiben die Frauen meist lange Zeit bei dieser Creme. Auch Peelings und Gesichtsmasken werden von einigen Interviewpartnerinnen verwendet, allerdings nur etwa drei oder vier Mal im Jahr. Die Energie, welche die Frauen der oberen Klasse in die Pflege ihrer Haut investieren, wird besonders verständlich angesichts der eingangs erwähnten Bedeutung von Natürlichkeit: Schöne Gesichtshaut wirkt attraktiv, ohne dass man ihr die intensive Schönheitspflege konkret anmerkt. Auch beim Schminken stehen die beiden Ziele im Vordergrund, »natürlich« auszusehen und in Bezug auf die Gestaltung des Äußeren nicht zu bemüht zu wirken. Nur wenige Interviewpartnerinnen berichten davon, sich jeden Tag stark zu schminken, also Augen-, Gesichts-Make-up und Lippenstift aufzutragen, während sich jene, die sich regelmäßig, aber nur wenig (zum Beispiel nur mit Wimperntusche) schminken, und jene, die im Alltag völlig darauf verzichten, etwa die Waage halten. Zu besonderen Anlässen schminken sich dann viele der befragten Frauen etwas stärker, ihrer Einschätzung nach aber immer noch dezent.

Viele Frauen der oberen Klasse sind sportlich aktiv, sowohl *outdoor* als auch in Fitnesscentern. Dabei geht es ihnen aber nicht allein darum, schön auszusehen, sondern Schönheit, Gesundheit und Wohlbefinden stehen als Ziele relativ gleichrangig nebeneinander: »Dort geht es mir in erster Linie darum, dass ich in Bewegung bleibe und eine gute Kondition habe... Es würde mich nicht interessieren, einmal die Woche ins Fitnesscenter zu gehen und Bauch-, Beine-, Poübungen zu machen – weil es mich ganz einfach furchtbar langweilen würde.« Auch der Ausgleich zum stressigen Berufsalltag ist ein in der oberen Klasse präsentes Motiv für Sport. Eine Befragte etwa berichtet, im Fitnesscenter *bodywork* und Kickboxen zu machen, um Frust abzubauen. Doch auch um den Alterungsprozess zu bremsen, betreiben manche der Frauen Sport: »Man muss ja einfach nur ein bisschen Bewegung machen, und schon bleibt das alles so wie es ist. Aber man muss es machen, regelmäßig.«

Auch durch eine relativ gesunde Ernährung versuchen die Frauen der oberen Klasse, ihre Fitness und ihr Wohlbefinden zu erhalten, wenngleich einige aussagen, sie würden zu wenig Gemüse oder insgesamt zu viel essen.

Diäten und andere extreme Formen der Ernährungskontrolle kommen in dieser Klasse kaum vor. Die meisten Interviewpartnerinnen erklären, sich nicht allzu große Mühe zu geben, aber auch nicht geben zu müssen, um sich halbwegs gesund zu ernähren; und auch jene, die mit ihrem Gewicht unzufrieden sind, wollen sich nicht besonders intensiv um das Abnehmen bemühen: »Also, ich stelle mich nicht täglich auf die Waage. Ich habe gerade sechs Kilo zuviel, und das stört mich schon. Ich mag mich nicht schwammig. Aber ich will nicht krampfhaft ankämpfen. Ich versuche einfach, am Abend nicht so viel zu essen, und schau mal, ob das was wirkt, … bewusst zu trinken, bewusst Obst zu essen.«

Für die Formung des körperlichen Habitus und für den Schönheitssinn spielen die Bezugspersonen Mutter, Schwestern und Jugendfreundinnen eine besonders große Rolle. Viele Interviewpartnerinnen geben an, bestimmte Praktiken – etwa beim Schminken oder bei der Körperhaarentfernung – direkt von ihrer Mutter übernommen und seither beibehalten zu haben. Andere änderten ihre Gewohnheiten im Zuge der Ablösung von ihrer Herkunftsfamilie radikal oder orientierten sich insofern an diesen Bezugspersonen, als sie ihr Schönheitshandeln von Beginn an in Abgrenzung zu ihnen entwickelten. Auch als Erwachsene tauschen sich viele Frauen der oberen Klasse mit Freundinnen oder Kolleginnen über Produkte und Techniken der Verschönerung aus. Das berufliche Umfeld und mögliche Erwartungen von KollegInnen scheinen bei diesen Frauen hingegen nur geringen Einfluss auf das Schönheitshandeln zu haben: »Ich habe ohnehin so viel zu tun, die Leute müssen mich so nehmen wie ich bin.«

Den Frauen dieser Klasse ist durchaus bewusst, dass die Medien ihr Schönheitsempfinden und -handeln beeinflussen, wenngleich alle Interviewpartnerinnen erklären, allgemeinen Trends mit Distanz gegenüberzustehen und bewusst einen individuellen Stil zu pflegen. Die direkte Orientierung an massenmedialen Idealen und das Nachahmen prominenter Personen wird von allen Befragten abgelehnt und lediglich anderen Frauen unterstellt, um sich von ihnen abzugrenzen. Die meisten der befragten Frauen sagen, sie hätten überhaupt keine Vorbilder, und jene, die doch einzelne Prominente nennen, heben meist hervor, inwiefern sich diese von der Masse beziehungsweise vom Durchschnitt abheben. So erklären einige Frauen beispielsweise, Schauspielerinnen oder Sängerinnen deshalb zu bewundern, weil diese »wirkliche Frauen« seien, die »Kurven und einen Charakter« hätten, und weil sie »für etwas stünden«, statt einfach nur möglichst schlank oder jugendlich zu sein und »süß« auszusehen.

Mode- und Frauenzeitschriften werden in der oberen Klasse nur von einigen Wenigen und meist unregelmäßig gelesen. Jene Frauen, die solche Magazine lesen, tun dies, um sich gezielt über neue Produkte in bestimmten Bereichen zu informieren oder um ein Gefühl für modische Trends zu bekommen, aber nicht um zu erfahren, wie sie sich morgen stylen müssen. So meint eine Interviewpartnerin, die etwa alle drei Monate die *Vogue* liest: »Es gibt wenige Leute, denen das [die gezeigte Mode, Anm. d. Verf.] wirklich passt, und alle anderen machen das einfach nach, und das sieht man. Und ich will absolut niemand sein, dem man ansieht, dass er etwas nachmacht.«

Die Interviewpartnerinnen der oberen Klasse verfolgen mit ihrem Schönheitshandeln also drei Ziele, die sowohl die Darstellung nach Außen, als auch ihr eigenes Empfinden und Selbstbild betreffen: Sie wollen erstens zwar schön, vor allem aber »natürlich« wirken. Die Schönheitspraktiken sollen zweitens nicht zu zeitaufwändig sein. Die Frauen wollen weder perfekt aussehen noch auf Äußerlichkeiten fixiert erscheinen, sondern sich in ihrem Körper wohlfühlen. Und drittens soll das Schönheitshandeln den individuellen Stil unterstreichen.

Dementsprechend bevorzugen die Frauen der oberen Klasse relativ unaufwändige Praktiken und wählen diese auch danach aus, ob sie sich zur Akzentuierung ihres persönlichen Stils eignen. Eine wirklich intensive Praxis verfolgen die Frauen dieser Klasse nur in Bereichen, in denen dies nicht zu »unnatürlichen« Ergebnissen führen kann, wie bei der Haar-, der Gesichts- und der Körperpflege. Das zentrale Anliegen in diesem Bereich sind schöne und gesunde, das heißt nicht zu trockene, Haare und Haut.

Als besonders wichtige Einflussfaktoren werden von den Befragten Bezugspersonen ihrer Jugendzeit und insbesondere ihre Mütter genannt, doch auch als Erwachsene tauschen sie sich mit Freundinnen und Kolleginnen über Schönheitsgewohnheiten und -produkte aus. Medialen Stylinggeboten und Vorbildern stehen diese Frauen distanziert gegenüber. Sie nutzen die Medien jedoch teilweise gezielt, um sich über Trends zu informieren, und sind sich auch des Einflusses bewusst, den Medien abseits solch gezielter Nutzung haben.

Generell geben sich die Frauen der oberen Klasse beim Sprechen über ihr Äußeres, über Schönheitspraktiken und über Einflüsse auf ihr Schönheitshandeln sehr offen und reflektiert – einerseits wohl, weil Artikuliertheit und Reflektiertheit in der oberen Klasse geschätzte Eigenschaften sind, und andererseits vor allem deshalb, weil die Frauen dieser Klasse über das kulturelle Kapital verfügen, das eine distanzierte Selbstpräsentation und kritische Selbstreflexion möglich macht.

Fallbeispiel 5: Tamara, Psychotherapeutin [68]

Tamara ist 44 Jahre alt, verheiratet und hat eine 19-jährige Tochter sowie einen zwölfjährigen Sohn. Ihre Eltern stammen aus Niederösterreich, übersiedelten aber noch vor Tamaras Geburt nach Innsbruck in Tirol. Ihre Mutter besuchte ein Gymnasium, brach die Schule jedoch ab, arbeitete zehn Jahre als Sekretärin und war ab Tamaras Geburt Hausfrau. Ihr Vater besuchte eine technische Schule für Maschinenbau und arbeitete einige Zeit für ein größeres Unternehmen, machte sich dann aber selbstständig, weshalb die Familie nach Salzburg übersiedelte als Tamara sechs Jahre alt war. Die Firma musste jedoch Ausgleich anmelden und Tamaras Vater war zwei Jahre lang arbeitslos, in denen ihre Mutter wieder als Sekretärin Geld verdiente. Schließlich wurde ihr Vater Abteilungsleiter beim österreichischen Öl- und Gaskonzern OMV, und als Tamara 16 Jahre alt war, erfolgte eine weitere Übersiedelung nach Niederösterreich, wo sie auch das Gymnasium abschloss. Den Lebensstandard ihrer Herkunftsfamilie schätzt sie als durchschnittlich ein: Zwar hatte die Familie kein eigenes Haus oder andere nennenswerte Besitztümer, doch sie fuhren regelmäßig gemeinsam in den Urlaub und ihre Eltern finanzierten ihre Ausbildung.

Nach dem Schulabschluss begann Tamara Soziologie zu studieren, unterbrach das Studium aber nach drei Jahren, um zwei Jahre lang die Sozialakademie zu besuchen, und beendete danach ihr Studium. Nachdem sie schon während des Studiums immer wieder kleinere Jobs hatte und auch ehrenamtlich tätig war, begann Tamara in einer Frauenberatungsstelle zu arbeiten; und sie machte berufsbegleitend eine Ausbildung zur Psychotherapeutin. Mit 34 Jahren eröffnete sie ihre eigene psychotherapeutische Praxis und arbeitete einige Zeit lang parallel freiberuflich und als Angestellte in der Frauenberatungsstelle, bis sie ihre Tätigkeit dort nach 18 Jahren beendete. Tamaras Mann hat nach dem Schulabschluss ein Kolleg absolviert und leitet heute eine Werkstätte im Behindertenbereich. Das gemeinsame Haushaltseinkommen betrachtet sie als relativ gut.

Tamara erklärt, viel Freizeit zu haben, von der sie etwa die Hälfte gemeinsam mit Freundinnen oder ihrem Mann verbringt, mit dem sie auch

---

68 Das Interview wurde von Johanna Brandl aufgezeichnet und von David Loibl redaktionell überarbeitet.

ein Theater- und Konzertabonnement hat. Daneben liest sie viel, hört gerne klassische Musik, Jazz und Weltmusik oder praktiziert Qigong. Sie verbringt viel Zeit im Freien mit Nordic Walking, spazieren gehen oder einfach in ihrem Garten, reist gerne, stickt oder befasst sich in anderer Weise mit Textilien. Politisch ist Tamara eher links orientiert – meist wählt sie die Grünen. Sie bezeichnet sich zwar als spirituell, ist aber aus der katholischen Kirche ausgetreten, da sie die dort vertretenen Ansichten als zu konservativ und frauenfeindlich betrachtet.

Zu den einschneidenden Veränderungen in ihrem Leben zählt Tamara den Umzug nach Niederösterreich, aber auch die frei gewählte Übersiedlung nach Wien mit 22 Jahren. Auch die Geburt ihres ersten Kindes und der Berufseintritt sind prägende Erlebnisse für sie. Besonderen Einfluss auf Tamaras Schönheitshandeln hatte ihre Tochter, die sich entsetzt darüber zeigte, dass Tamara sich nicht die Achseln rasierte, und sie davon überzeugte, wieder damit anzufangen. Noch einmal »alles durcheinander gebracht und in Frage gestellt« hat dann eine Brustkrebserkrankung im letzten Jahr, die dazu führte, dass Tamara sich nun wesentlich mehr Zeit für ihre Gesundheit und ihr Wohlbefinden nimmt. So war sie etwa vor Kurzem in Kur, wo sie sich massieren ließ, schwamm und die Sauna benutzte.

Sport betreibt Tamara nicht nur, um fit zu bleiben, sondern auch, um sich wohlzufühlen und aus Freude an der Bewegung. Tamaras Ernährung ist ausgewogen, und sie kocht nur mit biologisch hergestellten Lebensmitteln. Auch bei anderen Artikeln ist Tamara die natürliche Produktion sehr wichtig. So verwendet sie eine Naturkosmetikserie zur Gesichtspflege und zur Pflege der Haare, die sie ab und zu mit Henna färbt. Tamaras Schminkverhalten ist relativ dezent. Sie verwendet zwar aus beruflichen Gründen Lippenstift, aber kein Make-up, sondern nur manchmal einen Abdeckstift, um Hautunreinheiten zu kaschieren.

Tamara im Gespräch

Fällt Dir eine bekannte Person ein, die Du schön findest?
  Die Netrebko zum Beispiel, die Sängerin, die finde ich schön. Oder …, jetzt fällt mir gar niemand ein.
  Vielleicht kannst Du Dein Aussehen kurz beschreiben und besondere Vorzüge oder auch Mängel erwähnen.
  Ich bin ungefähr 1,69 m groß, mit meiner Größe war ich eigentlich immer sehr zufrieden. Ich wollte nie größer oder kleiner sein, das war kein

Thema. Von der Figur her war ich früher immer sehr schlank bis dünn, und in den letzten zehn Jahren, glaube ich, habe ich ein wenig zugenommen, aber ich bin durchaus immer noch als schlank zu bezeichnen, also nicht als dick, aber halt ein wenig fester. Sagen wir so, dass ich bei der Hüfte, am Hintern und an den Oberschenkeln ein wenig kräftiger bin, was immer schon tendenziell so war. Und wenn ich dann stärker bin, kommt irgendwie dieser Bauchspeck dazu, der mich schon stört, oder mit dem Alter so eine beginnende Lockerheit des Gewebes, zum Beispiel an den Oberarmen, die stört mich auch. Aber es stört mich noch nicht so sehr, dass ich aktiv dagegen vorgehe. Obwohl, da wir ja schon einen Crosstrainer haben, beginne ich tendenziell dagegen vorzugehen. Ja, es gibt halt diese beginnenden Alterserscheinungen, wie ein leichtes Doppelkinn, vereinzelte graue Haare. Das ist noch relativ neu, da weiß ich eigentlich noch nicht so recht, wie es mir damit geht. Es ist eher so, dass ich das bloß feststelle und mich dann manchmal so anschaue und mir denke »Aha«. Oft geht es mir eigentlich bei Gleichaltrigen so, dass ich mir denke »Die schauen jetzt doch schon relativ alt aus«, vor allem, wenn ich wen länger nicht gesehen habe, und dann denke ich mir »Na ja, wahrscheinlich denken sich die das bei mir auch«. Also das ist möglicherweise auch so eine Unsicherheit beim Selbstbild und Fremdbild. Aber das ist jetzt nicht etwas, das mich fertig macht. So wie ich mich körperlich fühle, fühle ich mich sicher wohler als damals wie ich ganz jung war, also selbstbewusster oder -sicherer. Ich weiß auch um meine Schwachstellen und meine Stärken Bescheid.

Wie schaut Deine alltägliche Schönheitspflege aus?

Regelmäßig verwende ich einfach eine Reinigungspflege fürs Gesicht und ein Gesichtswasser.

Von welcher Firma?

Ich bin jetzt umgestiegen von Clinique auf Weleda, weil ich das Bedürfnis hatte, wieder so eine Naturkosmetikserie zu verwenden.

Und wie viel kostet das, eine Creme zum Beispiel?

Ich schaue da nie auf den Preis, ich schätze so 25,- Euro. Was ich schon eher täglich mache, ist, eine Fußcreme verwenden, weil ich ein wenig zu Hornhaut auf den Fersen neige, und um das zu verhindern, bin ich draufgekommen, muss man regelmäßig eincremen mit einer guten Fußcreme.

Welche Creme verwendest Du da?

Da gibt es von Scholl so eine spezielle Salbe, und die ist wirklich gut.

Und was machst Du für die Haarpflege?

Waschen, mit einem Shampoo und dann einem Conditioner.
Welche Marken verwendest Du dabei?
Das habe ich jetzt relativ neu von Aveda, das ist auch so eine Naturkosmetikserie. Die ist schon eher teuer.
Machst Du sonst irgendwas mit den Haaren?
Hin und wieder mit Henna färben, das mache ich so alle halben Jahre einmal. Ja, und zur Friseurin gehe ich zirka alle drei Monate.
Und fürs Gesicht? Make-up oder Ähnliches?
Nein, Make-up verwende ich nicht, Augenbrauen zupfe ich, und Lippenstift verwende ich, und hin und wieder, wenn ich irgendwelche Hautunreinheiten habe, so einen Abdeckstift.
Achtest Du bei Deiner Ernährung darauf, kalorienarm oder kein Fleisch zu essen? Gibt es da irgendwelche Besonderheiten?
Ich achte eher auf eine ausgewogene Ernährung, verwende möglichst naturbelassene Nahrungsmittel, Sachen, die biologisch hergestellt sind. Das mache ich eher aus gesundheitlichen Gründen, weil ich mir denke, dass das wichtig ist. Ich orientiere mich da im Moment an der traditionellen chinesischen Medizin, also ich esse jetzt immer ein warmes Frühstück aus einem Getreideprodukt – eher aus gesundheitlichen Gründen und nicht aus Schönheitsgründen, wobei ich mir denke, dass das ein wenig zusammenspielt. Also ich achte schon auch darauf, dass ich nicht Unmengen an Süßigkeiten esse, wie ich es vielleicht manchmal gerne täte, und das hat schon auch Schönheitsgründe, weil ich nicht total zunehmen möchte.
Und was spricht für den Sport?
Der ist eher so allumfassend, wie ich das sehe, also dafür verantwortlich, dass ich mich wohlfühle, für meine Kondition und meine Konstitution. Das sind gesundheitliche Sachen, aber das schlägt sich natürlich auch aufs Aussehen nieder – also sporteln, um fit zu bleiben oder körperlich nicht zu sehr oder zu rasch zu altern. Aber in erster Linie geht es ums Wohlfühlen, und da gehört das Aussehen dazu, aber auch die Gesundheit und die Vitalität.
Gibt es sonst irgendwelche regelmäßigen Sachen, die Du machst? Friseurbesuche hast Du erwähnt ...
...ich gehe einmal in der Woche in die Sauna, das hat auch mit Gesundheit, Schönheit und Wohlbefinden zu tun.
Maniküre, Pediküre, machst Du das auch?
Das habe ich mir einmal machen lassen zum Ausprobieren, und das mache ich jetzt aber selber. Ich lege schon Wert darauf und entferne mir

eben regelmäßig die Hornhaut und creme die Füße, wie gesagt, täglich ein. Und bei der Handpflege, ja, eincremen sowieso, und ich habe auch so eine gute Nagelfeile, eine Glasfeile, und feile mir die Nägel regelmäßig.
Aus welchem Grund machst Du es lieber selber?
Ich finde, dass ich das selber relativ gut machen kann, es ist mir sozusagen vom Preis-Leistungs-Verhältnis her nicht wert, das machen zu lassen.
Hast Du Tattoos oder Piercings?
Nein, nein. Das mag ich eher nicht. Ich habe eher so die, wie soll ich sagen, Natürlichkeit als Leitbild, und darum gefallen mir solche gravierenden Eingriffe wie ein Piercing oder Tattoo nicht so gut. Ich hätte jetzt auch das Gefühl, dass ich zu alt dafür bin, aber auch wenn ich mit meiner Haltung jünger wäre, hätte ich das Gefühl »Ja, wer weiß, wie lang mir das gefällt«. Ich habe ja schon erlebt, dass ich manchmal von etwas sehr überzeugt war, und in ein paar Jahren war es dann doch wieder anders, und das ist dann doch etwas Irreversibles.

Was mir jetzt noch einfällt, in Shiatsu gehe ich regelmäßig. Das ist auch so an der Grenze zwischen Wohlbefinden und Schönheit. Ich denke mir irgendwie, wenn ich gesund bin und wenn es mir gut geht, dann habe ich auch eine attraktive Ausstrahlung, also insofern mache ich das nicht, damit ich schön bin, aber wenn man es von diesem Wohlbefinden und Wohlfühlen her betrachtet, dann geht es schon auch in diese Richtung.

Kannst Du Dich vielleicht noch erinnern, wann Du angefangen hast mit diesen regelmäßigen Sachen, wie Augenbrauen zupfen, Beine und Achseln rasieren?
Ich glaube, Augenbrauen zupfen, das war relativ früh, auch ein bisschen so wie erwachsen sein. Also vielleicht mit 15. Das habe ich bei anderen Erwachsenen gesehen, und es war auch die Orientierung an den Freundinnen, würde ich sagen. Und relativ bald kam auch das Beinerasieren dazu. Und in dem Alter habe ich dann auch Wimperntusche verwendet und Lidschatten, und dann habe ich aber eine Phase gehabt, wo ich das alles eher nicht gemacht habe. Mit dem Lippenstift habe ich eigentlich in der Frauenberatung begonnen. Da haben die andern auch alle einen Lippenstift verwendet, und das ist fast so etwas wie ein Berufsdress geworden, also einen Lippenstift anzulegen, bevor man in die Therapiestunde geht. Beinerasieren habe ich dann irgendwann wieder angefangen, ich glaube, es ist einfach wieder stärker üblich geworden, sodass man unrasiert eher aufgefallen ist. Und dann hat sicher meine Tochter auch dazu beigetragen, die war immer so entsetzt, wenn sie meine Achselhaare gesehen hat, das weiß

ich noch genau, das war immer so »Wäh, voll grauslich!« Und das hat dann dazu geführt, dass ich wieder begonnen habe, im fortgeschrittenen Alter sozusagen, meine Achselhaare zu rasieren. Und dabei bin ich bis jetzt geblieben.

Welche Gründe sprechen heute dafür, all diese Sachen zu machen?

Zum einen sind es Sachen, die mir wohltun und die ich genieße, wie Sauna, Shiatsu, also das sind alles Genusssachen. Auch spazieren gehen und Nordic Walking haben den Aspekt, dass mir das wirklich Spaß macht. Und eben auch das Qigong. Das steht im Vordergrund, wenn das nicht gegeben ist, hat das Ganze wenig Aussicht auf Regelmäßigkeit. Und das Zweite, das dazu kommt, ist, dass ich mir denke, es ist gesund, es ist gut für mein Wohlbefinden und für meine Fitness, und dass es sich letztlich auf mein Gesamtbefinden und auf meine Ausstrahlung auswirkt. Meine Haut hat sich auch verändert, ich hab früher eher Unreinheiten gehabt, das hat sich jetzt, sei es durch die Pflege oder sei es einfach durchs Altern, verändert. Da habe ich schon das Gefühl, ich mache etwas für das Aussehen, also um eine gepflegte Haut zu haben.

Und für wen eine gepflegte Haut haben?

Na, für mich in erster Linie. Und in zweiter Linie, ja, für andere Leute, die mich anschauen.

Geht es dabei auch um Jugendlichkeit, darum, Alterserscheinungen irgendwie zu verbergen?

Nein, noch nicht, da bin ich nicht so sicher, was ich da tun werde. Ich weiß zum Beispiel noch nicht, ob ich mir die Haare färben werde oder nicht. Ein bisschen geht es vielleicht schon jetzt darum, etwa bei der Hautpflege, die Alterung ein wenig anzuhalten.

Für wen oder wofür verwendest Du Lippenstift?

Wenn ich ihn im beruflichen Zusammenhang verwende, hat es sicher mit dem Bild zu tun, das ich von mir vermitteln möchte, den Klientinnen und Klienten gegenüber.

Welches Bild vermittelst Du dann? Oder welchen Unterschied macht der Lippenstift?

Zum einen ist er eine Möglichkeit der Distanzierung, der Lippenstift. Also es ist eine Schicht mehr sozusagen, auch Make-up hätte den Effekt, sogar noch stärker. Das ist also der Effekt auf der Lippe, das finde ich auch nicht uninteressant, weil es in der Psychotherapie sehr stark ums Reden geht, also dass der Mund sozusagen noch zusätzlich markiert ist oder auch geschützt, beides irgendwie. Und ich fühle mich dann professio-

neller, distanzierter, karriereorientierter, wenn ich Lippenstift trage. Auch das, was ich anziehe, macht leichte Unterschiede.
Verwendest Du manchmal Nagellack?
Ganz selten, also kaum. Vielleicht bei einem Ballbesuch oder im Sommer einmal.
Gibt es Medien, die Dich beeinflussen?
Teilweise sind vielleicht schon Einflüsse durch Zeitschriften, wie die *Brigitte* zum Beispiel, da, oder durch Frauenmagazine und Zeitschriften, die man so zugeschickt bekommt.
Wie oft schaust Du solche Zeitschriften an?
Das ist phasenweise unterschiedlich – die, die ich zugeschickt bekomme, schaue ich mir schon an, das ist vielleicht ein paar Mal im Monat der Fall. Phasenweise hab ich mir die *Brigitte* auch gekauft, jetzt aber schon länger nicht mehr. So eine gewisse Orientierung ist bestimmt auch auf den Freundes- und Bekanntenkreis zurückzuführen, auch auf Kinofilme oder Schauspielerinnen – ich meine ja nicht wirklich, dass ich mich an denen orientiere, aber die sind noch am ehesten Schönheitsideale.
An welche Schauspielerinnen denkst Du dabei?
Juliette Binoche zum Beispiel gefällt mir sehr gut.
Liefern Dir solche Schauspielerinnen direkte Anstöße für Deine Schönheitspraxis?
Direkt nicht, aber irgendwie wirkt es wahrscheinlich doch, weil die gewisse Standards vorgeben. Wie gesagt, unter den Achseln rasieren, das hat meine Tochter sehr stark eingefordert.
Spielt Dein Mann dabei auch eine Rolle?
Eher wenig, würde ich sagen. Der wirkt da mitunter sogar bremsend, weil dem gefallen Frauen, die weiß Gott wie hergerichtet sind, nicht besonders – der legt eher Wert auf Natürlichkeit. Es gibt ja angeblich auch Männer, die darauf bestehen, dass die Frau sich die Beine rasiert, und die auch drauf bestehen, dass die Frau sich die Haar färbt oder was auch immer. Also da ist er eigentlich sehr tolerant, das ist ihm nicht so wichtig. Mir fällt jetzt ein: Von einer Freundin hab ich mir die Anregung geholt, mir dieses Epiliergerät zuzulegen, weil ich mir die Beine bis dahin rasiert habe. Das habe ich einmal gesehen bei ihr und mir dann auch gekauft.
Beeinflusst Dich die Werbung?
Die nehme ich sicher auch wahr, Plakatwerbung und so. Eine gewisse Rolle spielt natürlich, ob man eine gewisse Pflegeserie hat, wie zum Beispiel von Clinique, da gibt es alle möglichen Produkte, und wenn man in

die Parfümerie geht, kriegt man Proben mit oder die Verkäuferin empfiehlt noch irgendwas oder sagt »Haben Sie das schon ausprobiert?«

5.2 Attraktivität als verallgemeinerter Normalzustand – Männer der oberen Klasse

Philip Thom

Die elf befragten Männer der oberen Klasse haben ganz unterschiedliche Studien absolviert. Das Spektrum der Ausbildungen reicht von sozial- und rechtswissenschaftlichen Studiengängen über wirtschaftliche und medizinische Ausbildungswege bis hin zu technischen Studien. Bis auf wenige Ausnahmen, wie etwa ein Jurist, der als Richter tätig ist, sind alle Männer in der Privatwirtschaft und in leitenden betrieblichen Positionen beschäftigt. Zur oberen Klasse der Untersuchung zählen beispielsweise der Manager eines Markt- und Meinungsforschungsinstituts, der Geschäftsführer eines Bauunternehmens, der sportwissenschaftliche Leiter eines *vital resorts* oder auch ein Projektmanager und Unternehmensberater.

Charakteristisch für die Männer der oberen Klasse ist das breite Spektrum an Schönheitspraktiken, wobei die alltäglichen Routinehandlungen als Selbstverständlichkeit gelten und bestenfalls am Rande erwähnt werden. Den Befragten ist häufig gar nicht bewusst, welche Fülle an Schönheitshandlungen sie regelmäßig vollziehen. Sie geben oft an, keinen besonderen Aufwand zu betreiben – etwa in der Form: »Ich empfinde mich jetzt nicht als jemand, der besonders viel für seine Schönheit tut« –, um im Laufe des Gesprächs schließlich doch über zahlreiche schönheitsbezogene Handlungen zu berichten. Diese Schönheitsgewohnheiten sind also derart verinnerlicht, dass sie nicht mehr als besondere Handlungen wahrgenommen werden. Darüber hinausgehend fällt auf, dass nahezu jeder Einzelne der Befragten zumindest einer, für Männer eher ungewöhnlichen Praxis nachgeht, wobei die Spannbreite von Peeling über die Einnahme von Nahrungsergänzungsmitteln bis hin zur Nachfrage nach professioneller Maniküre oder Pediküre reicht.

Ein weiteres hervorstechendes Merkmal dieser Männer ist die regelmäßige sportliche Betätigung, wobei auffallend häufig das Laufen beziehungsweise Joggen als bevorzugte sportliche Aktivität genannt wird. Diese eher asketische Form der Leibesübung findet in bewusster Abgrenzung zu anderen Formen der sportlichen Betätigung statt. Einerseits wird Kraftsport, der zum Aufbau von Muskelmasse dient, ebenso wie intensives Fitnesstraining als zu »ergebnisorientiert« und zu »angestrengt« abgelehnt. Andererseits findet auf implizite Weise eine Abgrenzung gegenüber Mannschaftssportarten statt, bei denen es in erster Linie um Gemeinschaftserlebnisse und Spaß geht. Im Gegensatz dazu zielt die sportliche Betätigung der Männer aus der oberen Klasse, die in der Regel alleine ausgeübt wird, auf die Steigerung der Ausdauer und die Herstellung athletischer Körperformen ab. Das regelmäßige Laufen trägt allerdings auch maßgeblich zur Selbstdisziplin der Personen bei und dient den Befragten zufolge nicht zuletzt der Reproduktion ihrer Arbeitskraft. Dass dies neben körperlichen Aspekten auch die geistige Regeneration beinhaltet, zeigt sich in der Absicht, durch die Ausübung von Sport eine gewisse kontemplative und reinigende Wirkung zu erzielen. Anhand dieser diskursiven Verquickungen lässt sich zudem gut nachvollziehen, dass die meisten der befragten Männer Aspekte der Schönheit, der Gesundheit und des Wohlfühlens als untrennbare Einheit begreifen.

Auch anhand der Ernährungspraxis lässt sich ein einheitlicher klassenspezifischer Habitus erkennen. Hierbei sind die bewusste Auswahl der Nahrungsmittel und der Fokus auf qualitativ hochwertige Produkte die auffälligsten Gemeinsamkeiten. Begriffe wie »ausgewogen«, »ballaststoffreich« oder »fettarm« haben Eingang in den Sprachgebrauch und das Ernährungsverhalten der Männer der oberen Klasse gefunden. Dies verweist einerseits darauf, dass sich die Männer Gedanken über eine gesunde Lebensweise machen sowie andererseits – wie an der Terminologie ablesbar – auf einen (männlichen) technisch-analytischen Zugang zu Ernährungsfragen. Diäten werden von den befragten Männern nicht erwähnt. Die kulturelle beziehungsweise religiöse Tradition des Fastens hingegen wird von Teilen der Klasse weitergeführt, wenngleich die traditionellen Bezüge nicht mehr im Zentrum dieses Rituals stehen. Möglicherweise bezeichnen die befragten Männer die zeitlich begrenzten Einschränkungen ihrer Essgewohnheiten auch häufiger als Fasten, um die Verwendung des Wortes Diät, das ein starkes Schönheits- und Körperbewusstsein impliziert, zu vermeiden.

Ein weiteres Charakteristikum von Männern der oberen Klasse ist die oftmals genannte Vorliebe für Parfums und andere Düfte. Zahlreiche Angehörige dieser Klasse berichten, über eine Auswahl an mehreren Parfums, Duschbädern und Seifen zu verfügen: »Ich habe dann meistens eine Zeit lang zwei verschiedene Düfte beziehungsweise manchmal auch drei (in Verwendung)«. Generell spielen Düfte in dieser Klasse eine wichtige Rolle, wobei die Schönheitsprodukte auch durchaus kostspielig sein dürfen. Einige der befragten Männer geben auch an, je nach Situation einen dazu passenden Duft aufzulegen, um einerseits einen angenehmen Eindruck in ihrem Umfeld zu hinterlassen, und andererseits, um sich selbst wohler zu fühlen. Die Verwendung von Parfum ist in vielen Fällen an das Berufsleben oder an Erwartungen vonseiten der Partnerin gekoppelt. Für die männlichen Mitglieder der oberen Klasse ist das alleinige Vermeiden von Körpergerüchen nicht ausreichend, um einen gepflegten Eindruck zu hinterlassen, sondern es bedarf darüber hinaus wohlriechender Essenzen.

Die relativ hohen Berufspositionen der befragten Personen erfordern ein »gepflegtes Auftreten«, das Seriosität vermittelt, wenngleich dies in manchen Branchen lockerer gehandhabt wird als in anderen. Üblicherweise werden diese beruflichen Ansprüche inkorporiert und als habituelle Gewohnheiten auch im Privaten fortgeführt. Dass nicht alle Praktiken in der arbeitsfreien Zeit aufrechterhalten werden, kann anhand der Aussagen jener befragten Männern illustriert werden, die angeben, am Wochenende auch durchaus auf die – ansonsten obligatorische – tägliche Dusche zu verzichten. Demgegenüber nützen jedoch auch zahlreiche Männer gerade das Wochenende, um mehr Zeit für ihre Schönheitspraxis aufwenden zu können.

Bei der Frage nach Vorbildern für die eigene Schönheitspraxis weist ein Großteil der Befragten reflexartig den Verdacht zurück, konkrete Idole zu haben, wobei die Vorbildfunktion in diesen Fällen sehr kausal gedacht wird. Anhand von Zitaten wie: »Ich kenne das nicht, dass ich irgendjemanden nachäffe« zeigt sich, dass Männer der oberen Klasse großen Wert auf die individuelle Note ihrer Schönheitspraxis und die damit einhergehenden Distinktionsabsichten legen. Im weiteren Verlauf der Gespräche sind die Männer allerdings durchaus imstande, konkrete Personen als Vorbilder zu nennen, wobei sie den Eindruck vermeiden, diese lediglich ob deren Schönheit zu bewundern, sondern angeben, sie vor allem wegen ihrer »Ausstrahlung« oder ihrem »Charakter« zu schätzen.

Obwohl die Männer der oberen Klasse besonderen Wert auf ihre Individualität legen, betonen sie gleichzeitig die Normalität ihrer eigenen Schönheitspraxis, die sie wiederum als Maßstab für die Bewertung anderer verwenden. Hierbei findet eine doppelte Abgrenzung gegenüber anderen Schönheitsgewohnheiten statt. Einerseits gibt es vonseiten der oberen

Klasse eine deutliche Abgrenzung gegenüber Menschen mit einer außergewöhnlichen oder sehr intensiv betriebenen Schönheitspraxis. So wird etwa das Lifestyle-Phänomen der Metrosexualität als »übertriebene« Variante der Körperpflege und Körperformung verstanden und lediglich als eine Praxis der Anderen wahrgenommen. Gerade weil das Schönheitshandeln der Männer aus der oberen Klasse recht stark ausgeprägt ist, existiert eine starke Abwehrhaltung gegenüber homosexuell oder feminin konnotierten Schönheitspraktiken. Andererseits distanzieren sich die Männer aus der oberen Klasse von ungepflegten Personen beziehungsweise von Menschen mit einer sehr schwach ausgeprägten Schönheitspraxis. Dieser Aspekt kommt allerdings argumentativ wesentlich schwächer zum Tragen, da sich die Mitglieder der oberen Klasse bereits durch ihre vielfältigen schönheitsbezogenen Handlungen deutlich von solchen, als ungepflegt empfundenen Personen unterscheiden, sodass eine ostentative diskursive Abgrenzung unnötig erscheint. Das hohe kulturelle Kapital wie auch das ausgeprägte Selbstbewusstsein in der oberen Klasse zeigt sich nicht zuletzt anhand der Fähigkeit, in längeren narrativen Passagen frei über einzelne Schönheitspraktiken erzählen und deren Ausübung auch argumentativ begründen zu können.

Fallbeispiel 6: Leonhard, Wirtschaftsprüfer [69]

Leonhard ist groß gewachsen und schlank – ein junger Mann, 26 Jahre alt. Er wohnt im gutbürgerlichen 8. Wiener Gemeindebezirk in einer Wohngemeinschaft zusammen mit zwei Studenten. Vor Kurzem war er selbst noch Student, bevor er sein Studium der Internationalen Betriebswirtschaftslehre, inklusive Auslandsaufenthalt in Kanada und mehrerer Praktika, in der Regelstudienzeit erfolgreich abschließen konnte. Bereits im letzten Jahr seines Studiums hat Leonhard als Teilzeitkraft in einem mittelständischen Unternehmen, das Software für Wirtschaftsprüfer herstellt und vertreibt, zu arbeiten begonnen. Mittlerweile ist er dort voll angestellt und verfügt seitdem über ein »ordentliches Einkommen«. In letzter Zeit nimmt Leonhard aus beruflichen Gründen immer häufiger an Schulungen teil, die vor allem in Österreich und Deutschland abgehalten werden. Sein beruflicher Aufstieg wird vor allem daran ersichtlich, dass er mittlerweile selbst

---

[69] Das Gespräch mit Leonhard führte der Seminarteilnehmer Christoph Musik; die redaktionelle Überarbeitung des Texts stammt von Philip Thom.

Schulungen für WirtschaftsprüferInnen abhält und auch stärker in die konzeptuelle Arbeit im Unternehmen eingebunden wird.

Diese Zielstrebigkeit, die Leonhard in Bezug auf seine Studien- und Berufsplanung an den Tag legt, wurde zweifellos von seinem Elternhaus gefördert. Die Tätigkeit seines Vaters als Berufsberater, der Schülerinnen und Schüler nach der abgeschlossenen Matura oder auch nach der Pflichtschule in Ausbildungs- und Berufsfragen berät, war auch für Leonhards Sozialisation prägend. Der Vater hat sein Studium jedoch kurz vor dem Abschluss abgebrochen und verfügt ebenso wie seine Ehefrau über keinen akademischen Bildungstitel. Leonhards Mutter ist mittlerweile schon in Pension, war jedoch früher lange Zeit als Behindertenbetreuerin tätig. Leonhard selbst ist mittlerweile bereits dabei, seine eigene Familie zu gründen. Er hat seit drei Jahren eine feste Partnerin, mit der er jedoch nicht zusammenlebt. Sie ist auch diejenige Person, an deren Geschmack Leonhard seine Schönheitshandlungen vorrangig orientiert, mit dem Ziel ihr zu gefallen.

Leonhard ist kein sonderlich religiöser Mensch. Seinem Taufschein zufolge gehört er zwar der römisch-katholischen Glaubensgemeinschaft an, er nimmt jedoch nur in sehr unregelmäßigen Abständen an kirchlichen Messen teil. Es gibt allerdings eine religiöse Tradition, die Leonhard dennoch verinnerlicht hat, nämlich jene des Fastens. Obwohl er aussagt, keinen sonderlich überlegten Speiseplan zu befolgen, übt er sich während der Fastenzeit in Enthaltsamkeit und verwendet Worte wie »ballaststoffreich« und »ausgewogen«, wenn er über seine Ernährungsgewohnheit spricht. Dies deutet darauf hin, dass ein Verständnis für gesunde Ernährung oder zumindest die grundsätzliche Erkenntnis, dass gesunde Ernährung wichtig ist, vorhanden ist. Auch Sport und Fitness spielen für Leonhard eine wichtige Rolle. Er berichtet darüber, ein- bis zweimal in der Woche ein Fitnesscenter zu besuchen, und er spielt darüber hinaus auch wöchentlich Volleyball. Obwohl Leonhard einiges dafür tut, um seinen Körper zu formen, macht er das seinen Angaben zufolge weniger aus Gründen der Schönheit, denn für die Fitness und die »Instandhaltung des Körpers«.

Das äußerliche Erscheinungsbild eines Menschen ist für Leonhard kein wesentliches Beurteilungskriterium. Wenn er betont, dass viel eher Leistung und Gesinnung eines Menschen ausschlaggebend sind, meint er zugleich, dass ein makelloses Auftreten keineswegs ein Fehlen der anderen Faktoren kompensieren kann. Allerdings ist ein gepflegtes Aussehen die Basis dafür, um von anderen GeschäftspartnerInnen ernst genommen zu werden, insbesondere wenn man es wie Leonhard hauptsächlich mit einem

»konservativen Kundenkreis« zu tun hat. Er sieht den hohen Grad an Pflege, den er im Laufe seiner familiären und beruflichen Sozialisation verinnerlicht hat, als selbstverständlich an. Dass bei Leonhard der Zusammenhang zwischen intensiver Schönheitspraxis und seinem Auftreten in der Öffentlichkeit recht stark ist, zeigt sich darin, dass die tägliche Körperpflege während der Arbeitswoche ein Muss ist. Am Wochenende oder in der Freizeit hingegen ist die Handhabung seiner Schönheitspraxis flexibler – dann kann die tägliche Rasur und manchmal auch die Dusche entfallen. Im Berufsleben steht es für Leonhard außer Frage, gepflegt aufzutreten und auf besonders auffällige und aus seiner Sicht extreme Schönheitshandlungen zu verzichten, nicht zuletzt weil er Sanktionen vonseiten seiner KundInnen befürchten muss. In seinem Freundeskreis und von seiner Partnerin werden Personen mit auffälligen Merkmalen oder mit gering ausgeprägtem Schönheitsverständnis kritisch betrachtet, was Leonhards Verständnis von »Normalität« noch verstärkt.

Leonhard im Gespräch

Also Ihnen war ein gewisser Grad an Pflege immer schon wichtig?
So eine große Rolle spielt das bei mir immer noch nicht. Ich empfinde mich jetzt nicht als jemand, der besonderen Praktiken nachgeht oder besondere Ticks hat, weder rasiere ich die Beine, noch zupfe ich die Augenbrauen.

Wenn Sie an Ihre täglichen Routinen denken, was sind die Gründe dafür? Wenn Sie sich duschen oder rasieren – tun Sie das einfach, um selbst ein besseres Gefühl zu haben?
Ich glaube, es sind zwei Gründe: zum einen um in meiner Umwelt eine gewisse Attraktivität und Gepflegtheit auszustrahlen und – ich würde vielleicht sogar sagen, dass dies das größere Motiv ist – zum anderen natürlich für mich selbst. Wenn ich am Wochenende mal nicht dusche, zeigt das auch, dass es vor allem darum geht, wie ich mich in der Öffentlichkeit bewege. Vor allem würde ich sagen, dass die Partnerin einen wichtigen Einfluss hat.
Beruflich gesehen muss es so sein, dass ich mich pflege, weil ich relativ viel mit Kunden zu tun habe, weil speziell bei Schulungen in dem relativ konservativen Kreis der Wirtschaftsprüfer ein gutes Auftreten – gut bekleidet und gut gepflegt – einfach vorausgesetzt wird. Das muss selbstverständlich sein!

Haben Sie auch schon einmal negative Erfahrungen gemacht in dem Sinne, dass Sie das Gefühl hatten, dass Ihr Auftreten den Ansprüchen nicht gerecht wurde?
Grundsätzlich habe ich noch keine negativen Erfahrungen im Beruf gemacht und wurde auch nie darauf angesprochen, dass ich jetzt irgendwie komisch aussehen würde oder so etwas in die Richtung.
Haben Sie da das Gefühl, insbesondere Jugendlichkeit ausstrahlen zu müssen?
Ich glaube, dass es sich gerade bei den Leuten, mit denen ich zu tun habe, umgekehrt verhält. Ich muss eher versuchen älter auszuschauen, um durch Alter und Erfahrung eine gewisse Kompetenz auszustrahlen. Insofern man das Alter sowieso nicht ändern kann, habe ich weder mit meinem Alter noch mit meinem Aussehen ein Problem. Außerdem habe ich nicht das Gefühl, dass ich etwas ändern müsste, um beruflich besonders voranzukommen.
Möchten Sie noch etwas hinzufügen – etwa über Veränderungen Ihrer Schönheitspraxis?
Ja, vielleicht dass man sich im Beruf mehr bewusst ist, wie man auf das Umfeld wirkt oder wirken sollte beziehungsweise was von einem erwartet wird und wie man zu wirken hat. Vielleicht legt man nach dem Studium noch eine Spur mehr Wert darauf oder versucht stärker, nicht unangenehm aufzufallen. Aber dadurch, dass der Übergang vom Studium zum Beruf eher fließend war, entwickelte sich die Körperpflege einfach ohne einen direkten Einschnitt oder ein prägendes Erlebnis.
Wenn Sie mit Ihrer Partnerin zum Beispiel einen gemeinsamen Theaterbesuch machen, legt sie da einen besonderen Wert auf Gepflegtheit? Oder haben Sie selbst diese Ansprüche?
Ich nehme an, dass auch die Partnerin diesen Anspruch stellt. Aber gerade bei einem Theaterbesuch oder einem ähnlichen Ereignis in der Öffentlichkeit empfinde ich das eigentlich schon als selbstverständlich.
Wenn Sie an alltägliche Abläufe denken: Wie sehen die Haar- und Gesichtspflege oder auch Ihre Ernährungs- und Fitnessgewohnheiten aus. Vielleicht können Sie einen Standardtag beschreiben.
Ich nehme einmal an, dass jetzt nicht Körperpflege, also die tägliche Dusche gemeint ist – die gehört für mich dazu, also findet statt. Und dann ist es so, dass eigentlich auch die Haarpflege am Morgen dazu gehört, wobei das bei mir nicht allzu viel Zeit in Anspruch nimmt – nur ein bisschen Gel für die Haare, etwas Creme für das Gesicht und die Rasur, wobei ich meistens trocken rasiere. Je nachdem, manchmal auch nass, aber normal

eigentlich trocken. Danach verwende ich Aftershave-Balsam und außerdem noch eine Augencreme gegen meine Augenringe.

Ich ernähre mich auch nicht besonders, also ich achte schon auf meine Ernährung, ernähre mich aber weder vegetarisch noch besonders biologisch, habe also keine besondere Ernährungsgewohnheit. Ich achte aber schon darauf, dass ich eine relativ ausgewogene und auch ballaststoffreiche Nahrung zu mir nehme.

Gibt es irgendwelche Praxen, die Sie als männeruntypisch ansehen würden, wie zum Beispiel Make-up oder die Rasur von Beinen?

Also ich mache weder eine Beinrasur, ich zupfe auch nicht Augenbrauen und verwende eigentlich auch kein Make-up.

Wenn Sie ans Duschen denken, haben Sie nur ein Produkt oder zwei oder sogar mehrere?

Generell verwende ich zwei verschiedene Shampoos und habe ein Duschgel als Körperlotion, also als Körperduschgel – das war es eigentlich. Für die Haut- und Gesichtspflege verwende ich schon verschiedene Produkte.

Welchen Anspruch stellen Sie an die Produkte? Sollen sie in erster Linie preisgünstig sein oder spielt etwa die Hautverträglichkeit auch eine Rolle?

Es darf schon was kosten, es soll auch nicht das Billigste sein, aber vor allem müssen sie für mich praktisch sein oder zu mir passen. Ja, sie sollen ihre Funktion erfüllen und für einen gewissen Wohlfühlfaktor sorgen!

Verzichten Sie am Wochenende auch mal auf die tägliche Dusche?

Ja, das kann am Wochenende oder an einem freien Tag durchaus sein. Wenn ich weiß, dass ich den Großteil des Tages im Bett oder einfach nur zu Hause verbringe, dann kann es auch einmal sein, dass ich die Dusche ausfallen lasse oder mich nicht rasiere.

Benützen Sie auch Parfum?

Ja.

Immer eine bestimmte Marke oder wechseln Sie?

Ich wechsle. Ich habe dann meistens eine Zeit lang zwei verschiedene Düfte beziehungsweise manchmal auch drei, die je nach Verwendung dann wieder ausgehen. Also ich benütze selten denselben Standardduft noch einmal, sondern suche mir dann, wenn es mich freut, einen neuen Duft aus.

Nach welchen Kriterien wird der Duft ausgewählt? Soll er etwas Bestimmtes ausdrücken?

Er soll mir schmecken. Ich bin sehr heikel bei solchen Sachen, ich kann viele Düfte nicht ausstehen, er muss mir schmecken, das ist eigentlich alles.

Wenn Sie sich für Pflegeprodukte entscheiden, was sind die Einflussfaktoren dafür? Spielen zum Beispiel das Fernsehen oder Zeitschriften eine Rolle?

Da spielen weniger Medien oder die Werbung eine Rolle, sondern eigentlich eher Kollegen, Bekannte, Freunde, die mir Produkte weiterempfehlen, deren Produkte ich auch ausprobiere. Oder im Falle von Parfum probiere ich einfach im Geschäft mehrere Düfte durch. Indirekt bin ich aber sicher von der Werbung beeinflusst, jedoch ist es eigentlich nie so, dass ich mir bewusst etwas kaufe, weil ich es in der Werbung gesehen habe.

Sie haben gerade persönliche Kontakte angesprochen. Wer beeinflusst Sie in besonderem Maße? Ihre Partnerin oder Ihr engster Freundeskreis oder eher berufliche Kontakte?

Das ist eigentlich der nächste Freundeskreis. Niemand aus dem Berufsfeld und eigentlich auch nicht die Partnerin, die ja gerade bei der Rasur oder Körperpflege auch nicht dieselben Produkte benützt. Also eigentlich ist es der engste Freundeskreis, woher ich die meisten Tipps bekomme.

Wie häufig gehen Sie zum Friseur, oder gehen Sie gar nicht zum Friseur? Wie handhaben Sie das?

Also ich gehe relativ selten zum Friseur, ich würde sagen zweimal in drei Monaten, also ich gehe nicht jeden Monat zum Friseur.

Haben Sie Tattoos oder Piercings?

Weder Tattoos noch Piercings. Das war für mich nie ein Thema! Auch andere chirurgische oder medizinische Eingriffe nicht.

Haben Sie regelmäßige Fitnessgewohnheiten, also machen Sie zum Beispiel Gymnastik oder gehen Sie regelmäßig joggen?

Ich geh ein- bis zweimal die Woche ins Fitnessstudio – mal regelmäßiger, mal weniger regelmäßig. Außerdem spiele ich einmal die Woche Volleyball. Das war es dann aber auch. Wenn ich Sport mache oder ins Fitnessstudio gehe, versuche ich mich generell körperlich fit zu halten und mich auch dementsprechend ausgewogen zu ernähren, wobei ich allerdings keinen Diätplan befolge.

Was sind die Motive für diese sportlichen Betätigungen?

Eigentlich Instandhaltung des Körpers, also um mich einigermaßen fit zu halten.

Dann noch ein paar Fragen zu Ihrem Medienkonsum...

Was Zeitschriften betrifft, lese ich *Neon* vom Stern Verlag, ab und zu *Skip*, ein Kinomagazin, aber ansonsten lese ich eigentlich keine Zeitschrift regelmäßig.

Und werden in diesen Zeitschriften, die Sie regelmäßig lesen, auch Themen angesprochen, die mit der Schönheitspraxis zu tun haben?

Das ist unterschiedlich, kommt aber durchaus vor. Aber ich lese sie nicht aus diesem Grund. Es geht häufig um gesellschaftliche Themen, die einfach gut beschrieben werden und auch gut zu lesen sind.

Lassen Sie sich auch zu Schönheitshandlungen animieren oder in irgendeiner Form beeinflussen?

Nicht bewusst zumindest. Es ist nicht so, dass ich mich jetzt aufgrund der dort beschriebenen Sachverhalte für ein Produkt oder für eine Praxis entscheide, sondern das passiert wahrscheinlich unbewusst. Ich kann nicht behaupten, dass mich das stark beeinflusst, aber unbewusst vielleicht schon, wobei das schwer zu sagen ist.

Wenn Sie an das Fernsehen denken, gibt es da gewisse Sendungen, die Sie beeinflussen, oder gibt es Personen, die für Sie so etwas wie ein Ideal darstellen?

Kaum, also es gibt kaum Personen, die mich animieren ihnen nachzueifern, weder im Fernsehen, noch im öffentlichen Leben. Es gibt sicher Vorbilder in bestimmten Bereichen, wobei ich solche Vorbilder vor allem in Bezug auf die Weltanschauung definieren würde und nicht aufgrund ihres Aussehens oder ihres Stils.

Wenn Sie zum Beispiel mit Freunden oder Ihrer Partnerin eine gewisse Sendung ansehen, reden sie dann auch über das Aussehen?

Ja, das kann durchaus sein. Wobei das meistens dann passiert, wenn eine Person extrem auffällig ist, also meistens schlecht auffällt und schlecht gekleidet ist. Manchmal passiert das auch bei einer extrem gut dargestellten oder einer sich gut präsentierenden Person. Das kommt auch gelegentlich vor, aber es wird nicht täglich darüber gesprochen, wer im Fernsehen oder in den Medien wie auftritt.

Schauen Sie auch irgendwelche High Society-Magazine oder Gesellschaftsmagazine?

Jein, zumindest nicht regelmäßig. Ab und zu beim Privatsender ATV *High Society* beziehungsweise in der Werbepause dann die Promisendung *Seitenblicke* im ORF. Wenn man gerade hinschaltet, dann bleibt man eben dabei. Aber ich könnte nicht sagen, dass ich so etwas bewusst konsumieren würde. Wenn es schon mal läuft, dann schaue ich es mir schon an, klar!

Was halten Sie von Werbung, die Cremes, Duschgel oder Haarshampoo bewirbt? Fallen Ihnen solche Werbesendungen überhaupt bewusst auf?

Eigentlich fallen die kaum auf, es sei denn die Werbung an sich ist besonders kreativ, dann bleibt natürlich schon etwas hängen, jedoch nicht so stark wie es Werbesendungen in anderen Bereichen schaffen.
Benützen Sie die Fernsehwerbung, um über ein bestimmtes Produkt informiert zu werden?
Ich werde höchstens auf das Produkt aufmerksam. Die Informationen über das Produkt suche ich dann eher im Internet. Wenn ich mich dann wirklich für das Produkt interessiere, dann informiere ich mich im Geschäft bei der Verkäuferin und probiere es, wenn möglich, dort.
Was halten Sie von den Models der Modeszene? Was spricht Sie persönlich an?
Das ist schwierig zu sagen, weil ich sagen würde, dass eigentlich alle Models gleich aussehen. Ich glaube, zurzeit sind besonders dürre Mädchen mit großem Busen und laszivem Blick gefragt. Ich persönlich muss sagen, dass ich von allzu mageren Models nicht angesprochen werde. Männliche Models sind vielleicht in dem Sinne interessanter, weil es dort, wie mir vorkommt, keinen eindeutig vorherrschenden Typ gibt. Die müssen keine besonders schmale Taille haben, obwohl sie natürlich schon besonders gut gebaut sind und Muskeln haben, aber sie sind nicht so sehr gestylt. Ich habe jedoch kein eindeutiges Bild von männlichen Models.

5.3 Schönheit zum Wohlfühlen – Frauen der mittleren Klasse

Augusta Dachs

Die mittlere Klasse wird durch 17 Frauen repräsentiert, die allesamt eine abgeschlossene Gymnasial- oder Berufsausbildung haben und die zum Teil auch ein Studium begonnen, aber in weiterer Folge abgebrochen haben. Eine kleine Gruppe dieser Frauen verfügt über eine abgeschlossene Universitätsausbildung, arbeitet jedoch in untergeordneten Positionen. In beruflicher Hinsicht überwiegen Beratungs- und Lehrtätigkeiten sowie Büroberufe, nur wenige der befragten Frauen sind im Einzelhandel beschäftigt. Zur mittleren Klasse zählt beispielsweise eine Volks- und eine Hauptschullehrerin, eine Beraterin des Arbeitsmarktservice, eine Bilanzbuchhalterin genauso wie eine Programmiererin, aber auch eine Versicherungsvertreterin, eine Buchhändlerin, eine Bratschistin oder auch eine Flugbegleiterin.
Für die Frauen der mittleren Klasse spielt die ausführliche Hautpflege eine besonders wichtige Rolle. Sowohl die tägliche Dusche als auch das

Eincremen unterschiedlichster Körperpartien gehört für alle befragten Frauen zum täglichen Schönheitshandeln. Während die ausgeprägte Hautpflege vordergründig meist durch besonders trockene oder unreine beziehungsweise fettige Haut motiviert ist, wird die Haut aber auch als Trägerin von Schönheit, Gesundheit, Natürlichkeit und Ausstrahlung erlebt. Alle befragten Frauen entfernen ihre Körperbehaarung, etwa ein Drittel gibt an, sich auch im Intimbereich zu rasieren. Sich überhaupt nicht zu rasieren wird von keiner der Interviewten in Erwägung gezogen – sowohl aufgrund von erlebter Peinlichkeit und möglicher sozialer Ächtung als auch aufgrund der verinnerlichten Vorstellung, dass bestimmte Körperzonen in behaarter Form hässlich wirken.

Der Großteil der befragten Frauen aus der mittleren Klasse schminkt sich täglich vorm Verlassen der Wohnung, allerdings wird auffälliges Schminken vermieden. Intensivere Anstrengungen, etwa das Auftragen von Gesichts-Make-up, Rouge oder Lidschatten, werden vom Großteil der Gesprächspartnerinnen oft zu speziellen Anlässen unternommen, etwa beim abendlichen Ausgehen oder bei bestimmten wichtigen beruflichen Terminen.

Die Frisur spielt in dieser Klasse ebenfalls eine große Rolle. Sie wird retrospektiv als Ausdruck der Persönlichkeit in jüngeren Jahren wahrgenommen, und sie dient auch im Erwachsenenalter als Medium der Individualität. Dabei spielt der Wunsch nach »innerer Veränderung« – »... wenn man wieder so einen Vogel hat« – häufig eine wichtige Rolle, der äußerlich durch eine andere Frisur begleitet wird. In einigen Fällen soll durch die Bändigung der Haare auch ein zu übertrieben erlebter Ausdruck von »Weiblichkeit« vermieden beziehungsweise sollen bestimmte persönliche Einstellungen hervorgehoben werden. So etwa glättet eine Befragte ihre Haare, weil sie durch blonde, lange Locken zu sehr einem stereotypen Schönheitsideal entsprechen würde. Eine andere Interviewpartnerin wiederum sucht für sich nach einem »lesbischen Haarschnitt«. Im Durchschnitt gehen die Frauen dieser Klasse eher selten, nämlich alle zwei bis drei Monate zum Friseur.

Die interviewten Frauen besuchen so gut wie nie ein Solarium, und wenn, dann ist es für die Befragten wichtig, ein Mittelmaß an Bräune zu finden. Saunabesuche finden eher im Zuge von Wellnessaufenthalten statt. Diese sind für die Mehrzahl der Frauen zwar als Schönheitspraxis interessant, häufig aber nur von älteren Angehörigen der mittleren Klasse regelmäßig finanzierbar. Im sportlichen Bereich ist vor allem das Laufen von Bedeutung. Daneben stellen Yoga, das Fitnesstraining, und zwar sowohl zu Hause als auch im Studio, oder Schwimmen nicht unwesentliche Praktiken dar. Die Motivation für sportliche Betätigung sehen die befragten Frauen in der Erhaltung der Figur, der Förderung des Körperbewusstseins und der Kondition. Aber auch geistige Bewusstseinserweiterung und psychische Entspannung werden öfter genannt.

In Ernährungsfragen verweisen viele Frauen aus dieser Klasse auf eine »ausgewogene« Kost, auf eine vegetarische Ernährung oder Vollwert-Küche und Bioprodukte. Wenn die Gesprächspartnerinnen angeben, ihre Ernährung bewusst zu gestalten, so wird dies selten oder oft erst in zweiter Linie mit dem Wunsch nach einer guten Figur begründet, sondern eher als Gesundheitspraxis erlebt und legitimiert. Nahrungsmittelreduktion bezeichnen die Befragten dann auch häufig nicht mit dem Begriff Diät, der sich nur auf die »äußere« Schönheit zu beziehen scheint, sondern sie bevorzugen Begriffe wie Ernährungskontrolle, Entschlackung oder Fasten – eine Begrifflichkeit, die auf die Fähigkeit zur Selbstdisziplin und eine autonome Entscheidungsfähigkeit hindeutet.

Obwohl beinahe alle Frauen ihr Aussehen und Erscheinungsbild gezielt verändern – zum Teil mit gehörigem zeitlichen und finanziellen Aufwand –, ist es für den größten Teil der Gesprächspartnerinnen wichtig, dass die Interventionen ihrem jeweiligen Verständnis von »Natürlichkeit« (das in manchen Aspekten jenem der oberen Klasse sehr nahekommt) entsprechen. Natürliches Aussehen wird dabei nicht über den Weg des bewussten Nicht-Eingreifens angesteuert. Der Natürlichkeitsdiskurs erhält in dieser Klasse vielmehr folgende Note: Einerseits äußert er sich mimetisch, indem etwa Models, Schauspielerinnen und reale Vorbilder aus dem eigenen Bekanntenkreis als Schönheitsideale gewählt werden, deren Schönheit und Schlankheit natürlich wirkt. Schönheit ist nach Ansicht der Befragten dabei vor allem eine Frage der Persönlichkeit und Ausstrahlung, der Stimmigkeit des Gesamtbildes, des Gleichgewichtes von »innen und außen«. Andererseits umfasst der Natürlichkeitsdiskurs bestimmte Konsummuster. So äußert er sich bei einem großen Teil der Interviewpartnerinnen in der Bevorzugung von Naturprodukten beziehungsweise von Produkten, die mit dem Schutz von Natur und Tier beworben werden. Nicht selten sind daher die Orte des Erwerbs von Schönheitsprodukten – neben Drogeriemärkten – spezielle Naturläden oder auch Apotheken. Im Konsum wird noch ein weiterer wichtiger Aspekt sichtbar: das Streben nach dem geeigneten »Mittelmaß«. Nicht zu billige, aber auch nicht zu teure Produkte werden bevorzugt.»Das sind jetzt keine ›Bipa‹-Produkte, aber es ist auch nicht das Teuerste. Es ist schon etwas, das ich mir einfach leisten kann.« Häufig werden Billigprodukte oder günstige Markenartikel aber auch mit teuren Einzelstücken, etwa einer außergewöhnlichen Creme oder dem Schminkutensil einer prestigeträchtigen Firma wie zum Beispiel Chanel, kombiniert. »Also ab und zu bilde ich mir schon irgend so etwas ein, dass ich etwas ausprobieren muss, irgendein besonderes Peeling von einer speziellen Firma oder eine cellulitisstraffende Creme, das kann dann schon teuer werden.«

Die Frauen betonen aber meist, dass der zeitliche und finanzielle Aufwand für die Schönheitspraktiken »im Rahmen« und im »Durchschnitt« liegt, also nicht übermäßig hoch ist. Abgelehnt wird zum einen die zu starke oder »übermäßige« Beschäftigung mit Schönheit. »Da gibt es schon welche, es könnte sogar sein, dass die jede Woche zum Friseur gehen und zur Pediküre und Maniküre, und ich weiß nicht, was die sich noch alles tun lassen …, welche, die täglich laufen gehen und sonstige Fitnessaktionen machen.« Zum anderen erfolgt aber auch eine Abgrenzung gegenüber Menschen, die als besonders ungepflegt erlebt werden. Zu den Eigenschaften, die einige weibliche Angehörige der mittleren Klasse explizit als abstoßend bezeichnen, und von denen sie sich abgrenzen, gehören etwa ungepflegte Zähne, aber vor allem Körper- und Schweißgeruch. Generell gehört gepflegtes Auftreten zum Mindestmaß an Soziabilität für jene Frauen der mittleren Klasse, die zu diesem Thema Aussagen treffen, wobei nicht zu »riechen« eine Selbstverständlichkeit darstellt. »Ich schätze saubere Menschen – man merkt eben, wenn kein Körpergeruch besteht, wenn die Haare so gut wie möglich gepflegt sind.«

Die Interviewpartnerinnen legen nur bedingten Wert darauf, mit ihrem Aussehen aufzufallen, und wenn, dann nicht im Sinne eines Aneckens, wie es noch häufig in den biografischen Jugenderzählungen der befragten Frauen zutage tritt, sondern im Sinne eines »Für andere nett aussehen«-Wollens. Ihr Schönheitshandeln zielt weniger auf Auffälligkeit oder Extravaganz ab, sondern richtet sich eher darauf, im normalen Rahmen zu bleiben, wodurch auch habituelle Verhaltensunsicherheiten abgefedert werden können. Das Einhalten von bestimmten Pflegestandards bewirkt eine Art Schutzschildfunktion nach außen, und das Nichtauffallen fördert die Verhaltenssicherheit. Auffällige Selbstpräsentationen kommen für die Frauen aus der mittleren Klasse nur dann in Frage, wenn diese wieder rückgängig gemacht werden können oder gezielt und kontrolliert passieren. Daher werden beispielsweise auch Tätowierungen oder Piercings großteils abgelehnt oder nur an wenig sichtbaren Stellen getragen, sodass sie je nach Bedarf gezeigt oder verborgen werden können. «Was mir in diesem Zusammenhang wichtig wäre, dass es an einer Stelle ist, wo ich es auch herzeigen kann, und nicht an irgendeiner Stelle, wie zum Beispiel auf der linken Arschbacke. Sondern an einer Stelle, wo ich es präsentieren kann, aber nicht präsentieren muss.« Manche der Frauen bevorzugen es auch, durch einzelne, aus ihrer Sicht seltene Accessoires aufzufallen, etwa durch einen Glitzerstein am Zahn oder eine ausgefallene Brille.

Ein gewisses Maß an Gepflegtheit wird von den Gesprächspartnerinnen insgesamt als wichtiges kulturelles Kapital erachtet, vor allem um den eigenen Wert am Arbeitsmarkt zu steigern. Bestimmte Schönheitshandlungen, wie etwa das Schminken, werden von den befragten Frauen nur für die Arbeit ausgeübt oder zum Zeitpunkt des Eintrittes ins Berufsleben überhaupt erstmals praktiziert. Eine der Gesprächspartnerinnen gibt beispielsweise zu erkennen, in ihrem Job erfahren zu haben, dass »fein anziehen nicht immer widerlich ist«, und lässt damit anklingen, dass sie sich mit ihrer veränderten Kleidung nicht nur eine neue Hülle zugelegt hat, sondern auch im Begriff ist, ihre Werthaltungen zu ändern.

Der berufliche Alltag der Frauen aus der mittleren Klasse ist stark geprägt von sozialen Kontakten unterschiedlichster Art, bei denen allemal die Schönheitskompetenz eine gewisse Rolle spielt. Einerseits muss der Geschmack der Vorgesetzten und GeschäftspartnerInnen bedient werden. »Ich bin in der Arbeit, und dann kommt mein Chef vorbei, und ich schaue irgendwie aus – das geht nicht.« Andererseits müssen auch jene InteraktionspartnerInnen berücksichtigt werden, die sich auf niedrigeren Hierarchieebenen befinden, um sich am Arbeitsplatz konfliktfrei bewegen zu können. Nicht wenige der Befragten befinden sich in Berufspositionen, in denen sie mit der Leitung von Abteilungen oder auch Unterrichtsgruppen betraut sind. »Also für mich ist die Körperpflege wichtig… Wenn ich mich wohlfühle, kann ich mich meinem Beruf gut widmen und strahle das auch auf meine Schüler und meine Mitmenschen aus.«

Selten tritt in den Interviews ein entspannter, lässiger Umgang mit den eigenen Schönheitspraktiken zutage. Am ehesten kann davon gesprochen werden, wenn die Frauen ihr Schönheitshandeln aus einer feministischen Grundhaltung heraus reflektieren. Den körperlichen Zwängen begegnen diese Befragten mit einer Haltung des »Spielens« und »Experimentierens«, oder sie betten ihre Schönheitspflege in eine Tradition weiblicher Selbstsorge ein. Generell spielt für die meisten weiblichen Befragten der mittleren Klasse das Wahren der Selbstbestimmtheit eine gewichtige Rolle. So wird in den Gesprächen auffallend häufig der Einfluss von Frauen- und Modezeitschriften auf den eigenen Geschmack relativiert oder negiert – und die Magazine inhaltlich gering geschätzt, als zu anspruchslos bewertet oder auch vehement abgelehnt.

Mit zunehmendem Alter und der Verfestigung beruflicher Positionen wächst bei den befragten Angehörigen der mittleren Klasse auch die Distanz zu früher gehegten und nun als eher oberflächlich erlebten Schönheitsidealen. Die Bereitschaft zum Ausprobieren unterschiedlichster Schönheitsprodukte sinkt tendenziell, und Vorstellungen von Sauberkeit und Gepflegtheit stehen stärker im Vordergrund. Außerdem wird auch eher professionelle Hilfe in Anspruch genommen, etwa die von KosmetikerInnen, was wiederum mit der verbesserten ökonomischen Lage in Zusammenhang gebracht werden kann.

Wenngleich sich die Themen Schönheit, Gesundheit und Wohlbefinden in den Interviews oft als unentwirrbare »Dreifaltigkeit des Körperlichen« darstellen, so neigen die Gesprächspartnerinnen der mittleren Klasse doch am ehesten dazu, ihre Schönheitspraktiken als Gesundheits- oder Wohlfühlpraktiken auszuweisen. Für diese Frauen ist es aus beruflichen Gründen wichtig, sich mit den Schönheitsnormen und dem eigenen Erscheinungsbild auseinandersetzen – und zwar ohne dabei oberflächlich zu wirken. Einerseits sind sich die Befragten durchaus dessen bewusst, dass sie auf dem Weg »nach oben« ihre Chancen verbessern, wenn sie ihr Schönheitshandeln instrumentell einsetzen. Diesbezüglich äußern sich die Frauen auch häufig sehr nüchtern, etwa wenn sie argumentieren, sich durch die Schönheitspraxis »optimieren« zu wollen, oder sie soziale Anerkennung und Komplimente für ihr Aussehen suchen. Andererseits soll die Konzentration auf den eigenen Körper und die Attraktivität auf keinen Fall den Eindruck von Oberflächlichkeit entstehen lassen, worauf die wiederholte Betonung, dass es um das innere Wohlbefinden geht, hinweist. Insgesamt schwanken die Frauen der mittleren Klasse zwischen der Einsicht, sozialen Schönheitszwängen zu unterliegen, und der freiwilligen Verschönerung unter Wohlfühlaspekten. So etwa äußert sich eine Gesprächspartnerin zwar sehr kritisch über den »Rasurzwang« für Frauen, gleichzeitig aber gibt sie an, dass sie sich auch gerne rasiert, da im Sommer ihre Beine dann besser atmen können.

Fallbeispiel 7: Silvia, biomedizinische Analytikerin [70]

Silvia ist 40 Jahre alt und beruflich als lehrende biomedizinische Analytikerin tätig. Aufgewachsen im innerstädtisch-bürgerlichen 4. Wiener Gemeindebezirk, besuchte sie zunächst auch dort die Volksschule und ein wirtschaftskundliches Gymnasium. Nach der Matura und der daran anschließenden Ausbildung an einer Schule für den medizinisch-technischen Laboratoriumsdienst nahm Sabine eine Stelle in einem Krankenhaus der Stadt Wien an. Nach dreijähriger Berufspraxis kehrte sie an ihre ehemalige Ausbildungsstätte zurück, absolvierte zunächst eine Zusatzausbildung und nahm anschließend dort eine Stelle als Lehrende an, die sie nun schon seit 15 Jahren ausübt. Sie arbeitet derzeit 30 Stunden pro Woche und hat seit vier Jahren auch die stellvertretende Leitung der Schule inne. Um diese Position auch in Zukunft halten zu können, entschloss sie sich, ihre Bildung aufzubessern, und nahm berufsbegleitend das Studium der Pädagogik auf.

Silvia wuchs als einziges Kind eines Arbeiters beim Bundesheer und einer kaufmännischen Angestellten auf. Die dreiköpfige Familie konnte sich zwar keinen »großartigen Luxus« leisten, war aber durch die Berufstätigkeit beider Elternteile in der Lage, sich regelmäßig Schiurlaube und später auch Kurzurlaube in Italien und Österreich zu finanzieren.

Silvia ist zum zweiten Mal verheiratet; Sohn Martin, der derzeit die Volksschule besucht, stammt aus der zweiten Ehe. Ihr Ehemann ist als selbständiger Unternehmer tätig und muss daher meist lange und unregelmäßige Arbeitszeiten in Kauf nehmen. Die somit knapp bemessene gemeinsame Freizeit mit ihrer Familie verbringt Silvia gerne im Garten ihres Reihenhauses im 22. Wiener Gemeindebezirk, einem vorstädtischen Wohnbezirk am linken Donauufer. Dort entspannt sie sich aber auch gerne alleine von ihren beruflichen und familiären Verpflichtungen – etwa mit einem Roman und mit ihren Katzen. Von allem abschalten und sich abreagieren kann sie allerdings am besten beim wöchentlichen Volleyballspiel in einem Hobbyverein. Die kleine Familie leistet sich auch ein- bis zweimal im Jahr Urlaubsaufenthalte. Präferiert werden dabei meist Flugreisen nach Südeuropa, die häufig auch gemeinsam mit Freunden unternommen werden.

Silvia bezeichnet sich zwar als »politisch interessiert am aktuellen Geschehen«, ordnet sich aber keiner bestimmten Partei zu. In Bezug auf die

---

[70] Das Interview wurde von der Seminarteilnehmerin Margarete Tschandl aufgezeichnet und von Augusta Dachs redaktionell überarbeitet.

Religionszugehörigkeit besteht ein römisch-katholisches Bekenntnis auf dem Papier, tatsächlich werden religiöse Praktiken aber nur zu wichtigen kirchlichen Festen ausgeübt, die gemeinsam mit Sohn Martin gefeiert werden. In Silvias familiärem Umfeld ist es recht selbstverständlich, sich der Körperpflege zu widmen. Ihr Partner »legt selber sehr viel Wert auf Körperpflege«, dennoch teilt sie ihre Schönheitserfahrungen vor allem mit anderen Frauen. So unternimmt sie etwa mit ihrer Mutter, sofern es ihre zeitlichen Ressourcen zulassen, Kurzurlaube auf einer »Schönheitsfarm«. Eine wichtige Rolle in ihrer alltäglichen Schönheitspraxis spielt eine »Ganzkörperschmiere«, also das sorgfältige, ausgedehnte Eincremen von Kopf bis Fuß, worauf sie sowohl morgens als auch abends viel Zeit verwendet. Dabei legt sie besonders auf die Qualität der Produkte Wert, insofern als sie auf die Haut- und Geruchsverträglichkeit der Kosmetika achtet und für den ganzen Körper dasselbe Produkt zu verwenden versucht. Durch ihre gute berufliche Position und ein gesichertes Familieneinkommen kann sie sich neben einzelnen teuren Produkten auch regelmäßig professionelle Schönheitsdienste, wie etwa den Besuch einer Kosmetikerin, leisten. Eine wichtige Motivation für ihr Schönheitshandeln ist der Kontakt mit anderen Menschen, der durch ein attraktives Auftreten optimiert und verbessert werden soll. Das Ziel ihres Schönheitshandelns stellt für Silvia vor allem ein Gefühl des »sich Wohlfühlens« dar, das sich auch in sozialen Interaktionen positiv auswirken soll. Auf dem Weg dorthin nimmt sie, neben dem finanziellen Aufwand, wenn nötig auch Schmerzen in Kauf – etwa beim Harzen der Beine im Kosmetikstudio oder im Rahmen einer Permanent-Make-up-Sitzung.

Schönheits- und Gesundheitspraxis verknüpfen sich bei Silvia dort, wo äußere Erscheinungsmerkmale, wie etwa dunkle Augenringe, mehr als Schönheits- denn als Gesundheitsmakel erlebt werden, aber dennoch nach hautärztlichen Kriterien – unter anderem durch erhöhte Flüssigkeitszufuhr – bekämpft werden. Schönheitspraktiken können damit sowohl als »innere« wie »äußere« Selbstpflege argumentiert werden. Auch die von Silvia gewählten täglichen Eincremerituale haben zum einen das Ziel, die gesundheitlich auf die Probe gestellte trockene Haut zu pflegen, bilden aber andererseits auch eine private Inszenierung von aus Zeitmangel schwer verwirklichbaren Wellnesspraktiken. Argumentative Widersprüchlichkeiten zeigen sich bei Silvia dort, wo sie sich einerseits von makellosen, perfekten

Frauenbildern abgrenzt, andererseits allerdings auch Schönheitsoperationen zur Veränderung ihres Erscheinungsbildes in Erwägung zieht.

Silvia im Gespräch

Bitte erzähle mir, was Du innerhalb eines normalen Tages für die Schönheit Deines Körpers tust und wie viel Zeit und Geld Du dafür brauchst.

In der Früh beginne ich mit einer normalen Gesichtswäsche, Zähneputzen und Cremes. Cremen ist wichtig, weil meine Haut sehr trocken ist. Ich fange in der Früh schon zu schmieren an, im Gesicht und auch an den Händen, ich verwende Make-up, eigentlich jeden Tag, aber dezent. In der Früh verwende ich nicht sehr viel Zeit, da muss es eher schnell gehen. Zwischendurch Händewaschen, das mache ich permanent, wahrscheinlich auch beruflich bedingt. Das Gefühl sauberer Hände muss ich einfach permanent haben. Ja, frisieren habe ich noch vergessen – klarerweise, das ist schon auch wichtig, dass die Frisur sitzt –, aber alles in allem so maximal eine halbe Stunde, die brauche ich in der Früh für die Schönheitspflege. Ein bisschen Deo und Parfum, fertig!

Welches Make-up trägst Du auf?

Also, ich nehme eine Creme und dann Rouge, Puder und Wimperntusche, weil ich mir ein Permanent-Make-up machen habe lassen. Vor einem Jahr. Ober- und Unteraugenlid ist permanent, das ist tätowiert. Und das ist schon toll, man sieht immer leicht geschminkt aus, auch wenn man gar nichts macht. Und am Abend nehme ich mir dann schon viel Zeit. Ich dusche immer abends, ich dusche nicht in der Früh, das schaffe ich in der Früh nicht. Und dann kommt eben die Ganzkörperschmiere, die ausgiebige, da brauche ich viel, viel Creme. Und ich kann mich dann eine Viertelstunde nicht hinausbewegen, weil ich so fettig bin, ich schmiere alles ein, auch die Fußsohlen, dass sie weich sind.

Welche Produkte verwendest Du denn für das Gesicht und den Körper?

Also, für das Gesicht versuche ich schon eher Pflegeprodukte zu nehmen, also ein bisschen eine gehobene Preisklasse. Oft nehme ich Cremes aus der Apotheke, die wirklich geruchsneutral sind, also wenig Parfuminhaltsstoffe haben, weil ich das im Gesicht nicht sehr gut vertrage, wenn Parfum drinnen ist. Ich wechsle aber, ich habe nicht eine bestimmte Marke, die ich immer nehme, da wechsle ich einfach verschiedene Sachen ab. Für den Körper Lotion, Duschgel und so, da verwende ich auch durchaus Produkte aus dem Drogeriemarkt, von dm oder Bipa, also nicht etwas ganz

Billiges, aber auch nichts ganz Teures. Für den ganzen Körper dann das Gleiche. Die Kosten? Für generelle Kosmetikprodukte ist das sehr schwer abzuschätzen, aber ich schätze einmal, dass ich im Monat so 30,- bis 50,- Euro ausgebe.

Gibt es bei Deinen Ernährungsgewohnheiten etwas, das Du speziell für die Schönheit tust?

Worauf ich schon achte: viel zu trinken. Das habe ich eine Zeit lang oder sehr lange nicht wirklich gemacht, und irgendwann ist mir aufgefallen, dass ich sehr starke Augenringe habe. Ich habe dann mit einigen fachkompetenten Personen, das heißt mit der Kosmetikerin, in der Apotheke, darüber gesprochen, und die Hautärztin hat gesagt: »Trinken Sie mehr«. Das ist einfach ein Flüssigkeitsmangel. Also ich versuche das wirklich umzusetzen, so eineinhalb bis zwei Liter zu trinken, auf zwei Liter komme ich leider nicht immer – und zwar Mineralwasser, Wasser, Apfelsaft gespritzt. Sonst, schönheitsmäßig? Obst, Gemüse, denke ich, das ist schönheitsfördernd – gegen brüchige Nägel, also möglichst eine ausgewogene Kost. Ich esse gerne Fleisch, aber ich muss Fleisch nicht jeden Tag haben, irgendwie höre ich da sehr auf meinen Körper, was er gerne will.

Hast Du schon Diäten gemacht? Du bist ja sehr schlank.

Ja, ich bin schlank. Ich hab Kleidergröße 36 und das eigentlich konstant. Auch nach der Schwangerschaft habe ich gleich wieder mein Gewicht gehabt. Diäten habe ich noch nie gemacht – und hoffe, dass ich es auch nie machen muss. Weil das schlimm ist, wenn man nicht darf, was man will. Ich nasche auch, wenn ich Lust habe, aber ich achte darauf, dass ich nicht jeden Tag nasche.

Was machst Du sonst regelmäßig für Deine Schönheit, vielleicht nicht täglich, aber doch in regelmäßigen Abständen immer wieder?

Unter den Achseln rasieren, das tue ich auch immer am Abend, aber eben nicht jeden Tag, weil das doch die Haut sehr irritiert. Das mache ich jeden zweiten oder dritten Tag. Harzen geht nicht, das tut an dieser Stelle so weh.

Gibt es Stellen, die Du harzt?

Ja, das ganze Bein und den Schritt, da gehe ich alle vier Wochen ins Kosmetikstudio. Das kostet im Moment 35,- Euro, das weiß ich relativ genau, weil Du vorher nach dem Preis gefragt hast. Also bis zum Schritt, ich lass mir nicht die gesamten Schamhaare wegharzen, das würde ich, glaube ich, überhaupt nicht aushalten, es tut der Schritt schon ziemlich arg weh, und ich harze das ganze Bein. Ich habe einen ziemlich starken Haarwuchs, und man würde das sehen, wenn ich das nur bis zum Knie machen würde, weil am Knie und am Oberschenkel dann zwar feinere Härchen sind, aber das schaut komisch aus. Deswegen lasse ich das ganze Bein harzen. Und das tut jetzt mittlerweile auch nicht mehr gar so weh, weil ich das schon sehr viele Jahre mache. Es ist mir wirklich sehr wichtig, dass ich keine Haare auf den Beinen habe. Und die Barthaare, die harze ich selbst.

Die Haare am Kopf sind wichtig, ich wasche mir die Haare alle drei bis vier Tage, das geht sich gut aus, und da verwende ich auch teurere Sachen. Weil meine Freundin Friseurin ist und mich diesbezüglich bekehrt hat, da nehme ich schon eher das Shampoo vom Friseur und verwende auch regelmäßig Pflegepackungen. Regelmäßig bedeutet alle zwei Wochen so eine richtige Packung. Nach dem Haarewaschen verwende ich auf jeden Fall Fönlotion, dass die Haare weicher sind, um beim Kämmen durchzukommen. Fönen dauert bei mir ziemlich lange, weil ich so viele Haare habe. Da brauche ich so zwanzig bis dreißig Minuten. Das mache ich auch am Abend. Ich kann am gleichen Abend nicht weggehen, ich schaue aus wie ein Monchichi, da steht alles so weg, das ist fürchterlich. Es ist bei mir immer besser, wenn ich eine Nacht darüber schlafe. Täglich verwende ich Taft oder Gel, je nachdem wie meine Haare aufgelegt sind. Zum Friseur gehe ich zirka alle drei Monate, zum Nachschneiden und Nachfärben wegen der grauen Haare, die da schon kommen.

Was mache ich noch regelmäßig? Nagelpflege mache ich eigentlich auch einmal in der Woche, auf jeden Fall, Fingernägel und die Zehennägel. Das muss ich mir selber machen. Ich mag das nicht, wenn jemand an meinen Nägeln herumtut. Bei den Nagelbetten bin ich so empfindlich, da mache ich das lieber selber. Augenbrauen zupfe ich auch regelmäßig, aber das mache ich so geschwind zwischendurch. Hin und wieder auch Kosmetikerin, aber eher selten, vielleicht einmal im Jahr, dass ich zur Kosmetikerin gehe, so ein Gesichtsprogramm mit Peeling, Reinigen und Maske nehme, mit so einer feuchtigkeitsspendenden Maske.

Und außergewöhnliche Praktiken für die Schönheit gibt es bei Dir ja auch...

Ich war am Wochenende auf einer Schönheitsfarm mit meiner Mama, das hat sie mir zu Weihnachten geschenkt. Wir haben das schon einmal gemacht vor zwei Jahren und haben beschlossen: Das machen wir jedes Jahr. Jetzt sind ohnehin schon wieder zwei Jahre vergangen, und jetzt waren wir das zweite Mal, herrlich. Die Mama genießt das auch total. Da hat man die Zeit, in Ruhe miteinander zu plaudern, das gehört für mich auch zum Wohlbefinden. Man lässt es sich gut gehen, und man lässt es seinem Körper gut gehen. Das ist wirklich für die Schönheit vom Kopf bis zur Zehe, es wird alles für den Körper gemacht. Man fühlt sich dann irrsinnig gut. Man geht dort den ganzen Tag mit dem Bademantel herum, man muss sich nicht darum kümmern, wie die Haare stehen, und man hat keine Verpflichtung, abgesehen vom Plan, wo Du Dich wann einfinden musst. Und dort wird eben alles gemacht, es wird Kosmetik gemacht, es wird Maniküre und Pediküre gemacht, es werden Packungen für den Körper gemacht, da wirst Du dick eingeschmiert und kannst eine halbe Stunde nirgendwo hingehen, weil Du eingeschmiert bist. Da schlüpfst Du in den Bademantel und begibst Dich in einen Ruheraum – bei 37°C mit leiser, gedämpfter Musik – und wartest bis das Ganze einzieht. Ohne Zeitdruck im Hinterkopf.

Gehst Du eigentlich in Sonnenstudios? Lässt Du Dich bräunen?

Das mache ich ganz, ganz selten, wenn ich Lust habe oder wenn ich das Bedürfnis habe nach Sonne, wobei ich dann im Sommer, wenn es warm ist, schon gerne sonnenbade. Also ich bin überhaupt gerne in der Sonne. Ich mag es lieber warm als kalt. Wobei ich aber keine Dauersonnenanbeterin bin, das halte ich dann auch nicht aus. Aber die Bräune fördere ich schon eher.

Hast Du schon medizinische oder chirurgische Eingriffe machen lassen?

Außer dem permanenten Make-up hab ich noch nie etwas gemacht, ich glaube, ich würde es nicht machen lassen – sage ich zum jetzigen Zeitpunkt, weil ich sehr wohl Leute verstehe, die etwas machen lassen. Im Bekanntenkreis habe ich eine Freundin, die hat sich die Brust verkleinern lassen, weil sie einfach darunter gelitten hat, das verstehe ich vollkommen. Ich verstehe nicht solche Geschichten wie von Pamela Anderson – das ist übertrieben. Aber meine Schwiegermama hat sich einmal liften lassen, das habe ich verstanden, weil sie eben sehr, sehr schlank ist und dadurch sehr faltig im Gesicht, sodass sie wirklich älter ausgesehen hat als sie wirklich ist. Also das hat ihr sehr gut getan, und es passt ihr auch sehr gut. Deswegen würde ich es nicht kategorisch ablehnen, man weiß ja nicht, was kommt. Ich lehne es nicht ab, aber ich kann es mir im Moment nicht vorstellen. Aber das lasse ich auf mich zukommen.

Sonst? Ich habe weder eine Tätowierung noch ein Piercing, ich bin nur an den Ohren gestochen, zweimal. Piercing würde ich mir nicht machen lassen, auch keine Tätowierung. Ich lehne es aber bei den anderen nicht ab. Mir gefallen manche Dinge wirklich sehr gut, nur selber möchte ich es nicht haben.

In welchem Alter hast Du eigentlich begonnen, Dich schön zu machen?
Mit dem Schminken habe ich im Gymnasium begonnen, animiert durch Schulkolleginnen, und das war sicher eine pubertäre Geschichte. Das war so das klassische Alter mit 13 oder 14, wo wir eben begonnen haben uns zu schminken, also die Augen und ein bisschen Rouge, sodass wir dann geschminkt in die Schule gegangen sind.
Hat es da Schwierigkeiten gegeben mit Deinen Eltern?
Nein, überhaupt nicht. Ich habe auch mit 14 oder 15 begonnen fort zu gehen, da habe ich mich dann auch stärker geschminkt, wobei die Mama mich hat gewähren lassen. Ich habe das auch nie so übertrieben, dass sie gesagt hätte, so geht es überhaupt nicht. Ich denke, es war im vernünftigen Rahmen. Die Körperpflege habe ich, glaube ich, generell von meinen Eltern mitbekommen.
Es gab keine ganz einschneidenden Veränderungen seitdem?
Nein, nicht wirklich. Ich würde sagen, je älter man wird, umso mehr gibt man darauf acht. Früher, als Jugendliche, habe ich zum Beispiel nur Nivea-Creme genommen, das hat mir vollkommen gereicht, und in dem Fall war es auch sicher eine Kostenfrage, weil als Schülerin kannst Du Dir das gar nicht leisten – da habe ich dann eher die Sachen von Mama genommen, also mitpartizipiert, da hat es auch noch nicht so viel Auswahl gegeben.
Welche Rolle spielt für Dich das Schönmachen?
Also, für mich ist die Körperpflege oder eben sich attraktiv herzurichten wichtig, weil man sich dann wohlfühlt – und das transportiert man, denke ich, auch nach außen. Wenn ich mich wohlfühle, kann ich mich meinem Beruf gut widmen und strahle das auch auf meine Schüler und meine Mitmenschen aus. Das ist irgendwie ein eigener Maßstab.

Und zum Schminken vielleicht noch: Ich schminke mich, wenn ich zur Arbeit gehe oder wenn ich ausgehe, zu Hause bin ich ungeschminkt. Da schminke ich mich nicht. Ganz allgemein will ich gut riechen für meine Mitmenschen, für mich wäre es das Allerschlimmste, wenn ich irgendwelche Körpergerüche hätte, die den anderen auffallen würden. Und ich möchte schon auch für andere nett anzusehen sein. Also nicht nur für mich. Ich freue mich, wenn mir jemand sagt, »Du hast die Haare nett« oder »Du bist heute anders geschminkt«, darüber freue ich mich einfach.
Bemerkt Dein Partner diese Sachen?
Nein, der bemerkt das nicht. Der ist das schon so gewohnt. Er legt aber selber sehr viel Wert auf Körperpflege. Er duscht in der Früh, er macht das

in der Früh, was ich abends mache, aber verwendet genauso Cremes. Er hat schon einmal gesagt, er könnte es sich durchaus vorstellen, als Mann auf eine Schönheitsfarm zu gehen. Kosmetik gibt es ja auch für Männer. Maniküre, Pediküre, das ist durchaus auch für Männer, und Massage sowieso, da würde er sicher auch mitmachen. Und ich würde ihn auch unterstützen.

Wo nimmst Du eigentlich Deine Vorbilder oder Anregungen für die Schönheitspflege her?

Aus meiner Umgebung, eher weniger aus Zeitschriften oder vom Fernsehen, sondern eher von Kolleginnen, Freundinnen. Wenn ich höre, die machen das jetzt, dann möchte ich das einfach auch für mich ausprobieren, da denke ich, das wäre vielleicht auch was für mich. Im Freundeskreis gibt es niemanden, der extrem auf Schönheitspflege ausgerichtet ist, die sind eher alle so wie ich. Und über Dinge wie Harzen redet man nur mit den engeren Freundinnen, weil das für mich in den intimen Bereich hineingeht. Beim Zahnarzt oder beim Friseur schaue ich in die Modezeitschriften hinein. Die letzte, die ich mir gekauft habe, war eine *Wienerin*, da ist immer Mode dabei. Aber Zeitschriften generell kaufe ich sehr selten, das passiert zweimal im Jahr, dreimal im Jahr, nicht öfter.

Gibt es eine Schauspielerin, die Du gerne siehst, bei der Du Dir einiges abgeschaut hast?

In Bezug auf Schönheit nicht wirklich. Nein, nicht wirklich. Diane Keaton, Goldie Hawn oder Sandra Bullock sehe ich ganz gerne – aber eher deshalb, weil die sich nicht scheuen vor der Kamera auch einmal nicht perfekt auszusehen.

Glaubst Du, dass Du von der Werbung beeinflusst wirst?

Ich glaube, dass mich die Werbung nicht wirklich beeinflusst. Vielleicht wenn ich zwischen zwei Produkten schwanke, dass dann im Unterbewusstsein ... Aber ich lasse mich nicht von der Werbung soweit animieren, dass ich genau dieses Produkt wähle, weil ich es in der Werbung gesehen habe.

Die Modeszene – spielt die bezüglich Schönheit eine Rolle für dich?

Nicht wirklich. Überhaupt jetzt, wo sie alle magersüchtig sind. Es sind die natürlichen Models, also die mit den normalen Proportionen unter Anführungszeichen, die ich noch am besten finde. Die gefallen mir auch am besten. Aber ich würde sie nicht als Vorbild nehmen – das sind einfach Models für mich, und ich bin kein Model.

Wie würdest Du abschließend Deine Einstellung zur Schönheit und Verschönerung zusammenfassen?

Ich schätze saubere Menschen – man merkt eben, wenn kein Körpergeruch besteht, wenn die Haare so gut wie möglich gepflegt sind. Man muss wahrscheinlich gar nicht so viel machen, ich denke, man kann auch gut aussehen mit wenig Aufwand. Da muss jeder den Weg für sich selber finden, aber ich schätze schon sehr, wenn man einfach sauber ist, wenn man gut riecht. Man muss weder geschminkt sein oder kann auch stark geschminkt sein, das ist eigentlich ziemlich egal. Stimmig muss es sein, stimmig zum Gesamtbild.
Aber insgesamt hat Schönheit für mich schon eine große Bedeutung. Rückblickend hat sich das bei mir sozusagen von außen nach innen verlagert. In der Pubertät ist das schöne Aussehen für andere im Vordergrund gestanden. Jetzt verbinde ich Schönheit mit meinem inneren Wohlbefinden.

5.4 Unauffällige sportliche Schönheit – Männer der mittleren Klasse

Christian Hirst

Der mittleren Klasse wurden 15 Gesprächspartner zugeordnet. Alle befragten Männer verfügen über ein Abitur, wobei ein großer Teil der Interviewten eine berufsbildende höhere Schule (Handelsakademie oder Höhere Technische Lehranstalt) absolviert hat. Es überwiegen mittlere Angestelltenpositionen, etwa in einem Kfz-Betrieb, in einem medizinischen Unternehmen oder auch im Grafik- und Werbebereich. Eine kleine Gruppe der befragten Männer übt Sozialberufe aus, aber auch ein Fahrlehrer (der nebenbei studiert) und ein Flugbegleiter gehören zur mittleren Klasse.

Das Schönheitshandeln der Männer der mittleren Klasse wird im Wesentlichen durch drei Aspekte charakterisiert: *erstens* durch die Intention, nicht aus der Masse herauszustechen. Ein gewisses Maß an Gepflegtheit erscheint wichtig, um vom beruflichen und privaten Umfeld ernst genommen zu werden. Darüber hinaus wollen die Männer der mittleren Klasse aber nicht auffallen. *Zweitens* werden die meisten Handlungen, die mit der Pflege des Körpers zu tun haben, nicht als Schönheitspraxen betrachtet. Vielmehr werden pragmatische Gründe ins Treffen geführt, ob beim Sport, wo häufig Gesundheitsargumente zur Sprache kommen, oder bei der Gesichtsrasur, die in der Hauptsache nicht viel Zeit beanspruchen soll.

Übertriebene Schönheitspflege lässt demgegenüber auf persönliche Probleme oder einen schlechten Charakter schließen: »Bei vielen Leuten, die sehr stark auf das Aussehen schauen, da hat man halt gleich das Vorurteil, dass der oder die vom Charakter her nicht sehr viel heißen kann.« Sich nicht genug zu pflegen, sodass man negativ hervorsticht, ist in dieser Klasse ebenso ein Tabu: »Ich mag nicht so herausstechen oder auffallen – das meine ich sowohl im positiven wie auch im negativen Sinn.« *Drittens* spielt das subjektive Gefühl des Wohlbefindens eine wichtige Rolle, wozu auch die Körperpflege beiträgt: »Man macht es [die Körperpflege, Anm. d. Verf.] in erster Linie für sich, glaube ich. Wenn man sich wohlfühlt und dann gut bei den anderen ankommt, das merkt man ja. Das ist natürlich ein angenehmer Nebenaspekt – man schaut relaxt aus, man ist entspannt und kommt gut an… Jeder sollte sich wohlfühlen wie er ist, und dann strahlt man das auch aus, denke ich.« Durch Anpassung an das Umfeld und ein »vernünftiges« Maß an Körperpflege fühlen sich die Männer dieser Klasse wohl in ihrer Haut.

Dieses Wohlbefinden ist von der jeweiligen sozialen Situation abhängig: »Für den Beruf ist das Gepflegtsein und Auftreten einfach das Um und Auf. Mein berufliches Umfeld ist eher die obere Klasse mit sehr viel Geld und viel Einfluss, wobei ich auch Freunde aus der Unterschicht habe. Ich habe auch kein Problem damit. Ich finde es interessant, von allem etwas zu kennen, und fühle mich auch überall wohl.« Während der Befragte sich an Tagen, an denen er arbeiten geht, ganz besonders pflegt und auch mal länger im Bad braucht, um sich entsprechend herzurichten, fällt die Pflege im privaten Bereich eher sporadisch aus. Wenn er für die Arbeit ausstaffiert ist, dann fühlt er sich unter seinen Freunden nicht wohl, und umgekehrt kann er sich nicht vorstellen, so arbeiten zu gehen wie er privat das Haus verlässt, zumindest nicht ohne ein Gefühl von Unangepasstheit zu verspüren. Bei den Männern der mittleren Klasse sind die Anforderungen des beruflichen Umfeldes an die Körperpflege allgemein stark ausgeprägt. Insbesondere gilt das für jene Befragten, die regelmäßig mit KundInnen oder GeschäftspartnerInnen Kontakt haben. Gerade in beruflicher Hinsicht zeigt sich der angesprochene männliche Pragmatismus und die Angepasstheit der Selbstinszenierung deutlich.

Die Gesichtsrasur zählt zu den wichtigsten Elementen der männlichen Körperpflege, wobei die Männer der mittleren Klasse auch dabei versuchen, ein Mittelmaß an Aufwand und Gepflegtheit zu finden. Aufgrund von Zeitmangel oder Bequemlichkeit (und in einigen Fällen auch aus ästhetischen Gründen) rasieren sich die meisten Männer nur alle zwei bis drei Tage; und einige von ihnen kürzen dann auch nur den Bart und rasieren sich nicht glatt. Es wird in der Regel als zu mühsam und unangenehm empfunden, sich täglich zu rasieren. Einige begründen ihren Stoppel- oder Dreitagebart auch damit, dass sie sich so besser gefallen. Generell geht es wiederum darum, der Norm zu entsprechen und nicht allzu sehr aufzufallen: »Ich muss nicht unbedingt wie ein Gorilla herumlaufen. Also ich sage einmal, man sollte vielleicht nicht optisch herausstechen aus der Masse – solange passt das.« Bei einigen Männern ist der Dreitagebart zudem ein Versuch, ihre Männlichkeit zu akzentuieren – eine Art Ausgleich zu eher weiblich konnotierten Schönheitspraktiken wie Gesichtsmasken, Peeling oder Intimrasur.

Die Wahl der Frisuren ist durch Kosteneffizienz und die angesprochenen Normalisierungstendenzen gekennzeichnet. Nur wenige Männer lassen sich in regelmäßigen Abständen die Haare von Profis schneiden. Einige wenige der Befragten haben lange Haare und müssen deswegen nur sehr selten zum Friseur, die meisten anderen schneiden sich die Haare selbst. Allgemein herrscht die Befürchtung vor, mit einem zu gewagten Hairstyling Aufmerksamkeit zu erregen. »Bei Frisuren, da fällt man sofort auf.«

Schlankheit hat für die Männer der mittleren Klasse einen hohen Stellenwert, allerdings wird bei der Ernährung keine besondere Disziplin an den Tag gelegt. Die meisten Männer geben an, gar nicht darauf zu achten, was sie essen. Manche versuchen wenigstens ab und zu, sich bewusst gesund zu ernähren, und nur wenige Personen achten nachdrücklich darauf, was sie zu sich nehmen. Dabei wird die schlechte und unkontrollierte Ernährung zumeist mit Zeitmangel begründet, wobei die Männer der mittleren Klasse argumentieren, viel mit sportlicher Bewegung auszugleichen.

Sport hat insgesamt eine extrem hohe Bedeutung in dieser Klasse. Nur eine kleine Minderheit der Männer betreibt überhaupt keinen Sport. Weniger klar ist, ob die sportliche Praxis der Gesundheit, der Schönheit oder bloß dem Vergnügen dient. »Sport mache ich nur für meine Gesundheit«, argumentiert einer der Befragten. »Das Nette ist dann daran, dass mein Körper durchtrainierter aussieht. Ich fühle mich einfach wohler. Das hilft sicher für die Schönheit, aber ich tue es auf keinen Fall aus dem Grund. Wenn ich laufe, dann laufe ich, weil ich meine Kraft beibehalten will.« Die meisten Männer meinen, Schönheit sei nur ein positiver Nebeneffekt der sportlichen Praxis. Nur in einigen wenigen Fällen wird der Sport explizit als Mittel der körperlichen Verschönerung genannt. Für die Männer der mittleren Klasse zeigt ein durchtrainierter Körper eine richtige und gesunde Lebensführung an, wiewohl der fitte Körper auch eine Art Schönheitsideal darstellt. Wenngleich die Männer bekunden, in ihrem Leben keinem Idealbild nachzueifern, spricht die weite Verbreitung und Intensität der sportlichen Praxis doch eine andere Sprache. Einer der Befragten beispielsweise nimmt Nahrungsergänzungsmittel zu sich, um einen schnelleren Muskelaufbau zu bewirken. Ein anderer hängt sich Fotos von seinem durch Krafttraining gestählten Körper an die Wand. Ein dritter trainiert so intensiv, dass sich seine Lebensgefährtin deswegen von ihm trennt.

Die Befürchtung, dass Tattoos oder Piercings negative soziale Sanktionen nach sich ziehen oder sich negativ auf die Karriere auswirken könnten, lässt die Männer von dieser Art Körperschmuck Abstand nehmen. Schönheitsoperationen werden ebenfalls von den meisten abgelehnt oder kommen nur dann in Frage, wenn schwere Makel wie Geburtsfehler oder Unfallfolgen zu beheben sind. Allenfalls als letzte Alternative und im fortgeschrittenen Alter, wenn alle anderen Praktiken versagen, erscheint eine Schönheitsoperation, etwa zur Strafung der Gesichtshaut oder zur Reduktion von Körperfett, überlegenswert.

Viele alltägliche Praktiken der Körperpflege, wie etwa das tägliche Duschen und die Zahnhygiene, sind für die Männer der mittleren Klasse selbstverständlich. Die Verwendung eines Deodorants ist für viele so normal, dass es kaum erwähnt wird. Daneben gibt es aber eine Reihe individueller Besonderheiten, die nennenswert sind: zum Beispiel die Verwendung von Gesichtsmasken und -peelings. Vereinzelt werden Augenbrauen gezupft, Nasenhaare entfernt oder die Zähne aufgehellt. Nicht zuletzt zeigt die Verwendung einer Vielzahl von Cremes an, dass einige der Männer – vor allem unter dem Eindruck beruflicher Anforderungen – ein differenziertes Verständnis von Gepflegtheit entwickelt haben.

Fallbeispiel 8: Stefan, Pilot [71]

Stefan ist 27 Jahre alt und bewohnt mit seiner Mutter ein Haus am Rande Wiens. Er hat in diesem Haus seine eigenen Wohnräume und bezahlt dafür Miete. Stefan wollte nach positivem Abschluss des Gymnasiums nicht studieren, sondern lieber etwas Handwerkliches machen, entschied sich aber letztlich fürs Fliegen, das schon in der Schulzeit sein Hobby war.

---

71 Das Gespräch führte Christian Hirst, der auch die Transkription redaktionell überarbeitete.

Nach dem Grundwehrdienst begann er beim Bundesheer eine Ausbildung zum Piloten, die keine hohen Kosten verursachte, da sein Vater zu jener Zeit einer der obersten Ausbilder war. Sein Einstieg ins Berufsleben konnte dann zu keinem ungünstigeren Moment kommen, nämlich unmittelbar nach den Anschlägen in New York am 11. September 2001, nach denen die Aussichten, als Pilot angestellt zu werden, äußerst schlecht waren. Um seine Chancen am Arbeitsmarkt zu verbessern, schloss er daher noch eine Ausbildung zum Fluglehrer an. Zum Zeitpunkt des Gesprächs arbeitet Stefan geringfügig beschäftigt beim Österreichischen Wachdienst, und er fliegt seit gut einem Jahr für zwei Privatfirmen. Vom Zeitaufwand entspricht diese Arbeit einer Vollzeitbeschäftigung, er hat aber mit keiner der beiden Firmen einen langfristigen Vertrag. Er wird nach Aufträgen bezahlt und bekommt dadurch auch kein fixes Gehalt. Aus diesem Grund will er auch die Stelle beim Wachdienst nicht aufgeben, denn dort erhält er ein regelmäßiges, wenn auch geringes Einkommen, und durch diese Arbeit ist er auch sozialversichert.

Stefan stammt aus einer gut situierten Familie, beide Elternteile sind berufstätig und verdienen gut. Allerdings ließen sich die Eltern scheiden als er noch ein kleines Kind war. Nach wie vor hält er auch zu seinem Vater eine gute Beziehung aufrecht, sodass die Scheidung kein Problem darstellt. Die Mutter ist Chefsekretärin beim *Lions Club*, der Vater ist Pilot bei *Austro Control* und erfüllt ab und zu behördliche Aufträge.

Seit über zwei Jahren führt er eine feste Beziehung, allerdings wohnt er nicht mit seiner Freundin zusammen, die aus einem wohlhabenden Elternhaus kommt, und eine Heirat ist noch in weiter Ferne. Solange er keinen festen Job mit ausreichendem Gehalt hat, will er auch keine Kinder haben – später jedoch auf jeden Fall. Sein Einkommen reicht aber leicht aus, um seinen jetzigen Lebensstil zu finanzieren.

Seine Freizeit ist ihm sehr wichtig, um sich vom Job zu erholen. Er ist der Meinung, dass er verglichen mit anderen viel Freizeit hat, da seine Arbeitszeiten unregelmäßig sind. Manchmal ist er ein bis zwei Wochen ununterbrochen unterwegs, und dann hat er wieder eine gute Woche frei. 18-stündige Arbeitstage sind dabei zwischendurch keine Seltenheit. In der Freizeit versucht Stefan seine Freundschaften zu pflegen, sich regelmäßig mit Freunden und Bekannten zu treffen, um ins Kino oder in die Diskothek zu gehen. In der verbleibenden Zeit liest er Fachzeitschriften, also Flug- und Sport-, aber auch Waffenzeitschriften. Zudem verbringt er viel

Zeit vor dem Fernseher, wobei ihn Naturdokumentationen besonders faszinieren. Politisch gibt er sich interessiert, meint allerdings, dass man sich über Politik ohnehin nur ärgern kann. Es gebe keine Partei, die wirklich etwas bewirken würde. Er glaubt, dass die Stimme des Einzelnen nicht zählt, und es komme ihm manchmal so vor, als lebten wir in einer modernen Diktatur, in der einem alles vorgeschrieben wird.

Bei Stefans Schönheitspraktiken macht sich der Einfluss des Berufes deutlich bemerkbar beziehungsweise sind erhebliche Unterschiede zwischen beruflicher und privater Inszenierung feststellbar. Privat trägt er zum Beispiel gerne einen Dreitagebart, während er sein Gesicht für die Arbeit glatt rasiert. Auffällig ist zudem, dass er relativ stark auf gesunde Ernährung achtet. Er zählt zwar keine Kalorien, aber die Ernährung soll möglichst »ausgewogen« sein. Ansonsten ist seine Körperpflege eher unauffällig: Duschen, Zähne putzen, Gesicht und Körper eincremen sowie Parfum auflegen gehören zu den täglichen Gewohnheiten.

Stefan im Gespräch

Was machst Du in der Früh, wenn Du aufstehst? Verschwindest Du gleich im Bad?
An einem ganz gewöhnlichen Tag? Ich wasche mir das Gesicht. Kalt! Meistens kalt. Und dann gehe ich Frühstücken, putze mir die Zähne, und dann kommt es darauf an, welchen Tag ich vor mir habe. Wenn ich in die Uniform rein muss, sollte ich ein bisschen gepflegter außer Haus gehen, mich vielleicht rasieren oder so. Wenn ich einen normalen Tag habe, dann bin ich eigentlich nicht so eitel, dann renne ich auch unrasiert und ungekämmt herum, aber im Großen und Ganzen gebe ich schon sehr viel für Pflegeprodukte aus. Ich verwende kaum Haargel, dass mache ich nicht, aber fürs Gesicht, da kaufe ich mir schon eine etwas teurere Creme, oder auch für die Zähne. Das macht sich irgendwann einmal in Jahren bemerkbar. Ansonsten habe ich keine speziellen Riten – außer Körpercremes, gute Zahnpasta und vielleicht Zahnseide.
Du hast das Frühstück an zweiter Stelle erwähnt. Hat das einen besonderen Grund?
Ja schon, ich finde, gesundes Essen ist sehr wichtig. Dass man sich gesund ernährt, ist schon ein großer Faktor für Lebensqualität.
Worauf schaust Du beim Essen – dass Du Dich kalorienarm oder vegetarisch ernährst?

Ich schaue, dass ich sehr ausgewogen esse, viel Obst, viel Gemüse. Aber ich esse auch viel Mist zwischendurch, das ist keine Frage – also ich lasse es mir nicht verbieten, aber ich trainiere das dann auch wieder runter. Ich habe nicht das Gefühl, dass sich da irgendwas ansetzt. Man sollte ein bisschen auf den Körper hören, der sagt einem dann ohnehin: »Jetzt mehr Salat«. Mein Körper sagt mir genau: »Jetzt mehr Früchte und mehr Obst«, und dann sagt er mir wieder: »Gehe dreimal zu *McDonalds*«. Er sagt Dir das richtiggehend, weil Du das brauchst, und wenn ich 18 Stunden auf den Beinen bin, glaube ich, kann man sich auch gewisse Sachen leisten, da verbrennt man auch sehr viel.

Wie viel Zeit wendest Du im Badezimmer für die Körperpflege auf, um für die Arbeit hergerichtet zu sein?

Zehn Minuten, eine Viertelstunde. Das war es schon. Ich habe auch keine langen Haare. Ich wasche mir das Gesicht, ich rasiere mich, das geht ruck zuck, ich schütte mir Wasser in die Haare – das schaut dann sehr gepflegt aus, wenn man kurze Haare hat, und das war es dann.

Duschen muss nicht sein?

Ich dusche am Abend, ich bin kein Frühduscher – immer am Abend, das mache ich in der Früh so gut wie nie.

Du hast erwähnt, dass Du versuchst, viel Sport in Deiner Freizeit zu machen. Wendest Du viel Zeit dafür auf?

Ja, eigentlich schon, auch für die Pflege. Es ist nicht so, dass ich immer nur eine Viertelstunde brauche, aber es ist bei einem Mann nicht so viel zu tun wie bei einer Frau. Ich muss mich nicht schminken, ich muss mir nicht die Achseln rasieren, ich muss mir nicht die Beine rasieren, also es ist relativ einfach bei mir, und das Rasieren dauert auch nicht wirklich lange.

Hast Du besondere Rituale, wie zum Beispiel einen Verwöhntag oder so etwas in der Art?

Ja, zum Beispiel die Sauna, vielleicht ein-, zweimal im Monat.

Welche Fitness-Gewohnheiten hast Du?

Ich lauf sehr viel im Wald, also Jogging, bevorzugt draußen, nicht so gerne am Laufband und im Fitnessstudio. Wenn es sich zeitlich ausgeht, dann mache ich zum Beispiel bei beruflichen Aufenthalten Fitnesstraining, irgendwo ist immer ein Fitnessstudio, da nehme ich mir die Trainingssachen auch beruflich gerne mit. Ich hocke nicht nur im Hotelzimmer, sondern gehe laufen oder nutze das Schwimmbad im Hotel. Zuhause habe ich meine Geräte, meine Hanteln. Ich renne nicht dauernd ins Fitnessstudio, das mache ich nicht, aber viel Sport halt: Tennis, Schwimmen, Rad fahren.

Ich bin kein Fanatiker in irgendeine Richtung. So dreimal in der Woche versuche ich, meinen Kreislauf ein bisschen hochzutreiben.

Wie sieht es aus, wenn Du mit Deiner Partnerin ausgehst – wirkt sich das auf Dein Styling aus?

Ich bin eigentlich immer gleich gestylt. Ich hab so einen natürlich-sportlichen Look. Ich style mich auch nicht sehr. Ich schaue auf die Kleidung, aber nicht, weil ich eitel bin, sondern weil ich mich gerne schön anziehe und weil es passen muss, damit ich nicht ausschaue wie ein Clown. Das ist das Einzige, was mir wirklich wichtig ist. Da mache ich eigentlich sehr viel wett, da habe ich nicht immer nur Jeans an, sondern vielleicht mal eine dunkle Hose am Abend oder so.

Und wie sieht es am Wochenende aus? Unterbrichst Du da manchmal Deine Gewohnheiten, sodass Du Dich vielleicht am Samstag oder Sonntag nicht rasierst?

Ja, richtig, Montag, Dienstag oder Mittwoch vielleicht auch noch, wenn ich nicht arbeiten muss. Duschen und so macht man ja trotzdem, aber Rasieren ist halt nicht so wichtig.

Ein Zwei-, Dreitagebart hindert Dich also nicht am Ausgehen?

Nein, überhaupt nicht! Dann ziehe ich eine Lederjacke über – und es passt schon. Hauptsache, es passt zusammen. Der Style muss zusammen passen. Wenn ich eine Uniform trage, sollte ich rasiert sein; wenn ich mit Jeans und Lederjacke weggehe, kann ich unrasiert sein oder zerzaustes Haar haben, das passt dann einfach – es muss zusammenpassen.

Gehst Du auch manchmal zur Massage?

Ich gönne mir hie und da eine Massage, aber dadurch, dass man sich mit Sport und Sauna eigentlich ganz gut locker machen kann, brauche ich eigentlich keine Kuren oder so etwas. Wellnesswochenenden mache ich so gut wie nie, das brauche ich eigentlich nicht. Ich habe zu Hause meine Sauna, habe zu Hause meine Natur und meine Geräte, und eigentlich bin ich da ganz ausgelastet. Und was die Pflege meines Gesichts betrifft – das ist mein privater Bereich. Ich will auch niemanden ran lassen, der mit die Fußnägel schneidet. Hie und da, nur im Winter, gehe ich ins Solarium, weil mir einfach die UV-Strahlung fehlt. Das mache ich jetzt auch nicht, weil ich so eitel bin, sondern weil es mir nachher besser geht. Es geht mir irgendwie besser nach einem Saunagang und, in den kalten Wintermonaten, nach dem Solarium.

Wie stehst Du zum Thema Körperschmuck?

Piercing finde ich bei mir oder bei einem Mann allgemein ziemlich doof. Manchen passt es, aber für mich ist das nichts. Ein Tattoo wäre ganz cool, aber ich muss sagen, da ändert sich dann wieder der Geschmack, und man hat es ewig und ist für sein Leben geprägt. Man hat dann irgendetwas auf der Haut, was einem nach zehn Jahren nicht mehr gefällt. Das würde mich stören. Es wäre ganz interessant, aber es passt nicht ganz zu meinem Typ. Und Schmuck? Vielleicht einen Ring oder eine Uhr. Für einen Mann finde ich Uhren wichtig. Und den Ring meiner Freundin. Im Sommer ein Kettchen vielleicht, mehr nicht.

Hat sich im Laufe der Zeit Deine Einstellung zu den körperlichen Aktivitäten und zu Deinem Aussehen verändert?

Natürlich, in der Jugend schaut man nicht gar so darauf, wie man herumrennt. Man hat auch gar nicht das Geld, um sich so zu verwöhnen wie ich das heute tue, mit Pflegeprodukten, mit Freizeitaktivitäten, durch Sport. Wenn man nicht viel Geld hat, kann man auch nicht viel kaufen, dann kann man kein Solarium oder Fitnessstudio besuchen. Auch Sport kostet Geld. Und man wird auch mit dem Alter, glaube ich, eitler. Es fängt so mit 17 oder 18 an, dass man sich fragt, wie man aussieht.

Welche Gründe gibt es für Deine ganzen Aktivitäten?

Man macht es in erster Linie für sich, glaube ich. Wenn man sich wohlfühlt und dann gut bei den anderen ankommt, das merkt man ja. Das ist natürlich ein angenehmer Nebenaspekt – man schaut relaxt aus, man ist entspannt und kommt gut an. Man stellt was dar, wenn man sich gut präsentiert, das ist ganz klar – aber in erster Linie sollte man es für sich machen. Jeder sollte sich so wohlfühlen wie er ist, und dann strahlt man das auch aus, denke ich. Auftreten ist auch bei mir die halbe Miete, also ein sicheres und gepflegtes Auftreten.

Gibt es gewisse Leitbilder, denen Du nacheiferst?

Eigentlich nicht! Mein eigener Charakter ist schon sehr ausgeprägt, ich versuche nicht mehr wem nachzueifern, es gibt keinen, dem ich versuche ähnlich zu schauen. Man ist einfach in der Vergangenheit gut angekommen, und ich werde das hoffentlich auch in der Zukunft tun.

Hat Dir Deine Freundin schon mal eine Veränderung Deines Stylings vorgeschlagen?

Meine Freundin sagt mir hin und wieder, ich soll mir mal die Haare gelen, aber das geht mir eigentlich gegen den Strich. Ich habe meinen Standard, und sie hat ihren, und die sind ungefähr ähnlich.

Und Deine Kollegen, sagen die manchmal etwas?

Das hat es noch nie gegeben. Ich bin immer den Umständen entsprechend gut gekleidet und gepflegt.

5.5 Schönheit durch intensive Pflege – Frauen der unteren Klasse

Barbara Rothmüller

Die 13 Interviewpartnerinnen der unteren Klasse sind dadurch charakterisiert, dass sie entweder eine Lehrausbildung (vorwiegend zur Einzelhandelskauffrau) oder eine mittlere berufsbildende Schule (etwa eine Handelsschule ohne Abitur) absolviert haben. Die befragten Frauen sind überwiegend in Dienstleistungs- und Serviceberufen, aber auch in Büroberufen beschäftigt. Das Spektrum der Erwerbstätigkeit reicht von Pizzabotin über Verkäuferin (in verschiedenen Branchen), Organisationsassistentin und Buchhalterin bis hin zu Kindergärtnerin.

Die Frauen der unteren Klasse, die allesamt im Dienstleistungsbereich arbeiten, verbindet ein sehr ausgeprägtes Schönheitshandeln. Ein gepflegtes Äußeres ist für diese Frauen besonders bei Kundenkontakt von hoher Bedeutung. Für die Schönheitspflege wird relativ viel Zeit und Geld investiert, trotzdem werden die umfänglichen Praktiken häufig als moderat beschrieben, sodass das Verhältnis dazu eher unhinterfragt erscheint. Insgesamt besonders stark ausgeprägt sind Schminkpraktiken, die Haarpflege und die Verwendung unterschiedlichster Cremes. Es befinden sich allerdings auch einige alleinerziehende Frauen in dieser Klasse, die aufgrund des geringen ökonomischen Kapitals oder mangelnder Zeit keine umfassenden Schönheitspraktiken verfolgen können.

Tägliches Schminken ist für viele weibliche Angestellte der unteren Klasse selbstverständlich und zählt zur morgendlichen Routine. Die Schminkpraktiken zielen vor allem auf eine Betonung der Augen ab, wobei (teilweise teure) Wimperntusche und Kajalstift die Basisutensilien aller Frauen darstellen. Daneben wird häufig Lidschatten aufgetragen, und es ist durchaus üblich, die gezupften Augenbrauen mit einem Stift nachzuziehen. Allerdings enden die Schminkpraktiken hier nicht. Lippenstift, Make-up oder Rouge kommen ebenfalls zum Einsatz, einige Frauen schminken sich im Laufe des Tages nach. In den Interviews wird dabei von mehreren Frauen betont, dass »Natürlichkeit« angestrebt wird. Es ist den Befragten wichtig, nicht aufdringlich geschminkt zu wirken. Das »dezente« Schminken für den Arbeitsalltag wird häufig vom Privatleben abgegrenzt, in dem gar nicht geschminkt wird, oder aber von abendlichem Ausgehen, bei dem noch aufwändigere Schminkprozeduren betrieben werden.

In die Haarpflege und -formung wird insgesamt am meisten Zeit und Geld investiert. Die Frauen gehen regelmäßig, in etwa alle zwei Monate, zum Friseur, am häufigsten werden dabei (neben dem Schneiden) Strähnchen gefärbt und in einigen Fällen glatte Haare gewellt oder gewellte Haare geglättet. Durchschnittlich werden pro Friseurbesuch 100,- Euro ausgegeben. Zur regelmäßigen Haarpflege werden neben Shampoo und Balsam auch Haar- und Föhnschaum, Gel, Haarpackungen und Haaröl verwendet, durchwegs um trockenen Haarspitzen beizukommen. Eine extra hergestellte Haarfarbe und -form scheint dabei unabdingbar, um einen gepflegten Eindruck zu erwecken. Dies zeigt sich am deutlichsten bei einer Frau, die sich jahrelang die Haare in »fast ihrer Haarfarbe« färbte.

Zu den durchgängig verfolgten Schönheitsvorstellungen zählt eine gebräunte Haut. Einige Frauen gehen regelmäßig ins Solarium, wobei die Häufigkeit von einmal pro Monat bis zweimal pro Woche variiert. Die Frauen, die aus gesundheitlichen Gründen Solariumbesuche ablehnen, lassen sich von der Sonne bräunen. Gebräunte Haut verspricht nach Aussage der Interviewpartnerinnen ein besseres Aussehen – in Abgrenzung zu »krankem Aussehen« bei blasser Haut.

Trockene Haut ist der am häufigsten genannte Grund für den Einsatz von Körpercremes, die alle Interviewten besitzen und vornehmlich nach dem Duschen auftragen. Daneben verwenden auch alle Frauen Gesichtscremes, der Großteil hat eigene Tages- und Nachtcremes. Einige Frauen benutzen Augen- und Faltencremes, die in der Regel kostspieligere Markenprodukte sind. Auch Hand- und Fußcremes sowie Feuchtigkeits- und Augenmasken finden Verwendung. Zur Gesichtsreinigung am Abend werden von den Befragten eigene Reinigungsprodukte wie Gesichtsseife, Reinigungstücher, Peelings und Abschminkprodukte bevorzugt.

Sportliche Aktivitäten in Fitnessstudios sind bei vielen der unteren Angestellten verbreitet, meist betreiben sie Ausdauer- und Krafttraining, seltener werden Kurse wie Aerobics oder *body-workouts* besucht. Manche Frauen waren früher regelmäßig trainieren und haben dies nun aus Zeit- beziehungsweise Geldmangel eingestellt. Als Ersatz und teilweise ergänzend werden sportliche Aktivitäten zu Hause praktiziert, dabei werden häufig Heimtrainer und Hanteln, aber auch Gymnastikartikel oder Aerobics-DVDs verwendet. Ein durchtrainierter weiblicher Körper wird als schön begriffen und von einigen Frauen explizit angestrebt.

Achsel- und Beinhaarentfernung sind durchgängig üblich, teilweise auch die Intimhaarentfernung. Lackierte Finger- und Fußnägel sind ebenfalls stark verbreitet, einige Frauen nehmen dafür Maniküre und Pediküre in Anspruch und lassen sich regelmäßig Gel- beziehungsweise Kunstnägel machen. Trotz der geringen Einkommen sind für die unteren Angestellten Schönheitsoperationen und professionelle kosmetische Eingriffe durchaus eine Option. Von den befragten Frauen werden Ohrenanlegen, Fettpölsterchen unter den Augen und Muttermale entfernen, Verödung von Krampfadern sowie eine aufwändige Cellulitisbehandlung erwähnt. Auch für die Zahnformung aus Schönheitsgründen und die Gebisskorrektur im Erwachsenenalter sind manche Frauen bereit, einiges an finanziellem Kapital einzusetzen.

Körperschmuck wird von mehreren Frauen getragen. Nasenpiercings dominieren hier, vereinzelt finden sich auch Augenbrauen- oder Bauchnabelpiercings. Tätowierungen sind häufig vertreten: Zwei Frauen haben ein Tattoo am Steißbein, weitere tätowierte Körperstellen sind Brust, Oberarm, Nacken, Rücken sowie hinter dem Ohr. Die Motive (Schmetterling, Lilie oder Dornen) scheinen insgesamt von untergeordneter Bedeutung, wichtiger ist die Körperstelle. In einem Fall wird diese zuerst ausgewählt und erst in einem zweiten Schritt ein Motiv gesucht. In einem anderen Fall ist es der Frau wichtig, dass die tätowierte Körperstelle verdeckt, also nicht von allen gesehen werden kann.

Mediale Anstöße zu den jeweiligen Schönheitspraxen kommen zum Teil aus *Beauty*- und Modezeitschriften, vor allem aber aus Fernsehserien und Filmen. Auch allgemeiner Startratsch stößt bei den Frauen auf breites Interesse. Obwohl mehrere Befragte betonen, keine Vorbilder zu haben und in ihrem Schönheitshandeln unbeeinflusst zu sein, zeigt sich oft an anderen Interviewstellen eine relativ ungebrochene Mimesis. In manchen Fällen gewinnt man den Eindruck, dass die Frauen kaum einen Unterschied zwischen ihrem Status und demjenigen berühmter Persönlichkeiten machen, das heißt Analogien zwischen Stars und sich ziehen. Insofern ist bei diesen Frauen der hohe Identifikationsgrad mit Stars auffällig, was sich neben der Begeisterung für bestimmte Frauenfiguren im Verweis auf Jugendträume von einer Starkarriere ausdrückt: »Als Kind wollte ich immer Schauspielerin oder Nachrichtensprecherin werden ... oder Tänzerin«, »Eiskunstläuferin, das hätte mich schon gereizt.« Mit der Selbsteinbettung in die Welt der Stars ist jedoch häufig eine realistische Einschätzung der tatsächlichen Möglichkeiten sowie eine Enttäuschung über die Differenz verbunden. »Das war ja ohnehin nur ein Traum.« Ähnlich antwortet eine junge Buchhalterin auf die Frage, ob ihr der Beruf Spaß mache: »Eigentlich überhaupt nicht. Das war nicht so geplant. Sport und Mode interessieren mich viel mehr.«

Anstöße zu diversen Schönheitspraktiken kommen – neben den genannten Identifizierungen – häufig aus dem privaten und beruflichen Umfeld der Frauen, dabei vor allem von Kolleginnen und weiblichen Familienmitgliedern.

Trotz des niedrigen ökonomischen Kapitals der unteren Angestellten wird ein relativ großer Teil des verfügbaren Einkommens in die Selbstpräsentation investiert. Schönheitspflege für den Arbeitsalltag verlangt im Großen und Ganzen starke Eingriffe – die »natürliche Schönheit« wird nicht dem Zufall überlassen. Trotz der Abgrenzungsversuche von »künstlichem« Aussehen und »übertriebenen« Praktiken, scheint für einige Frauen nur ein umfassend veränderter Körper sozial akzeptabel und gesellschaftsfähig. Der affirmative Bezug auf Natürlichkeit verdeckt dabei die starken Körperformungsstrategien, die nötig sind, um sich »wohler zu fühlen«.

Der hohe finanzielle wie auch zeitliche Aufwand wird jedoch selten konkretisiert. Die soziale Distanz zur eigenen, zumeist proletarischen Herkunft vergrößert sich mit dem Auszug aus dem elterlichen Haushalt, dem Eintritt in den Dienstleistungsberuf und mit einem zweiten Haushaltseinkommen (des Partners). Diese Brüche gehen einher mit Änderungen in der Schönheitspraxis, deutlich vor allem in der Abgrenzung von den (Schmink-)Praktiken der Mütter. Obwohl in den Bemerkungen mancher Frauen anklingt, dass sie sich nun im Vergleich zu früher mehr leisten (können), zeigt sich durchwegs eine starke sozialstrukturelle Kontinuität – unter anderem darin, dass der Großteil der Frauen dasselbe Berufsfeld wählte wie ihre Mütter. Die starken finanziellen Beschränkungen und die geringen beruflichen Karrierechancen stehen dabei einem Wunsch nach sozialem Aufstieg gegenüber, der weniger über höhere Bildungsabschlüsse als über Gepflegtheit erreicht werden soll: »Wenn man sich nicht pflegt, dann kommt man im Leben auch nicht wirklich weiter. Wenn ich mir denke, dass ich ungepflegt in die Arbeit kommen würde, glaube ich kaum, dass die mich dort noch haben wollen.«

Im Gegensatz zur starken und kontinuierlichen Körperperformung steht das generell ungeregelte Essverhalten der unteren Angestellten. Gegessen wird, worauf die Frauen gerade Lust haben, und das sind – auch aus Sicht der Befragten – häufig ungesunde und fetthaltige Nahrungsmittel. Manche Interviewpartnerinnen versuchen verstärkt, Gemüse und kalorienarme

Kost zu sich zu nehmen. Im Vordergrund steht jedoch die Lust am Essen, der geringe Aufwand und teilweise der Kampf gegen »Fressattacken«.

Jene Frauen, deren Schönheitspraktiken in manchen Bereichen etwas zurückgenommen sind, weisen auf deutliche finanzielle oder zeitliche Restriktionen ihrer Möglichkeiten hin, nicht jedoch auf eine geringere Bedeutung des Aussehens. Ohne externe Restriktionen würden weitaus mehr der Vorhaben umgesetzt werden. Die Beschränkungen wirken sich besonders auf die Inanspruchnahme professioneller Schönheitspflege, auf Fitnessstudio- und Solariumbesuche aus. Das finanzielle Handicap wird von einigen Frauen durch soziales Kapital kompensiert. So wird etwa, weil der regelmäßige Friseurbesuch für die Frauen zu teuer wäre, der Haarschnitt und die Färbung von einer Freundin oder in Schwarzarbeit durchgeführt. Massagen oder Wellnessaufenthalte gelten als Luxus und werden, wenn überhaupt, nur zu besonderen Anlässen in Anspruch genommen. Bei den befragten Müttern stellt neben den geringen finanziellen Mitteln auch die fehlende Zeit ein bedeutendes Hindernis für außeralltägliche Schönheitshandlungen dar. Regelmäßige Fitnesscenterbesuche sind kaum möglich, die körperliche Bewegung beschränkt sich auf spazieren gehen, Treppen steigen anstatt mit dem Lift zu fahren und ähnliches.

Hervorzuheben ist auch die stark ausgeprägte Religiosität mehrerer Interviewpartnerinnen, die vor allem auf argumentativer Ebene einen Unterschied macht. Neben der im engeren Sinn religiösen Praxis weisen diese Frauen teilweise einen Hang zur Esoterik auf, das heißt sie besuchen esoterische Veranstaltungen, setzen auf alternative Heilmethoden und streben eine Veränderung ihres Äußeren durch innere Prozesse an (wie etwa positives Denken, um Sorgenfalten zu bekämpfen). Im Gegensatz zu den restlichen Befragten, die sich durchwegs ungesund ernähren, achten sie stärker auf gesundes Essen oder kontrollieren stärker ihre Nahrungsaufnahme – indem sie zum Beispiel abends nichts mehr essen, einmal pro Woche einen Obsttag einlegen oder fasten. Die religiöse Haltung wirkt sich auch auf die Hygienepraktiken und Reinheitsvorstellungen aus. So bezeichnet eine sehr religiöse Frau zum Beispiel Duschen als »Ganzkörperwaschung«. Diese Reinheitsvorstellungen scheinen auch für die starke Ablehnung von Zahnverfärbungen verantwortlich zu sein, die bei manchen religiösen Frauen über den für die untere Klasse üblichen Wunsch nach schönen Zähnen hinausgeht. Gegen Verfärbungen wird dann vermehrt Bleichpaste und professionelle Zahnreinigung eingesetzt.

Fallbeispiel 9: Mona, Ordinationshilfe[72]

Mona, die knapp über 40 Jahre alt ist, wuchs gemeinsam mit ihrer jüngeren Schwester in einer kleinen Wiener Gemeindebauwohnung auf. Ihr Vater war Fernfahrer und deshalb nur am Wochenende zu Hause. Die Mutter war ganztags als Bürokraft tätig. Mona besuchte drei Jahre lang eine (christliche) Handelsschule in Wien und begann danach als Bürohilfskraft bei Freunden der Familie zu arbeiten. Nach einer Reihe von Gelegenheitsjobs und Zeiten der Arbeitslosigkeit, in denen sie Förderkurse des Arbeitsmarktservice, unter anderem eine Ausbildung zur Ordinationshilfe, absolvierte, begann sie in der Praxis eines Internisten zu arbeiten. Dieser ist mittlerweile in Pension gegangen, allerdings setzte sie ihre Arbeit bei dessen Nachfolger fort.

Mona hat seit sieben Jahren einen Freund, den sie aber nicht als Lebenspartner bezeichnet. Ein Lebenspartner sei für sie jemand, mit dem sie einen gemeinsamen Haushalt führt. Sie hingegen lebt seit über 20 Jahren alleine in jener Wohnung, die sie nach Verlassen des elterlichen Haushalts bezog.

Sie geht beinahe jedes zweite Wochenende tanzen, entweder mit ihrem Freund oder mit einer ganzen Gruppe von Leuten. Sonntagabends, aber des Öfteren auch unter der Woche, besucht sie die Messe, und sie geht regelmäßig beichten. Mona meint, in der Kirche werde sie irgendwie gereinigt und ihre Gedanken seien dort anders – sie führt das auf den Weihrauch in der Kirche zurück. Ein täglicher Spaziergang, außer wenn es stürmt, schneit oder regnet, ist für Mona ein unbedingtes Muss. Damit halte sie sich fit und schlank. Vor Kurzem noch besuchte sie sowohl einen Aerobic- als auch einen Chigong-Kurs. Aerobics sei mehr für den Körper, gegen schlaffe Oberschenkel und mache einen straffen Körper, Chigong wärme gewisse Meridiane auf.

Mona ist eine äußerst schlanke Frau. Sie achtet darauf, dass sie am Abend wenig isst und keine schwerverdaulichen Nahrungsmittel zu sich nimmt. Sie bevorzugt Gemüse und verzichtet auf Schokolade. Es gefällt ihr gut, wenn ihre Haut gebräunt ist, dazu geht sie in den Sommermonaten fast jeden zweiten Tag sonnenbaden – an eine Stelle an der Donau, an der sie nackt baden und nahtlos braun werden kann. Sonnenstudios besucht

---

[72] Das Gespräch wurde von der Seminarteilnehmerin Maria Nasswetter geführt und von Otto Penz redigiert.

sie nicht, da ihr der Hautarzt aufgrund ihrer vielen Muttermale davon abgeraten hat.

Einen besonderen Stellenwert nehmen bei Monas Schönheitspflege die Haare ein, und der zeitliche Aufwand für die Haarpflege ist ungleich höher als der für jede andere Körperpartie. Sie lässt sich seit 20 Jahren in einer aufwändigen Prozedur die Haare glätten, denn von Natur aus hat sie stark gekraustes Haar. Sie hätte auch gerne längeres als schulterlanges Haar, aber die Spitzen brechen zu leicht ab, und die nachwachsenden Haare kräuseln sich immer. Die Haare werden nicht unter der Dusche und auch nicht in der Früh, sondern zweimal in der Woche am Abend gewaschen und mit Haaröl gepflegt, da das aufwändige Fönen am Morgen zu lange dauern würde.

Mona selbst meint, sie würde tagtäglich am meisten Zeit für die Gesichtspflege aufwenden, allerdings gefielen ihr ihre Hände am besten. Sie wäscht sich sehr häufig die Hände, vor allem in der Ordination, aber auch beim Nachhausekommen, und cremt sie daher sehr oft ein, um ein Austrocknen zu verhindern. Da sie mit vielen Menschen in der Ordination zu tun hat, möchte sie den Leuten auch entgegenlächeln können, daher achtet sie sehr auf die Zahnpflege. Sie putzt sich zwei- bis dreimal täglich die Zähne und verwendet zusätzlich ein Bleichmittel, das die Zähne heller machen soll. Da sie raucht – exakt fünfzehn Zigaretten pro Tag –, müsse sie umso mehr auf die Zahnpflege achten.

Als Schönheitsvorbild nennt Mona Madonna, weil diese mit 49 Jahren noch sehr gut aussehe, wobei sie nicht wisse, ob Madonna Botox spritzt, um die Gesichtsfalten zu glätten. Sie könne sich vorstellen Botox auszuprobieren, aber andere schönheitschirurgische Eingriffe kämen nicht in Frage. Nur einmal ließ sie aus Schönheitsgründen ein Muttermal entfernen, weil es wie ein »schwarzer Fleck auf weißer Haut« aussah.

Mona schminkt sich und pflegt sich in erster Linie für sich selber, möchte für sich selbst schön sein und findet zu viel Schminke unattraktiv. Am schönsten sei es, wenn sie »natürlich« aussehe.

Mona im Gespräch

Erzähle doch ein wenig über Deine Schönheitspflege.
Ich dusche mich täglich – eine Ganzkörperwaschung, vornehmlich in der Früh. Dazu gehört zuallererst, das Gesicht mit kaltem Wasser zu waschen. Wenn ich nach der Arbeit nicht mehr ausgehe, dann nehme ich nur

die getönte Tagescreme, wenn ich weiß, ich treffe mich noch mit wem, dann kommt ein Make-up drauf. Die Haare wasche ich nur am Abend, das würde sich in der Früh nie ausgehen.

Tönst Du die Haare?
Schon seit Jahren, eine Freundin hilft mir.
Verwendest Du Körpercremes?
Ja täglich, eine Körpermilch kommt dann auf meinen Körper, auch auf meinen Hals, der wird dick eingecremt, und das wird dann über meinen ganzen Körper verteilt.
Nach welchen Kriterien entscheidest Du Dich für bestimmte Produkte?
Ich lasse mich vom Äußeren des Produktes inspirieren, von der Verpackung, dann schaue ich was drinnen ist. Manchmal haben sie auch einen Tester, das probiere ich dann gleich aus, und schließlich entscheidet natürlich auch der Preis. Es gibt eine gewisse Summe, über die gehe ich nicht hinaus.
Was verwendest Du sonst noch?
Einen Deo, ein Roll-on, das finde ich sehr angenehm – wenn mal die Achselhaare rasiert sind, sind die Sprays etwas scharf auf der Haut. Es beginnt dann zu brennen und zu jucken. Und ich finde einen Roll-on einfach praktischer.
Rasierst Du die Achselhaare?
Ja.
Depilierst oder rasierst Du sonst wo?
Mit einem *Ladyshave* den Schritt und die Beine, alle zehn Tage, auch im Winter, und im Sommer die Beine und Achselhaare öfter.
Fällt Dir sonst noch etwas zur täglichen Körperpflege ein?
Die Nägel feile ich alle zwei, drei Tage, ich mache es sogar manchmal neben der Arbeit, wenn ich Zeit habe. Und ich verwende am Tag sehr oft Handcremes. Durch meine Tätigkeit beim Arzt wasche ich sehr oft die Hände, und da steht auf meinem Arbeitsplatz eine Handcreme. Zu Hause schmiere ich sie auch öfters ein, weil die Hände weich sein sollen, das mag ich an mir selber. Die Handcreme kaufe ich dann auch nach verschiedenen Duftnoten, und ich schaue, welche Pflegestoffe drinnen sind.
Sprechen wir über Deine Ernährungsgewohnheiten. Gibt es da bestimmte Sachen, die Du nicht isst?
Ich vermeide Fertigprodukte, weil die Konservierungsstoffe, die drinnen sind, nicht so gut sein sollen – und es schmeckt mir auch nicht. Ich koche jeden Tag frisch, es soll immer Gemüse dabei sein.

Hat das etwas mit Schönheit zu tun?
Ich glaube schon: Alles was wir verdauen, das strahlt auch aus – durch die Haut, durch die Poren. Ich esse sehr gerne Karotten, und ich glaube, das macht eine glänzende Haut, Vitamin A kombiniert mit einem Schuss Öl und Zitronensaft.
Vermeidest Du Süßigkeiten?
Süßigkeiten esse ich fast täglich in der Arbeit, aber nicht am Abend.
Warum nicht am Abend?
Weil ich das Gefühl habe, es macht mich sonst etwas mollig. Ich esse sehr gerne am Tag Süßes, um mich durch den Zucker wachzuhalten.
Gehst Du ins Sonnenstudio?
Gehe ich nicht, weil ich sehr viele Sommersprossen habe und ich das laut Hautarzt nicht soll.
Sollst Du auch sonst nicht in die Sonne?
Im Sommer gehe ich schon in die Sonne, das ist mir ein Bedürfnis, und ich bin sehr gerne braun, aber halt nur zwei Monate im Jahr.
Warum bist Du gerne braun?
Ich glaube, man schaut dadurch besser aus.
Hältst Du auch Diät oder fastest Du, um schön zu sein?
Am Abend schaue ich, dass ich wenig esse oder weniger, keine schweren Sachen – Gemüse vorzugsweise, keine Schokolade vor dem Fernseher.
Hast Du irgendwelche chirurgischen Eingriffe machen lassen? Du hast Deine Muttermale erwähnt.
Ja, ein paar wurden schon entfernt.
Aus medizinischen Gründen?
Ja, aus medizinischen Gründen.
Also es war keines dabei, wo Du gesagt hast, das gefällt mir nicht, ich hätte das gerne weg?
Doch, eines hat es einmal gegeben, das ist aber schon sehr lange her, ein größeres am Rücken. Es war einfach ein schwarzer Fleck auf meiner weißen Haut, es hat mir nicht gefallen.
Hast Du ein Piercing?
Nein, gar nichts.
Auch kein Tattoo?
Ein ganz kleines habe ich, das vergesse ich ständig… Mir ist es ein Anliegen, dass ich keine Sorgenfalten bekomme.
Was tust Du dagegen?

Positiv denken und am Abend die Creme wirklich fest einmassieren. Ich möchte nicht so schnell Falten bekommen, ich bin sehr gerne eine Junggebliebene und will das auch nach außen hin demonstrieren.
Wenn Du Dich in der Früh schminkst, für wen tust Du das?
Für mich.
Das ist das Wichtigste?
Doch, in erster Linie für mich.
Gibt es Vorbilder in Deinem Freundeskreis dafür, wie Du aussehen möchtest?
Ich kenne eine Frau, die sehe ich öfters auf Tanzveranstaltungen, die hat zum Beispiel ganz schönes Haar, langes gepflegtes Haar – die gefällt mir sehr gut.
Würdest Du gerne längere Haare haben?
Ja, so bis zu den Rippenbögen. Ich habe eigentlich Naturwellen, eine sehr starke Krause. Seit 20 Jahren werden sie geglättet, und es kommt die Krause doch noch nach, sprich, sie kommen von den Haarwurzeln gekräuselt nach.
Wie werden die glatt gemacht?
Einmal im Jahr wird der ganze Kopf glatt gemacht mit einem Dauerwellenpräparat. Die Haare werden dann auf Kartons gespannt und das Dauerwellenpräparat eingezogen. Durch das Präparat, das einen Fixierer drinnen hat und ein bisschen Mehl oder Maisstärke, kleben die Haare auf dem Karton. Das lasse ich so einmal im Jahr machen, und deswegen muss ich die Haare auch immer föhnen, sonst kräuseln sie sich oder würden eher struppig ausschauen.
Was war der Anlass, um glatte Haare zu wollen?
Ich habe in meiner Jugendzeit sehr starke Naturwellen gehabt und habe mir dann eine Zeit lang wie die Rastamänner *dreads* wachsen lassen. Die hat man dann nicht mehr rausbekommen, die hat man rausschneiden müssen. Das hat eine Friseurin gemacht, die eine Freundin meiner Mutter war. Und die hat mir gesagt, dass es eine Methode gibt, um Naturwellen glatt zu kriegen, und mich gefragt: »Willst Du das einmal ausprobieren?« Und auf einmal habe ich mich als ganz neuer Menschen gefühlt.
Ist es jetzt für Dich schöner oder nur praktischer?
Ganz im Gegenteil, es ist aufwändiger, ich muss ja die Haare föhnen – ich gefalle mir nur besser damit. Wenn ich nicht föhne, dann würden die Haare aufgehen wie ein Ballon.
Was würdest Du als Deinen schönsten Körperteil bezeichnen, oder worauf verwendest Du das größte Augenmerk?

Die meiste Zeit verwende ich für die Gesichtspflege – in der Früh eincremen, Augencreme, am Abend eine Abschminkcreme, dann die Nachtcreme. Am besten gefallen mir meine Hände. Auf die lege ich auch großen Wert.

Gibt es irgendwelche Vorbilder, zum Beispiel Schauspielerinnen?

Ja, die Madonna, weil die für ihr Alter noch sehr gut ausschaut und körperlich in absoluter Hochform ist. Ich finde auch die Catherine Deneuve sehr fesch für ihr Alter. Die ist zwar nicht so schlank wie Madonna, sie ist auch älter, aber sie hat, glaube ich, noch keine Gesichtsoperation machen lassen. Da bin ich bei Madonna nicht ganz so sicher, ob sie nicht schon *Botox* gespritzt hat.

Würdest Du dieses Mittel für Dich in Erwägung ziehen?

Vielleicht, wenn ich das Geld hätte

Würdest Du sonst irgendeine Schönheitsoperation machen lassen?

Nein, außer die Haare glätten nichts.

Aber kein Silikon oder irgendwelche Absaugungen?

Nein.

Liest Du irgendwelche Schönheitszeitschriften?

Persönlich kaufe ich mir schon lange keine mehr, aber wir haben in der Arbeit mehr als genug. Eher Gesundheitszeitungen, wo auch sehr viele Pflegetipps drinnen sind.

Und die liest Du auch regelmäßig?

Ja doch, sobald sie kommen, lese ich sie zuerst und dann gebe ich sie erst zu den Patienten.

Wendest Du auch manches an, was Du da liest?

Ich lese es, und was ich mir merke, merke ich mir, und was nicht, das nicht.

Gibt es Werbung, die Dich anspricht?

Schön finde ich die Werbung von Dove, da sind nicht nur die Superschlanken vertreten – die gefällt mir sehr gut. Da gibt es sowohl schlanke wie auch mollige oder festere Frauen, wo der Körper nicht so perfekt dargestellt wird wie in sehr teuren Modezeitungen.

Aber Du willst ja schlank und straff sein, keine Falten haben.

Es lässt sich trotzdem nicht vermeiden, dass ich einmal einen Kugelbauch haben werde.

Gibt es im Freundeskreis Kosmetiktipps, die man austauscht?

Eigentlich nicht. Meine Mutter verwendet auch sehr gerne Körpermilch und Lotions. Wenn ich bei ihr bin, schaue ich das durch, dann schenkt sie

mir sogar eine. Sie probiert sehr gerne Neues aus, sie schaut nicht so auf den Preis wie ich, sie muss es nicht, und dann schenkt sie mir das eine oder andere.
Schminkt sich Deine Mama regelmäßig?
Ja, bei ihr liegen mehr Schminksachen als bei mir herum – Lidschatten, Puder und Lippenstift.
Du schminkst Dich nicht so viel wie sie?
Nein.
Warum nicht?
Ich muss mich doch wieder abschminken am Abend, und ich finde mich eigentlich natürlich am schönsten.

5.6 Kampf gegen Schweiß und Körpergeruch – Männer der unteren Klasse

Barbara Rothmüller

Der unteren Klasse gehören 15 Männer an, die durchwegs eine Lehrausbildung, etwa zum Tischler, Schlosser oder Elektriker, abgeschlossen haben. Die befragten Männer sind zum überwiegenden Teil in handwerklich-gewerblichen Berufen tätig, und nur einige wenige im Dienstleistungsbereich. Zur unteren Klasse der Untersuchung zählen neben den genannten handwerklichen Tätigkeiten auch untergeordnete Berufspositionen wie Postbediensteter, Labortechniker, Automatisierungstechniker oder Koch (im Rahmen eines größeren Cateringunternehmens).

Die meisten Männer der unteren Klasse stellen ihre Schönheitspraxis in den Kontext von Sauberkeit und Hygiene. Die Körperpflege beschränkt sich in der Regel auf Zahnhygiene und Duschen und soll so wenig Aufwand wie möglich bereiten: »Da bin ich zu faul, das muss relativ schnell gehen.«

Die Zahnpflege nimmt in den Interviews breiteren Raum ein, zumindest ein- bis zweimal am Tag werden die Zähne geputzt, vereinzelt auch häufiger. Einerseits steht das Zähneputzen in Zusammenhang mit der Bekämpfung von Mundgeruch, speziell als Folge des weitverbreiteten Alkoholkonsums der Männer. Andererseits spielt das Aussehen der Zähne eine wichtige Rolle. So versuchen einige Befragte, die Zähne mit speziellen

Zahnpflegemitteln beziehungsweise professioneller Hilfe zu bleichen oder Zahnfehlstellungen mit einer Regulierung zu beheben.

Das regelmäßige Duschen gewinnt vor allem bei körperlich anstrengenden Tätigkeiten zur Bekämpfung des Schweißgeruchs eine hohe Bedeutung – ungeduscht ins Bett zu gehen, wird mit Dreckigsein assoziiert. Von nahezu allen Männern werden auch Deodorants verwendet, wiederum gegen Achselschweiß oder durch Alkohol hervorgerufene Körperausdünstungen. Der Duft der Deos und vereinzelt genutzten Aftershaves wird häufig von der Partnerin ausgewählt, die bei der Anschaffung berät oder diese überhaupt übernimmt. Der Duft selbst spielt allerdings eher eine Nebenrolle, im Vordergrund steht, nicht zu stinken und den Schweißgeruch loszuwerden.

Alle weiteren schönheitsbezogenen Praktiken werden nur unregelmäßig oder von einzelnen Männern verfolgt. So wird etwa die Haarpflege von den Befragten sehr unterschiedlich gehandhabt. Die Reinigung der Haare erfolgt beim Duschen oder Baden, meist jeden zweiten Tag. Für die Haarwäsche werden Shampoos, aber kaum weitere Produkte verwendet. Die Frisur wird häufig selbst geschnitten oder auch rasiert, nur in Einzelfällen wird ein Friseur besucht. Im Mittelpunkt der Argumentation steht dabei, möglichst wenig Geld auszugeben. Während sich einige Männer eine Glatze rasieren, teilweise als Reaktion auf altersbedingten Haarausfall, tragen andere die Haare lang, weil es ihnen so besser gefällt. Einige verwenden auch Gel zum Stylen der Haare.

Zur Pflege der Haut werden kaum spezielle Produkte verwendet, wenn überhaupt, werden sie häufig unspezifisch als Creme bezeichnet. Ein Befragter verwendet Hirschtalk, um seine von der Arbeit beanspruchte Haut geschmeidiger und glatter zu halten. Ein weiterer benutzt Produkte aus der »Nivea-Ecke«, was er auf die elterlichen Gewohnheiten zurückführt.

Einige Männer tragen Körperschmuck in Form von Ohrsteckern, Piercings oder Tätowierungen. Die Männer achten in der Regel darauf, dass die Tätowierungen durch ein T-Shirt bedeckt werden können, sodass sie nicht für alle ersichtlich sind. Solariumbesuche sind nicht üblich, da ohnehin viel Zeit im Freien verbracht wird und der »Gelbstich«, also eine »unnatürliche« Bräune, negativ auffallen würde.

Bei der Ernährung achten einzelne der befragten Männer auf Ausgewogenheit, allgemein betrachtet ist die Nahrungsaufnahme aber ungeregelt und teilweise, bei körperlich anstrengender Arbeit, sehr kalorienhaltig. »Tagsüber esse ich mich quer durch, auf was ich gerade Lust habe.

Manchmal haue ich mir auch zu Mittag zwei Wurstsemmeln rein, oder ein anderes Mal einen Kebab, oder irgendwas, wie gesagt, worauf ich gerade Lust habe.« In Folge dieser Ernährung weisen einige Männer Übergewicht auf, dem nicht mit einer langfristigen Umstellung der Ernährung begegnet wird, sondern mit kurzen Diäten, die allerdings nur in Gemeinschaft mit Frauen (Mutter, Ehefrau, Partnerin oder Kollegin) umgesetzt werden. Die Männer leiden unter ihrem Übergewicht, entsprechende Diätmaßnahmen werden jedoch häufig von Frauen initiiert. Der Einfluss der Partnerinnen auf die Schönheitspraktiken ihrer Männer ist insgesamt groß, vor allem hinsichtlich der Produktwahl beziehungsweise der Körperhaarrasur. Mehrere Männer rasieren sich im Sommer die Achselhaare, weil es »hygienischer« ist. Weitere Körperhaarentfernungen sind eher selten, Brust- und Schamhaare werden nur von einem der befragten Männer entfernt – aufgrund des Wunsches seiner Partnerin. Umgekehrt werden die Brusthaare nicht entfernt, wenn sich die Partnerin positiv darüber äußert. Auch die Barthaarrasur hängt häufig mit den Wünschen der Partnerin oder generell dem Kontakt mit Frauen zusammen. So räsoniert einer der Befragten übers Rasieren: »Ich sage da ganz ehrlich, nachdem ich viel auf jüngere Frauen schaue, ist man da schon eitel und will seine Chancen nicht minimieren, nicht zwanghaft.«

Die Barthaarrasur wird durchwegs als lästig empfunden, und die meisten Männer rasieren sich auch nicht täglich, sondern eher sporadisch, an jedem zweiten Tag oder auch nur alle vier Tage. Oder der Bart wird überhaupt länger getragen, als Dreitagebart, Kinnbart oder Vollbart. Die Häufigkeit der Rasur hängt letztlich von sozialen Faktoren ab. Für die Arbeit oder den potenziellen Kontakt mit Frauen wird rasiert, im Urlaub oder der Freizeit wird gerne darauf verzichtet. Der Bart, in Verbindung mit der Frisur, dient darüber hinaus für einige Männer der Demonstration von sozialer Gruppenzugehörigkeit oder der sichtbaren Abgrenzung. Zum Beispiel trägt ein Mann mit kahl rasiertem Kopf einen Kinnbart, um nicht ins rechte Lager gerückt zu werden »und weil meine Freundin gesagt hat: Na, das gefällt mir.«

Einige Männer versuchen, einen Mittelweg zu finden zwischen Normalität und Individualität, zwischen Anpassung und Differenzierung. Zur Individualität gehört »auffallen, irgendwie zeigen, dass wir cool sind« und »nicht nachahmen«, zur Anpassung, »nicht ganz aus der Mode« zu sein oder der Versuch, eine »normale Frisur« zu haben. Dies ist vor allem vor dem biographischen Hintergrund jener Männer zu sehen, die angeben, sich in der Jugend (und nur in der Jugend) an männlichen Vorbildern orientiert zu haben. Genannt werden eine Dauerwelle wie David Haselhoff oder lange Haare wie Iron Maiden. Insgesamt haben die gewählten Frisuren der Männer auch mit ihrem Alter zu tun. Die Frisur soll an das jeweilige soziale Umfeld angepasst sein und daran, welche Konnotationen dort jeweils mit einer bestimmten Frisur verbunden werden. In der Jugend hingegen wurden häufig auffällige Frisuren getragen, die in Widerspruch zum sozialen Umfeld standen.

Populäre Männerbilder werden zwar rezipiert, aber zurückgewiesen: »Ich meine, muss ein Mann schön sein? Ich bin sicher kein Brad Pitt oder der Typ aus der Coca Cola-Werbung. Will ich auch gar nicht.« Eine weitere Abgrenzung wird von den befragten Männern häufig gegenüber Angestellten und »Bürojobs« vollzogen. Während diese Ausgleichssport nötig hätten, kommen Fitnesscenterbesuche für die Befragten nicht in Frage, weil körperliche Bewegung in den meisten Fällen Teil ihrer beruflichen Tätigkeit ist. »Die Armmuskulatur ist in meinem Beruf nicht wirklich unterfordert, somit ergibt sich genug Training durch den täglichen Betrieb, also ich brauche jetzt nicht wirklich eine Ausgleichssportart machen, so wie wenn ich einen Tag lang vor dem Computer sitze.« Ähnlich antwortet ein Tischler auf die Frage, ob er Krafttraining betreibe: »Nein, außer jobmäßig eigentlich nicht.« Im Gegensatz zu ihrer Jugend, in der nahezu alle Männer Fußball spielten, wird nun zumeist kein Sport regelmäßig ausgeübt. Nur vereinzelt nützen Männer das Rad als Transportmittel, einzelne Befragte gehen laufen oder Schi fahren oder betreiben einen Kampfsport.

Mit ihrem Fokus auf Schweiß und Muskelkraft, Alkohol und Bequemlichkeit stecken die befragten Arbeiter einen Rahmen ab, der sie auch ohne explizite Abgrenzung in Distanz zu männlichen (Büro-)Angestellten bringt. Die körperliche Arbeit lässt eine Investition in ein attraktives Äußeres, die über die Basiskörperpflege hinausgeht, unangebracht erscheinen. Großteils müssen sich die Männer Körperpflege abringen – im Gegensatz zu einer habitualisierten Gepflegtheit, wie sie viele DienstleisterInnen kennzeichnet. Dies unterscheidet nicht nur die Männer der unteren Klasse von höheren Klassen, sondern dadurch unterscheiden sie sich auch innerhalb ihrer Klasse: Während der befragte Staplerfahrer (siehe Kapitel 3) formuliert, dass bei der Arbeit sein Aussehen egal sei, er sich aber fürs abendliche Ausgehen rasiere, rasiert sich ein befragter Kellner nur für die Arbeit und in der Freizeit nicht. »Im Betrieb, da muss ich was gleich schauen, da muss ich etwas repräsentieren, da muss ich meine Produkte verkaufen etc., nur in der Freizeit, da scheiß ich darauf.« Die beruflichen Anforderungen an Arbeiter und Dienstleister unterscheiden sich entscheidend, und zudem werden mit steigender sozialer Position Friseurbesuche, Sport und ein »passables« Auftreten wichtiger. Gemeinsam ist diesen Männern die starke Unterscheidung zwischen beruflichen und privaten Ansprüchen an das Aussehen sowie ein mehr oder weniger stark ausgeprägter, genereller Widerwille gegenüber Schönheitspraktiken, die schnell den Verdacht von Eitelkeit erregen.

Fallbeispiel 10: Markus, Elektriker [73]

Markus ist das älteste von vier Kindern. Seine um zwei Jahre jüngere Schwester ist Bürokauffrau und lebt wie er in Wien. Seine beiden jüngeren Brüder sind noch schulpflichtig. Die Mutter arbeitet als Hilfskraft in der Altenpflege, der Vater ist Fliesenlegergeselle. Markus besuchte eine Volks- und Hauptschule im südlichen Niederösterreich und anschließend die Höhere Technische Lehranstalt für Elektrotechnik in Wiener Neustadt. Dort wiederholte er die erste Klasse, und als er am Ende der zweiten Klasse wieder zu viele »Nicht genügend« im Zeugnis hatte, brach er die Schule ab. »Ich wollte nicht mehr, und daheim hat es immer Stress gegeben. Vor allem mit dem Vater. Der hat gemeint, wenn Du es nicht schaffst, dann mach halt eine Lehre.« Nach einigen Monaten, in denen er weder berufstätig noch in einer Ausbildung stehend daheim bei seinen Eltern auf dem Land lebte, fing er eine Lehre bei einem ortsansässigen Elektrikermeister an. Zu dieser Lehrstelle verhalf ihm sein Vater. Die Zeit des Daheimseins ohne Arbeit und Ausbildungsstelle schildert Markus als krisenhaft.

Eine zentrale Rolle im Gespräch nimmt die berufliche Tätigkeit ein. Markus arbeitet nach wie vor als Elektriker, nun bei einer kleinen Firma in Wien, in der er teilweise eigenständig für die Wartung von elektronischen Anlagen in Industriebetrieben zuständig ist. Diese Tätigkeit wird als »Bastelei« positiver erlebt als die Stemmarbeiten auf verschiedenen Baustellen. Die Arbeit als Elektriker wird als körperlich anstrengend beschrieben. Die Anstrengungen des Arbeitstages strukturieren auch zu einem gewissen Teil das Freizeitverhalten von Markus. So gibt er an, dass nach einem schweren Arbeitstag keine Motivation mehr bestehe, ein Fitnesscenter aufzusuchen. Muskelkraft und die dementsprechende Formung des Körpers wird durch

---

[73] Das Gespräch führte der Seminarteilnehmer Alexander Neumann. Die redaktionelle Bearbeitung erfolgte durch Barbara Rothmüller.

die Arbeit mit schwerem Gerät erzielt und nicht durch den Besuch eines Fitnesscenters oder das Training in einer Kraftkammer. Der Körper wird vom Befragten als formbar erlebt – zum einen durch den Aufbau von Muskeln, zum anderen durch die Ernährung. Der Ernährungsbereich wird immer unter zeitlichen Aspekten gesehen. In der Mittagspause soll schnell gegessen werden, hier werden Imbissstände oder der Besuch von Fast Food-Restaurants bevorzugt. Feierabends soll es auch rasch gehen, das Essen wird gerne bei Zustelldiensten asiatischer Gerichte oder bei Pizzalieferanten bestellt, um dann mit der Lebensgefährtin vor dem Fernseher zu speisen. Die kalorienreiche, deftige Nahrung, die Markus in den kurzen Arbeitspausen zu sich nimmt, wirkt sich auf die Figur aus, sodass Markus mit gelegentlichen Diäten gegensteuert.

Markus bewohnt mit Natascha, einer diplomierten Krankenpflegerin, eine 60 Quadratmeter große Wohnung im 10. Wiener Gemeindebezirk (ein Arbeiterbezirk im Süden Wiens). Neben der Berufstätigkeit scheint auch die Beziehung zu seiner Lebensgefährtin die Einstellung zu seinem Körper zu beeinflussen. So macht er Diäten, um seiner Lebensgefährtin zu gefallen. Die täglichen Schönheitspraktiken werden allerdings stark unter funktionalen Gesichtspunkten betrachtet. Der Friseurbesuch etwa dient nicht zur ästhetischen Veränderung der Frisur, sondern erfolgt, wenn die Haare zu lang und bei der Arbeit als störend empfunden werden. Markus verwendet Hautcremes um trockener, berufsbedingt aufgerauter Haut an den Händen entgegenzuwirken. Die Schönheitspraktiken beschränken sich zum Großteil auf die regelmäßige Körperpflege, wie Duschen oder das Schneiden der Zehennägel.

Markus beschreibt sich weder als politisch noch als religiös. Weder er noch seine Partnerin gehen wählen: »Sind ohnehin immer nur Skandale, egal welche Farbe.« Obwohl die Eltern seiner Partnerin sehr religiös sind und großen Wert darauf legen würden, dass Markus sich am gemeinsamen Kirchgang beteiligt, schläft er am Sonntag lieber aus. »Oder ich bin zu blau, um in die Kirche zu gehen.«

Als Musikvorlieben werden vom Befragten in erster Linie Rockbands genannt, die dem Musikrepertoire des staatlichen Jugendsenders FM4 zuzuordnen sind. Als kulturelle Aktivitäten werden auch Konzertbesuche dieser Bands genannt, wie etwa der Besuch eines Auftritts der amerikanischen Band *Red Hot Chilli Peppers* in der Wiener Stadthalle. Beim Fernsehkonsum wird bevorzugt das Vorabendprogramm gesehen, im speziellen Unterhaltungsformate, etwa Sitcoms, aus den Vereinigten Staaten. Der

Fernsehgeschmack kann ähnlich dem Musikgeschmack als populär beschrieben werden. Als weiteres Hobby neben dem Fernsehen wird das Spielen am Computer oder der *Playstation* angegeben.

Beim Sport wird Fußball als favorisierte Sportart genannt, die in der Jugend eine größere Rolle spielte. Doch generell präsentiert sich der Befragte als nicht besonders sportinteressiert.

Markus im Gespräch

Reden wir über Deine Fitnessgewohnheiten ...
Wir waren auf Montage in Tschechien, und da war viel zu stemmen, also den ganzen Tag mit der großen *Hilti* – da hast Du dann riesige Oberarme, wenn Du am Wochenende heimkommst.
Dann ersparst Du Dir das Fitnessstudio und Deiner Freundin wird es ja auch gefallen?
Natascha gefällt es ohnehin, beschwert hat sie sich noch nicht. Obwohl wir letztens beim Frühstück gesessen sind in unserer Wohnung, eben nach der Montage, und sie gemeint hat, ich würde schon langsam wie ein Bodybuilder ausschauen, von den Oberarmen her. Das ist halt berufsbedingt. Fitnessstudio für ein Krafttraining brauche ich nicht, ich habe die *Hilti*. Sicher, wer es braucht, soll gehen, aber mir wäre das auch zu teuer. Ich bin ja überhaupt ein Antisportler.
Du betreibst keinen Sport?
Das letzte Mal, wie ich etwas Sportliches gemacht habe, da waren wir noch alle im Dorf, wo wir Fußball gespielt haben hinter dem Lokal auf dem alten Sportplatz. Dann hat auch niemand mehr etwas organisiert. Sie haben zwar eine Volleyballmannschaft gegründet und mich auch gefragt, ob ich mitmachen würde. Aber Volleyball interessiert mich überhaupt nicht.
Und im Urlaub?
Wir waren gerade in Kärnten, Natascha und ich, bei der neuen Freundin meines Vaters. Da waren wir Schi fahren. Ich habe mir auch Schier gekauft. So gesehen haben wir einen sportlichen Urlaub hinter uns. Das Schifahren war aber mehr ein Herumrutschen – und Après-Schi halt. Es ist ja auch scheißteuer, das Schi fahren. Die Liftkarte für einen Tag kostet gleich 30,- Euro. Ohne die *connection* durch meinen Vater wären wir ohnehin auf keinen Schiurlaub gefahren.
Ist Deine Freundin sportlich?

Wir sind beide eher Couch-Potatoes. Etwas vom Chinesen oder eine Pizza kommen lassen, und den Fernseher einschalten. Bist ja auch kaputt von der Arbeit. Wenn sie eine Zwölf-Stunden-Schicht gemacht hat und am Abend heimkommt, und ich komme auch meistens spät heim. Nach einem Tag auf der Baustelle brauche ich keinen Sport mehr – und sie nach einem Tag im Krankenhaus auch nicht. Also da bleibt nur mehr ein bisschen fernschauen, etwas essen und dann schlafen gehen.

Kocht ihr eigentlich gelegentlich, Du und Natascha? Und wer von euch beiden kocht?

Das ist unterschiedlich. Mal sie, mal ich. Ich habe so meine Gerichte, die ich gut kann, und sie ihre. Ich koche gerne, und es ist nicht so, dass ich sagen würde, nur die Frau soll kochen. Lachs in Blätterteig ist sozusagen mein Topgericht. Wir machen überhaupt den Haushalt gemeinsam, also aufräumen, abwaschen und so weiter. Am Abend ist meistens nicht viel Zeit, und wenn wir beide arbeiten waren, bestellen wir halt vom Chinesen oder Pizza.

Wohin geht ihr gerne essen, wenn ihr auswärts esst?

Wir gehen gerne zu einem Chinesen im Einkaufszentrum, auch zum Running Sushi oder zum Chinesen im Nachbarbezirk, da gibt es *all you can eat*. Letztens waren wir beim Mexikaner, das war auch lecker, vor allem das *Corona*. Essen könnte ich überhaupt den ganzen Tag, obwohl ich in der letzten Woche fünf Kilo abgenommen habe.

Du bist doch ohnehin gut in Form.

Ich habe in den letzten Monaten ganz schön zugelegt – auf der Montage, da wird ordentlich gegessen, und billig ist es ja auch in Tschechien.

Geht ihr während der Mittagspause in ein Wirtshaus essen?

Nein, so viel Zeit ist meistens nicht. Oft zum Supermarkt, eine Wurstsemmel kaufen, oder ins *Schnitzelhaus* oder zu *McDonalds*, wenn einer in der Nähe ist. Du weißt nie, wie Du zu einem Essen kommst. Wenn ein Würschtlstand in der Nähe ist, gehen wir natürlich da hin, aber meistens findest Du eher einen *McDonalds* oder so was. Aber wir schauen schon, dass wir Pause machen und was essen, ohne Essen hält man das gar nicht aus.

Was hat Dich jetzt dazu veranlasst, abnehmen zu wollen?

Teilweise ich selber und teilweise auch die Freundin. Es ist nicht so, dass mir ein Waschbrettbauch wichtig wäre – zu viel ist auch gar nicht schön, sage ich einmal. Aber der Dicke möchte ich später einmal auch nicht sein. Sicher, auch für die Natascha, weil man will ja gefallen, oder?

Ich habe mich beim Essen ein bisschen eingeschränkt in den letzten Wochen, sage ich einmal.
Weil Du gerade den Waschbrettbauch ansprichst – was ist denn so Deine Vorstellung von einem idealen Körper?
Ich meine, muss ein Mann schön sein? Ich bin sicher kein Brad Pitt oder der Typ aus der Coca Cola-Werbung. Will ich auch gar nicht. Ich schau halt, dass ich halbwegs meine Linie halte. Ich bin sicher ein Genussmensch, sage ich einmal, und wenn ich einmal einen Leberkäse essen will oder eine Pizza, dann mache ich das auch. Ich esse sicher nicht die ganze Zeit Salat oder Dinkellaibchen.
Und bei Frauen, was ist da so Dein Typ?
Ich würde ein Model sicher nicht von der Bettkante stoßen. Aber so ein bestimmter Typ? Auf keinen Fall so ein Pamela Anderson-Typ. Angelina Jolie finde ich auch grauslich, die Lippen können ja nicht echt sein. Also vom Typ her schlank, aber nicht zu schlank. Ich finde, eine Frau sollte auch nicht riesig sein. Die Models sind ja alle 1,80 m, ich finde das persönlich nicht so ansprechend. Also eher zierlich, aber nicht magersüchtig. Es kommt sicher mehr auf das Gesicht an, wenn eine ein fesches Gesicht hat, ist das oft interessanter als irgendwelche Traummaße.
Nochmals zurück zum eigenen Körper. Was machst Du für die Körperpflege?
Ins Fitnesscenter gehe ich nicht, das übliche halt, was jeder macht: jeden Tag duschen, muss ja auch sein nach der Arbeit.
Wie oft gehst Du zum Friseur?
Unterschiedlich, jetzt war ich gerade erst, aber es hat auch Zeiten gegeben, wo ich ein Jahr lang nicht beim Friseur war. Ein Jahr ist jetzt vielleicht übertrieben, aber ein halbes Jahr sicher, wie ich mir die Haare wachsen ließ, da war ich lange nicht. Es ist dann beim Arbeiten störend, und so gehe ich halt zum Friseur – und ab damit.
Hast Du nicht immer lange Haare gehabt?
Ich habe sie einmal blond gefärbt, wie das *in* war in den Neunzigern. Ein Freund und ich haben uns beide die Haare blond gefärbt. Es hat eher bescheuert ausgesehen, jetzt im Nachhinein betrachtet. So wie ich die Haare jetzt habe, sind sie seit ungefähr zwei Jahren...
... seit Du mit Natascha zusammen bist. Hat sich durch die Beziehung an Deinem Äußeren etwas verändert?
Ich wollte mir die Haare schon wachsen lassen wie ich noch nicht mit Natascha zusammen war. Das ist halt dann so gekommen. Und ihr gefällt es ja auch, sie will gar nicht, dass ich sie abschneide. Ich meine, bei der Ar-

beit sagen sie ohnehin immer – wenn ich länger nicht beim Friseur war –, »in Deinen Haaren könnte sich ein Vogel ein Nest bauen«. Ich habe nun einmal Locken, und mir gefällt es auch. Bei der Arbeit ist es manchmal blöd, wenn sie zu lang sind und Dir ins Gesicht hängen. Ich brauche im Winter keine Haube.

Und der Kleidungsstil?

Jetzt, wo ich in Wien bin, ziehe ich mich sicher ganz anders an. Da ist die Mode auch anders als auf dem Land. Wir fahren zu H&M in der Mariahilferstraße, und dann sind einmal 300,- bis 500,- Euro weg – und Du bist eingekleidet. Das muss man sich schon hin und wieder leisten. Wofür gehen wir denn die ganze Woche arbeiten?

Verwendest Du Haargel oder irgendwelche Cremes?

Wofür brauche ich Haargel? Aber Creme, ja, ich habe oft eine trockene Haut im Gesicht, da nehme ich eine Feuchtigkeitscreme, auch hin und wieder nach dem Rasieren. Ich creme mein Gesicht oder auch die Hände oft nach dem Duschen ein. Nach der Arbeit sind sie oft rau, und dann nehme ich eine Handcreme von Natascha.

Du trägst momentan einen Kinnbart, wie oft rasierst Du dich?

Alle drei bis vier Tage, je nachdem. Ich habe nicht so einen argen Bartwuchs.

Was hältst Du von Körperschmuck? Trägst Du irgendwelche Ringe, Ketten, Armbänder oder auch Piercings, Tätowierungen?

Gar nichts, ich bin weder gepierct noch tätowiert. Ich habe das Halskettchen von Natascha, wo sie den zweiten Teil des Anhängers hat. Sonst hätte ich gar keinen Schmuck.

Wie stehst Du allgemein zu Tätowierungen und Piercings?

Für mich ist das nichts, ich finde, das schaut meistens blöd aus. Dann bist Du irgendwann alt und hast Dein Leben lang irgendein Vieh am Arm – oder irgendeinen blöden Spruch, und liegst dann im Altersheim mit Hells Angels am Oberarm tätowiert. Ich finde bei Frauen die Arschgeweihe total lächerlich und die ganzen *tribal* Tattoos. Ich meine, es kann schon gut ausschauen, und wenn es einer unbedingt braucht, soll er es machen. Aber für mich ist das nichts, und Piercing auch nicht. Ich denke, das schmerzt viel zu sehr beim Stechen, und was mache ich dann mit so einem Stift in der Zunge oder in der Nase – das ist nur unpraktisch und unhygienisch.

Über Friseurbesuche haben wir ja gesprochen. Wie schaut es mit anderen professionellen Dienstleistungen für die Schönheit aus? Gehst Du zum Beispiel ins Sonnenstudio?

Ich renne sicher nicht ins Sonnenstudio, ich bin ja nicht dumm. Ich werde auf der Baustelle auch so braun. Und ich finde, das erkennt man sofort, wenn einer solariumsgebräunt ist, das hat meistens so einen Gelbstich. Und es schaut eigentlich eher bescheuert aus, wenn die Leute im Winter so aussehen, als ob sie gerade aus dem Urlaub kommen würden. Die Nägel kann ich mir auch selber schneiden, da zahle ich doch nicht dafür.

Sauna, Massage und dergleichen?

Massage wäre sicher angenehm, sage ich einmal, aber es ist halt auch eine finanzielle Frage.

6. Schönheitspraktiken im Vergleich

Im vorangegangenen Kapitel 5 wurde der Versuch unternommen, die Verknüpfungen zwischen Geschlechter- beziehungsweise Klassenhabitus und Schönheitspraktiken aufzuzeigen. Implizit ersichtlich wurden dabei Unterschiede, aber auch Gemeinsamkeiten sowohl zwischen den Geschlechtern als auch den Klassen, die im Folgenden nunmehr systematisch analysiert werden sollen. Kapitel 6 des Buches beschäftigt sich zunächst mit Geschlechtervergleichen innerhalb der sozialen Klassen und in weiterer Folge mit Klassenvergleichen unter den befragten Frauen und Männern. Während es kaum klassenvergleichende Studien zum Schönheitshandeln im Anschluss an Pierre Bourdieus *Die feinen Unterschiede* gibt und die empirischen Ergebnisse in Abschnitt 6.2 insofern Pilotcharakter haben, existiert eine Fülle an Literatur, die sich mit dem Schönheitszwang für Frauen und der Sexualisierung des Frauenkörpers beschäftigt – insbesondere Literatur aus feministischer Perspektive, in der allemal die gesellschaftlichen Machtverhältnisse und die Macht des männlichen Blicks zur Sprache kommen. Die Anglistin Ellen Zetzel Lambert fasst den gemeinsamen Blickwinkel dieser Frauenforschung prägnant in einem Satz zusammen: »In feminist thinking, from Mary Wollstonecraft in the late eighteenth century, on down to Naomi Wolf in the late twentieth, beauty has been associated with women's traditional powerlessness.«[74] Wir knüpfen mit den Grundannahmen dieser Studie, die im historischen und theoretischen Teil dargestellt sind, an diese Erkenntnisse an und vermuten erhebliche Unterschiede in der Schönheitspraxis von Frauen und Männern als Ausdruck des Machtungleichgewichts zwischen den Geschlechtern. Im praktischen Sinn für Schönheit manifestiert sich soziale Macht, und im Schönheitsspiel insgesamt geht es um symbolische Vorherrschaft, die sich in der Definitionsmacht darüber zeigt, was in der Spätmoderne als »männ-

---

74 Lambert, *The Face of Love*, S. 14 f; vgl. Wollstonecraft, *A Vindication of the Rights of Women*; Wolf, *The Beauty Myth*.

lich« und »weiblich« bewertet wird. In diesen Prozessen wie im Schönheitshandeln generell spielen weniger (zweck-)rationale Strategien eine überragende Rolle denn der habitualisierte *sense of one's place*, der dazu führt, dass sich Frauen wie von selbst als das »schöne Geschlecht« begreifen. In dieser Hinsicht dreht sich die Studie um Mechanismen der »symbolischen Gewalt« – um die praktische Anerkennung männlicher Herrschaft in Form aufwändiger Körper- und Schönheitspflege, die als selbstverständlich erachtet werden. Die Untersuchung handelt insofern von der buchstäblichen Somatisierung der Geschlechterverhältnisse.[75] Im Schönheitshandeln pflanzen sich die traditionellen Herrschaftsverhältnisse fort, allerdings lassen sich, wie in Kapitel 2 angesprochen, auch einige Verschiebungen konstatieren, etwa eine offensichtliche Zunahme männlicher Schönheitspraktiken, die in den nachstehenden Vergleichen empirischer Resultate je nach Klassenlage diskutiert werden.

Die feministische Schönheitsliteratur beschäftigt sich vorrangig mit universellen Unterschieden zwischen den Geschlechtern. Die Geschlechter werden als homogene Gruppen behandelt, in denen weder herrschende Frauen noch beherrschte Männer eine Rolle spielen, sondern Männer unisono als Herrschende und Frauen als Unterdrückte oder »Opfer« auftreten. So heißt es bei Rita Freedman beispielsweise: »Da Schönheit einseitig der weiblichen Geschlechtsrolle zugeschrieben wird, werden Frauen nicht in erster Linie über ihr Handeln definiert, sondern über ihr Aussehen. Weiblich sein bedeutet schön zu sein, und umgekehrt bedeutet ein Mangel an Schönheit auch ein Mangel an Weiblichkeit.«[76] Und Susan Brownmiller zieht in ihrem breit rezipierten Buch *Femininity* den Schluss:

»In the great cultural need to differentiate one sex from the other with absolute clarity, there are burdens of proof on each side of the aisle, but while the extremes of masculinity can harm others (rape, wife beating ...), the extremes of femininity are harmful only – only! – to women themselves in the form of a self-imposed masochism (restraint, inhibition, self-denial ...) that is deliberately mistaken for ›true nature‹.«[77]

In den folgenden Geschlechtervergleichen wird der Versuch unternommen, solch allgemeine Aussagen differenziert zu betrachten und die Frage zu klären, zu welchen Modifikationen der allgemeinen Geschlechterverhältnisse die jeweilige Klassenlage führt. Damit lassen sich beispielsweise

---

75 Vgl. Krais/Gebauer, *Habitus*, S. 48 ff.
76 Freedman, *Die Opfer der Venus*, S. 14.
77 Brownmiller, *Femininity*, S. 239.

Einsichten darüber gewinnen, ob die Zunahme der männlichen Körperpflege, also eine Art »Feminisierung« des männlichen Handelns, von der sozialen Position abhängig ist oder ob mit der steigenden Autonomie von Frauen höherer Klassen der »Zwang, schön zu sein« (Rita Freedman) geringer wird. Insgesamt stellt sich die Frage, ob und gegebenenfalls wie stark die Konzepte von Weiblichkeit und Männlichkeit (und deren Inszenierung) mit der Klassenlage variieren und ob nicht letztlich die Differenzen im Schönheitshandeln innerhalb einer Genusgruppe stärker ausgeprägt sind als zwischen den Frauen und Männern einer Klasse. Das intersektionale Analyseraster ermöglicht also ein genaueres Bild der Herrschaftsverhältnisse, die dem Schönheitshandeln zugrunde liegen, das heißt ein genaueres Bild von der Einverleibung patriarchaler Herrschafts- und Klassenverhältnisse.

6.1 Geschlechtervergleiche

6.1.1 Die Schönheitspraxis der oberen Klasse

David Loibl / Philip Thom

In der oberen Klasse erscheinen die Unterschiede zwischen den Schönheitspraktiken der Frauen und Männer ebenso interessant wie die Gemeinsamkeiten. Nahezu alle befragten Männer weisen eine Schönheitspraxis auf, die in Teilen den Rahmen der klassischen männlichen Körperpflege sprengt, etwa indem professionelle Maniküre in Anspruch genommen oder der Hautpflege besondere Aufmerksamkeit geschenkt wird. Auch abseits solcher Auffälligkeiten überrascht das Ausmaß, in dem sich die Männer mit dem traditionell weiblich konnotierten Thema Schönheit und Verschönerung befassen. Frauen der oberen Klasse begegnen diesen Fragen in vielen Bereichen mit größerer Gelassenheit als die Männer, und sie sind auch kaum stärker auf ihr Aussehen bedacht.

Auf der einen Seite investieren die Männer der oberen Klasse viel Zeit und Geld in die Attraktivierung ihres Aussehens. Auf der anderen Seite sind sie darum bemüht, den Eindruck zu vermeiden, sie würden ihrem Äußeren besonders viel Aufmerksamkeit widmen, da dies als unmännlich betrachtet wird. Ein Befragter erklärt beispielsweise, schön zu sein wäre »keine Kategorie bei einem Mann. Es gibt Männer, die eine gute Ausstrahlung haben, aber das kann man erst dann wissen, wenn man sie ein wenig besser kennt.« Eine Folge dieses ambivalenten männlichen Verhältnisses zur Schönheit ist, dass die geschlechtsspezifischen Unterschiede in den Diskursen wesentlich deutlicher ausgeprägt sind als in den Praktiken. Frauen der oberen Klasse, die das Sprechen über Schönheit problemlos mit ihrem Geschlechterhabitus vereinbaren können, berichten nicht nur offen über ihre Schönheitspraxis, sondern sie sprechen auch sehr reflektiert bis selbstironisch darüber, was sie als schön empfinden und welche Bedeutung Schönheit für sie hat. Bei den Männern hingegen betonen auch jene, die über sehr vielfältige und ausgeprägte Schönheitspraktiken verfügen, immer wieder, dass Schönheit für sie nur eine untergeordnete Rolle spiele und dass sie nichts Besonderes tun würden, um schön zu sein. Wenn sie über ihr Schönheitshandeln sprechen, dann argumentieren sie noch häufiger als die Frauen, dass es ihnen hauptsächlich um Fitness, aber auch um Gesundheit und Wohlbefinden geht. Sie begründen ihre Praxis also meist mit Zielen, die leichter mit dem traditionellen Männerbild vereinbar sind als der Wunsch schön zu sein, und stellen das Thema Schönheit als ein für sie letztlich nebensächliches dar.

Für alle Mitglieder der oberen Klasse ist die Individualität des Aussehens von zentraler Bedeutung. Dem Schönheitshandeln liegt der Wunsch zugrunde, sich von der Masse abzuheben und als Mensch mit individuellem Geschmack wahrgenommen zu werden. Die befragten Frauen und Männer betrachten sich selbst dann als außergewöhnlich, wenn ihr Schönheitshandeln und -empfinden innerhalb der eigenen Klasse als völlig normal einzustufen ist. Zu dieser Haltung gehört auch, dass man sich nicht an irgendwelchen Schönheitsidealen, seien es Models oder SchauspielerInnen, orientiert, wie dies bei der Masse der Menschen der Fall sei. Mit der »Pflege des persönlichen Stils« kann sowohl die recht intensive eigene Schönheitspraxis gerechtfertigt als auch die Abgrenzung zu untergeordneten Klassen vollzogen werden. Bei der Gesichtspflege der Männer beispielsweise und dem Schminkverhalten sowie der Haarpflege der Frauen wird dieses Bemühen um Distinktion auch in der Praxis ersichtlich.

Bei den Männern der oberen Klasse fällt neben der Hervorkehrung des persönlichen Stils die häufige Betonung der Normalität ihres Verhaltens auf, was bei den Frauen kaum vorkommt. Zwar berichten alle Befragten, nicht übertrieben viel Zeit und Energie für ihre Schönheit aufzuwenden, doch die Frauen gehen offenbar viel selbstverständlicher davon aus, dass ihr Schönheitshandeln, wie immer es auch aussehen mag, legitim ist. Die

Männer der oberen Klasse hingegen leiten die Aufzählung und Beschreibung ihrer Schönheitspraktiken oft schon mit dem Hinweis ein, sie würden keinen ungewöhnlichen Aufwand betreiben und weder zu viel noch zu wenig auf ihr Äußeres achten. Die Abgrenzung zu jenen Menschen, die sich weniger mit dem Aussehen befassen als sie selbst, spielt hierbei eine vergleichsweise untergeordnete Rolle: Die Befragten erklären gleichsam nebenbei, nicht ungepflegt erscheinen zu wollen. Wesentlich wichtiger ist den Männern der oberen Klasse, dass ihr Schönheitshandeln nicht als zu intensiv und umfangreich erachtet wird. Sie grenzen sich in erster Linie von jenen ab, die ihrem Äußeren zu viel Aufmerksamkeit widmen, wie etwa Homosexuelle, die einem weitverbreiteten Stereotyp zufolge sehr auf ihr Aussehen achten.

Im Bestreben, das eigene Schönheitshandeln als normal zu präsentieren, zeigt sich der innere Konflikt zwischen Klassen- und Geschlechterhabitus der befragten Männer. Um nicht weiblich zu wirken, obwohl sie sich in einem Ausmaß auf ihr Äußeres konzentrieren, das dem traditionellen Geschlechterverständnis nach nur bei Frauen (oder eventuell Homosexuellen) angebracht ist, grenzen sie sich verbal von Männern ab, denen es nicht gelingt »Maß zu halten« – insbesondere von den als »metrosexuell« bezeichneten Männern und deren intensiver Beschäftigung mit dem Aussehen. De facto weisen die Männer der oberen Klasse jedoch die intensivste und vielfältigste Schönheitspraxis aller befragten Männer auf und sind insofern am weitesten auf traditionell weibliches Territorium vorgedrungen.

In diesem Punkt zeigt sich auch eine interessante Parallele zwischen Männern der oberen und Frauen der unteren Klasse. Die Mitglieder dieser beiden Gruppen sind die VertreterInnen ihres jeweiligen Geschlechts, die sich am intensivsten mit der Schönheit beschäftigen, sich aber zugleich am deutlichsten von den Menschen abgrenzen, die zuviel für ihre Schönheit tun. Die Mitglieder beider Gruppen zeichnen also der Distinktion wegen ein Negativbild, das, wenn überhaupt, am ehesten sie selbst bezeichnet.

Wenn die Frauen der oberen Klasse das Schönheitshandeln ihrer tiefer stehenden Geschlechtsgenossinnen kritisieren, dann bezieht sich die Kritik vor allem auf deren »Jugendwahn« oder das unreflektierte bis »hysterische« Verfolgen gesellschaftlicher und medialer Idealvorstellungen, die zu einem Übermaß an Aufmerksamkeit für Verschönerungsmethoden und das äußere Erscheinungsbild oder einem vulgären Aussehen (»aufgeputzt wie ein Christbaum«) führen. Sich im eigenen Körper und mit dem Aussehen wohlzufühlen und dabei vor allem »natürlich« auszusehen, präsentieren die befragten Frauen als zentrales Ziel ihrer Schönheitspraxis. Anders als die Männer der oberen Klasse, die ihr Schönheitshandeln als normal darstellen und zur Rechtfertigung ihres Verhaltens auf andere Männer verweisen, orientieren sich die Frauen dieser Klasse eher am eigenen intuitiven Empfinden für Schönheit – als bezeichnender Ausdruck einer stärkeren Einverleibung objektiver Schönheitsstandards. Die starke Außenorientierung der Männer ist in der Argumentation der Frauen merklich zurückgenommen, die sich aufgrund ihrer Sozialisation insgesamt gewandter und sicherer auf dem Gebiet der Schönheit bewegen.

Wenn die Frauen der Natürlichkeit große Bedeutung beimessen, darf dies nicht als Hinweis auf eine im Vergleich zu den Männern schwächer ausgeprägte Schönheitspraxis verstanden werden. Zwar pflegen und modellieren die Männer der oberen Klasse ihre Körper wesentlich mehr als früher, aber nach wie vor ist das Schönheitshandeln der Frauen stärker ausgeformt. Der Trend zu intensiverem und facettenreicherem Schönheitshandeln bei Männern und die Argumentation über Natürlichkeit bei Frauen scheinen vielmehr das Zentrum eines langsamen Veränderungsprozesses zu bilden, in dem – gegenwärtig vor allem in der oberen Klasse – die Unterschiede in den Schönheitsgewohnheiten von Männern und Frauen teilweise eingeebnet werden. Bisher gibt es diese Annäherung vor allem auf praktischem Gebiet – diskursiv weisen die Männer der oberen Klasse eine Expertenschaft in der traditionell weiblichen Domäne Schönheit immer noch von sich. Während sich bei den Schönheitspraktiken also deutliche Veränderungen zeigen, orientiert sich die Rede von Schönheit immer noch stark an den traditionellen Geschlechterverhältnissen.

Zwei Bereiche, in denen sich die Spannung zwischen der intensiven Schönheitspraxis der Männer und ihrer diskursiven Distanzierung vom Ziel der Verschönerung besonders deutlich zeigt, sind die Körperhaarentfernung und die Ernährungskontrolle. Die Körperenthaarung stellt eine traditionell weibliche Schönheitspraxis dar, die in der oberen Klasse inzwischen auch von manchen Männern gepflegt wird. Diese rasieren sich jedoch weniger die Beine – eine Handlung, die als übertrieben bezeichnet und lediglich zur Abgrenzung erwähnt wird – als vielmehr die Achseln und zum Teil die Brust. Die Haarentfernung im Intimbereich kommt eher bei Frauen vor, aber auch nicht mehr ausschließlich. »Auf jeden Fall achselleere Rasur, Intimrasur eher weniger, aber Kurzhaltung der Haare mittels apparativen Methoden«, beschreibt einer der Befragten seine Gewohnheiten in diesem Bereich. Als Begründung für diese Praxis geben die Männer der oberen Klasse jedoch nicht den Wunsch an, schön zu sein, sondern sie erklären entweder, dass es der Partnerin so lieber sei, oder, dass sie sich aus hygienischen Gründen rasieren würden. Bei den Frauen ist die Enthaarung an den Beinen und Achseln die Regel. Sie wird jedoch von einigen Interviewpartnerinnen als gesellschaftliche Konvention wahrgenommen, gegen die man auch verstoßen kann, wenn es das soziale Umfeld toleriert.»Im Winter rasiere ich mir nie die Beine, außer ich gehe auf einen Ball. Und ich habe mir eigentlich seit drei Jahren auch hin und wieder die Achselhaare wachsen lassen. Jetzt, wo ich wieder auf einem Ball war, habe ich sie mir komplett abrasiert. Ich fühle mich ein bisschen unwohl, wenn ich schräg angeschaut werde – dann mache ich es halt.«

Sowohl die Männer als auch die Frauen der oberen Klasse erklären, sich relativ gesund zu ernähren, wenngleich einige Frauen meinen, zu wenig Obst und Gemüse oder insgesamt zu viel zu essen. Sehr deutlich unterscheiden sich allerdings die weiblichen und männlichen Diskurse zum Thema Ernährung. Die Frauen grenzen sich klar von extremer Ernährungskontrolle ab und betonen eine gewisse Gelassenheit im Umgang mit dem eigenen Körpergewicht. Ihnen geht es vor allem darum deutlich zu machen, dass sie sich dem »Schlankheitswahn« nicht beugen und keine Notwendigkeit sehen, ständig Kalorien zu zählen. Es gehört mit anderen Worten zum Klassenhabitus dieser Frauen, sich allgemeingültigen Zwängen widersetzen und externe Einflüsse auf das eigene Verhalten abfedern zu können. Die männlichen Mitglieder der oberen Klasse hingegen kämpfen gegen das Stereotyp an, dass Männer nichts von Ernährung verstünden oder ihnen das Thema gleichgültig sei, und versuchen eine Art Expertenschaft an den Tag zu legen, wobei sie es aber vermeiden, die Essgewohnheiten mit dem Wunsch zu begründen, schlank und schön sein zu wollen. Stattdessen nennen sie Gesundheit und Fitness als wichtigste Gründe, wobei sie ihre Kennerschaft durch die Verwendung technischer Fachtermini wie »harte Fette« und »ballaststoffreiche Nahrung« zum Ausdruck bringen.

Bei der Frage nach Personen, die Schönheitsempfinden und -praktiken beeinflussen, zeigen sich deutliche Unterschiede zwischen den Geschlechtern. Frauen berichten häufig, dass sie schon früh einzelne Schönheitshandlungen – darunter etwa das Rasieren der Beine oder die Art sich zu schminken – von ihren Müttern übernommen haben und sich ganz allgemein an deren Einstellungen zum Thema Schönheit orientieren. Einige der weiblichen Befragten erklären allerdings auch, im Zuge eines Abgrenzungsprozesses ganz andere Schönheitspraktiken entwickelt zu haben als ihre Mütter und ihren Schmink- und Kleidungsstil erheblich verändert zu haben. Neben den Müttern dienen Schwestern, Schulkolleginnen und Freundinnen als Orientierungshilfen im positiven wie im negativen Sinn. In den Interviews mit den Männern der oberen Klasse kommen solche Bezugspersonen kaum vor. Erklären lässt sich das dadurch, dass deren Beeinflussung kaum sprachlich argumentativ, sondern allenfalls mimetisch stattfindet: Schönheit und Schönheitspraktiken gehören in der Regel nicht zu den Themen, die Väter mit ihren Söhnen besprechen oder die in gleichaltrigen Jugendgruppen an der Tagesordnung sind.

Die Erwartungen von Vorgesetzten, KollegInnen oder KundInnen haben wiederum größere Bedeutung für die Männer als für die Frauen der oberen Klasse. Viele Männer geben an, dass sie ihre Gewohnheiten im Zuge des Berufeinstiegs geändert haben, um den neuen Erwartungen zu genügen, dass sie also beispielsweise begonnen haben, täglich zu duschen oder regelmäßig zum Friseur zu gehen. Diese Anpassungen an das berufliche Umfeld erfolgen in der Regel ohne mit Kollegen darüber zu kommunizieren. Am ehesten bietet noch der engste Freundeskreis die Möglichkeit, über Stilfragen oder auch Verschönerungsmethoden zu sprechen, aber auch dies trifft nicht bei allen befragten Männern zu: »Ich rede mit Freunden eigentlich nicht über diverse Kosmetika, ganz selten.«

Die Partnerinnen und Partner nehmen ebenfalls in unterschiedlicher Weise Einfluss auf die Schönheitspraktiken der Männer und Frauen der oberen Klasse. Die Männer berichten häufig, sich ihren Partnerinnen zuliebe auf bestimmte Art zu pflegen, und sie stellen diese teilweise als Expertinnen dar, etwa bezüglich der Auswahl von Produkten wie Parfums – was sie selber als Laien in Schönheitsfragen erscheinen lässt. Die Partner der Frauen üben hingegen kaum Einfluss auf deren Schönheitshandeln aus, und wenn, dann wirken sie eher bremsend. »Dem gefallen Frauen, die weiß Gott wie hergerichtet sind, nicht so besonders, also der legt da eher Wert auf Natürlichkeit«, räsoniert eine der befragten Frauen über die Haltung ihres Ehegatten. Einige der Interviewpartnerinnen erklären, bestimmte Dinge wie Make-up nicht oder weniger intensiv zu nutzen, weil ihre Partner keinen Wert darauf legen oder dem Verhalten sogar ablehnend gegenüberstehen.

Die Frage nach medialen Vorbildern für die eigene Praxis führt bei beiden Geschlechtern zu einer entschiedenen Verneinung, die im Kontext der Betonung der eigenen Individualität – dem auffälligsten Kennzeichen des weiblichen und männlichen Klassenhabitus – nur kohärent ist. Wenn doch konkrete Persönlichkeiten benannt werden, dann weniger aufgrund ihrer Schönheit, denn aufgrund anderer Vorzüge. Die Frauen verweisen etwa auf Schauspielerinnen, die »natürlich« geblieben sind oder »Persönlichkeit haben« und »für etwas stehen«, und die Männer versichern, einzelne Prominente in erster Linie aufgrund ihrer »Ausstrahlung« zu schätzen. Auch durch Werbung in Magazinen oder im Fernsehen fühlen sich die befragten Frauen und Männer kaum beeinflusst, allerdings erklären manche Interviewpartnerinnen freimütig, sich durch Werbung gezielt einen Überblick über Schönheitstrends, wie Schmink- oder Haarpflegeprodukte, zu verschaffen. Die Männer gestehen allenfalls ein, ab und zu Produkte auszuprobieren, die sie aus der Werbung kennen. Noch einmal zeigt sich hierbei das größere Selbstverständnis der Frauen im Umgang mit dem Thema Schönheit: Es fällt ihnen leichter, über die Einflüsse auf ihr Schönheitshandeln zu sprechen, da die Rede davon, anders als bei den Männern, weder die Darstellung ihrer Individualität oder Selbstbestimmtheit gefährdet noch den geschlechtlichen Habitus infrage stellt.

6.1.2 Die Schönheitspraxis der mittleren Klasse

Augusta Dachs/Christian Hirst

Bei den Frauen und Männern der mittleren Klasse stechen zunächst die Unterschiede auf dem Gebiet des Sports und der Ernährung ins Auge: Sportliche Aktivitäten, wie etwa das Laufen, sind zwar für beide Geschlechter ein wichtiger Bestandteil des Alltags, allerdings stellen die befragten Männer die regelmäßige sportliche Praxis ungleich stärker in den Vordergrund als die Frauen. Die Frauen wie die Männer berichten, Sport sowohl aus Gründen der Entspannung als auch des körperlichen Wohlbefindens wegen auszuüben. »Mein erster Gedanke ist einfach, dass ich mich besser fühle – also figurmäßig fühle ich mich dann besser, kräftiger, einfach nicht so schlapp«, berichtet beispielsweise eine Interviewpartnerin über die Wirkung des Sports. Die Männer betonen jedoch wesentlich häufiger, durch Sport Spaß zu haben beziehungsweise ihre körperliche Leistungsfähigkeit austesten zu wollen: »Laufen, das ist damit verbunden, dass es relativ ans Limit geht. Nur Bewegung machen, damit ich mich gut fühle oder damit einer Krankheit vorbeuge, das ist es bei mir nicht.« Da Sport traditionellerweise ein männlicher Handlungsbereich ist und nicht per se als Schönheitspraxis gilt – obwohl er zum gewünschten Ergebnis des trainierten, muskulösen Körpers führt –, bietet er den Männern auch die Möglichkeit, sich von weiblichem Schönheitshandeln zu distanzieren.

Geschlechtsspezifische Unterschiede lassen sich auch im Hinblick auf das Ernährungsverhalten ausmachen. Während der Großteil der interviewten Frauen erklärt, vor allem aus Gründen der Gesundheit oder des Wohlbefindens auf die Ernährung zu achten, beschäftigen sich die Männer nur selten mit ihren Essgewohnheiten. Einige der befragten Frauen haben auch schon die eine oder andere Diät versucht, allerdings erlegen sich weder die Frauen noch die Männer regelmäßig Diätpläne auf.

Ähnliche Unterschiede ergeben sich auch in Bezug auf den Konsum von Schönheitsartikeln. Während die befragten Frauen häufig angeben, zu Naturprodukten, Apothekerware oder auch zu ganz bestimmten Markenartikeln zu greifen, achten die Männer viel seltener auf etwaige produktspezifische Besonderheiten und Markennamen.

Thermen- oder Wellnessaufenthalte genießen eine besondere Wertschätzung innerhalb der mittleren Klasse. Für die meisten Frauen und Männer stellen sie eine wohltuende Unterbrechung des beruflichen Alltags zur Entspannung und Schönheitspflege dar. Nur finanzielle Beschränkungen verhindern, dass diese Form der Erholung nicht noch häufiger nachgefragt wird: »Wellness ist ein wichtiges Thema für mich, aber wenn man vier, fünf Tage wohin fährt, ist es teuer, und ein Normalsterblicher kann sich das nicht regelmäßig, zwei-, dreimal im Jahr leisten.« Über den Wellnessdiskurs vermitteln die Mitglieder der mittleren Klasse zudem, dass die Körperpflege keine rein oberflächliche Handlung ist, sondern dem seelischen Gleichgewicht, der inneren Balance und Harmonie und der Weiterentwicklung der Persönlichkeit dient.

Gemeinsam ist beiden Geschlechtergruppen auch die ablehnende Haltung gegenüber Körpermodifikationen wie dem Piercen oder Tätowieren. Zwar scheint es reizvoll, sich mit einem Tattoo, »das nicht jeder hat«, hervorzutun, aber generell überwiegen die Bedenken, damit negativ aufzufallen. Die Vorstellung gepiercter oder tätowierter Haut nährt bei den Angehörigen der mittleren Klasse die Befürchtung, jene könne sich im Rahmen des beruflichen Aufstiegs als unveränderliches Brandmal sozialer Herkunft erweisen. »Piercing, da weiß ich nicht, ob das so vorteilhaft ist für den weiteren Arbeitsverlauf.«

Ein ähnliches Dilemma zeigt sich in der Beurteilung von Solariumbesuchen – eine Praxis, die durch die Unterklasse vereinnahmt erscheint und daher von den Angehörigen der mittleren Klasse tendenziell misstrauisch beäugt wird. Vor allem bei den Männern stößt diese Praxis auf Ablehnung, bei den Frauen wiederum geht es darum, ein geeignetes Mittelmaß zwischen Blässe und Bräune zu finden.

Der Wunsch nach Normalität zeigt sich bei beiden Geschlechtern im Bemühen, nicht aus der Menge hervorzustechen. Einer der befragten Männer erklärt zum Beispiel: »Ich versuche den goldenen Mittelweg zu gehen, das heißt sich ein wenig vernünftig ernähren, ein wenig auf sein Äußeres schauen.« Zur Abgrenzung von »übermäßiger Schönheitspflege« wird das eigene Schönheitshandeln als funktional und wenig zeitintensiv dargestellt. So präsentieren einige Gesprächspartnerinnen die Verwendung von Haarbalsam, Glätteisen oder das Tragen halblanger Haare als besonders praktisch: »Glätteisen sind eine gute Erfindung, weil es so schnell geht.« Nicht wenige Männer wiederum lehnen eine Rasur als »zu aufwändig« und »zeitintensiv« ab, während an anderen Stellen der Gespräche deutlich wird, wie viel Aufwand es bedeuten kann, den Dreitagebart in Form zu halten: »Wenn man sich ganz rasiert, dann muss man so genau sein, dann sieht man, wenn irgendwo kleine Haare sind, und deshalb rasiere ich mich so, dass zirka zwei Millimeter bleiben – das ist dann für mich schon rasiert.«

Die Schönheitspraxis wird von den Interviewten als intentionales und selbst bestimmtes Handeln gedeutet. Dies äußert sich auch in der abgrenzenden Haltung gegenüber Schönheitsidealen. Sowohl die Männer als auch die Frauen der mittleren Klasse verneinen den Einfluss medialer Vorbilder auf ihre Schönheitspraxis: »Mein eigener Charakter ist schon sehr ausgeprägt, ich versuche nicht mehr wem nachzueifern, es gibt keinen, dem ich versuche ähnlich zu schauen.« Ähnlich wie in der oberen Klasse steht die Wahrung eines authentischen Stils zur Veranschaulichung der eigenen Persönlichkeit im Zentrum des Interesses: »Es war für mich nie interessant, so zu sein wie irgendein Model oder ein Star, sondern ich habe die Sachen mit der Zeit für mich selber herausgefunden. Ich habe zum Beispiel herausgefunden, dass mir blond am besten steht. Ich trage die Haare nicht blond, weil mir Heidi Klum so gefällt, sondern einfach, weil ich finde, dass es mir gut passt.« Gerade bei den Frauen scheint die Betonung der Selbstbestimmtheit auch ein Signal für die Abgrenzung vom traditionell femininen, wenig emanzipierten Habitus der Mütter zu sein. Es geben zwar weit mehr Frauen als Männer an, Angehörige des eigenen Geschlechts attraktiv zu finden, allerdings werden durchwegs solche Ikonen bevorzugt, die »realistisch«, »authentisch« und »natürlich« erscheinen oder die »Persönlichkeit« und »Ausstrahlung« besitzen.

Demgegenüber nehmen die befragten Männer der mittleren Klasse davon Abstand, sich explizit mit anderen Männern zu vergleichen oder diese im Gespräch als schön und attraktiv zu bezeichnen, und sie werten ein solches Verhalten, etwa das Nachahmen der Frisur eines Rockstars, als Zeichen mangelnder Reife oder Jugendsünde – womit sie sich insgesamt vom weiblich konnotierten Schönheitskonkurrenzdenken abgrenzen. Unter der Hand tauchen allerdings doch wiederum männliche Helden auf, die Bewunderung verdienen. »Was mich bei ›Troja‹ fasziniert hat, war der Oberarm von Brad Pitt. Das ist ja nicht normal, echt extrem, unglaublich. So eine Figur müsste man erst haben, des finde ich schon beeindruckend.« Schönheitsvorstellungen drücken sich hier also vor allem über konventionelle Männlichkeitsattribute, wie etwa muskulöse Oberarme oder Waschbrettbäuche aus.

Die Männer der mittleren Klasse sprechen fast nur mit ihren Partnerinnen über die eigene Schönheitspraxis, in seltenen Fällen auch mit der Schwester oder einer guten Freundin. Mit gleichgeschlechtlichen Freunden oder Bekannten kommunizieren die befragten Männer so gut wie nie über das Schönheitsthema. »Das ist wahrscheinlich ein sexistisches Vorurteil, aber von den eigenen Erfahrungen her muss ich sagen, dass sich Männer grundsätzlich nicht so darum [um die Schönheit, Anm. d. Verf.] kümmern.« Demgegenüber stellt das Gespräch mit Freundinnen bei den Frauen der mittleren Klasse einen üblichen Weg sowohl des Meinungsaustausches als auch der Informationsgewinnung über Schönheitspflege dar. Einige männliche und weibliche Befragte erklären zudem, bestimmte Vorlieben mit dem oder der PartnerIn zu teilen und auch einzelne Verschönerungsmaßnahmen ihm oder ihr zuliebe vorzunehmen. Es gestehen jedoch nur einseitig einige der befragten Männern zu, dass ihre Partnerinnen über die Auswahl von Schönheitsprodukten, wie etwa Cremes oder Parfums, entscheiden, was darauf schließen lässt, dass Frauen eine vergleichsweise höhere Schönheitskompetenz zugeschrieben wird. »Vorher habe ich das gar nicht gekannt. Das hätte ich nie verwendet. Glaubst du, ich kaufe mir eine Gesichtsmaske?« Durch die eingenommene Laienposition und das bekundete Unwissen oder Desinteresse der Männer, das schon in der oberen Klasse zu beobachten war, wird die Zuständigkeit in Schönheitsfragen weiterhin – dem traditionellen Geschlechterhabitus entsprechend – zur weiblichen Aufgabe erklärt.

Ein zentrales Begründungsmuster für die Schönheitspflege sowohl der Männer als auch der Frauen stellt der Wunsch dar, sich wohlfühlen zu wollen. Die Befragten argumentieren, ihr Wohlbefinden mittels Schönheitspflege stärken und damit ihr Selbstwertgefühl verbessern zu wollen: »Also ich muss mich selber wohlfühlen, dass ich mich richtig vertreten kann. Es ist mehr ein Rollenspiel, sage ich mal, das Aussehen. Es gibt viele Leute, die darauf keinen Wert legen. Ich lege schon darauf Wert, aber es muss nicht immer sein.« Das positive Feedback der Umwelt auf das eigene Erscheinungsbild, etwa in Form von Komplimenten, trägt dabei zur Steigerung des Selbstvertrauens bei. Darüber hinaus wird das Wohlfühlen wie ein Geschenk an sich selbst, ein Zugeständnis an das eigene »wahre Ich« beschrieben. Insgesamt drückt sich das Spannungsverhältnis im Schönheitsbereich zwischen erlebten Anpassungszwängen und gewünschter Selbstbestimmung sowie Authentizität über den Wohlfühldiskurs aus: »Man stellt was dar, wenn man sich gut präsentiert – das ist ganz klar, aber in erster Linie sollte man es für sich machen. Jeder sollte sich so wohlfühlen können wie er ist, und dann strahlt man das auch aus.«

Es fällt in der Regel nicht leicht zu unterscheiden, ob bestimmte Handlungen aus Gründen des Wohlbefindens, zur Gesundheitsförderung oder zur Verschönerung des Körpers erfolgen, denn alle drei Bereiche sind argumentativ stark miteinander verwoben. Sowohl die Männer als auch die Frauen der mittleren Klasse tendieren dazu, ihre Schönheitspraktiken nicht explizit als solche zu bezeichnen. Die Verschönerung des Körpers wird oft nur als eine Art angenehmer Nebenaspekt dargestellt. »Also ich würde sagen, in erster Linie macht es Spaß, in zweiter Linie ist es aus Gesundheitsgründen und erst in dritter Linie aus irgendwelchen Schönheitsidealen heraus.« Eine junge Frau argumentiert für die Verwendung einer Pflegecreme beispielsweise folgendermaßen: »Notwendig ist sie für mich nicht, weil ich keine Hautprobleme habe – aber ich mag es halt für mich selbst, zum Beispiel wenn ich mir übers Gesicht streiche.«

Allerdings verstehen die Männer wie die Frauen der mittleren Klasse ihre Schönheits- und Gesundheitspraktiken als Investition in die eigene Karriere. Im beruflichen Alltag erweist sich das gepflegte Auftreten sowohl gegenüber KundInnen als auch ArbeitgeberInnen als gewinnbringend. Mehr noch als die Männer müssen sich die befragten Frauen, die in unterschiedlichsten Dienstleistungs-, Service- und Büroberufen – etwa als Buchhalterin, Versicherungsmaklerin, Orchestermusikerin und Flugbegleiterin (siehe Kapitel 5.3) – tätig sind oder aber aufgrund ihrer Lehrtätigkeit beziehungsweise Vorgesetztenstellung SchülerInnen und Angestellte unter sich vereinen, um die Ausrichtung des Aussehens sowohl nach oben als auch nach unten kümmern, um kompetent und professionell zu wirken.

Diese gewinnversprechende Ausrichtung der Schönheitspflege wird auch nicht als zwanghafte körperliche Selbstdisziplinierung wahrgenommen, sondern die Modellierung des eigenen Schönheitskapitals ist durch die Rede über das Wohlbefinden positiv konnotiert. Die persönliche Fortentwicklung verliert damit ihre asketische Note, da in diesem Diskurs nicht Anstrengung und Entbehrung, sondern Selbstpflege in Form von Wellness oder »sich Gutes tun« zu den erwarteten Konsequenzen, sprich zum beruflichen Erfolg, führen soll. Diese Selbstpflege wird als privates Handeln imaginiert, und die äußeren Anpassungszwänge werden ausgeblendet, da gerade das Wohlfühlargument signalisiert, dass es beim »Sichschönmachen« letztlich um die Vervollkommnung der eigenen Persönlichkeit geht.

Die Schönheitspflege der mittleren Klasse steht insgesamt im Dienste einer ausgeprägten Aufstiegsorientierung und der damit verbundenen Arbeit an sich selbst. Diese Somatisierung charakterisiert den Klassenhabitus beider Geschlechter zu einem guten Teil. Paradoxes Ziel des Schönheitshandelns ist es, Individualität und Authentizität an den Tag zu legen, ohne dabei aufzufallen. Bestimmte Schönheitspraktiken, wie etwa Wellness- und Sportaktivitäten, spielen zudem eine wichtige Rolle als Auszeit, um beim mühsamen sozialen Aufstieg zeitliche Oasen der Erholung zu finden.

6.1.3 Die Schönheitspraxis der unteren Klasse

Barbara Rothmüller

Ein auffälliger Unterschied zwischen den weiblichen unteren Angestellten und den männlichen Arbeitern besteht im sprachlichen Umgang mit der eigenen Schönheitspraxis. Bei vielen Frauen füllt die Aufzählung ihrer umfassenden Praktiken das Interview, bei den Männern hingegen konzentrieren sich die Gespräche auf die Rechtfertigung einzelner weniger Schönheitshandlungen. Schönheit ist ein Thema, bei dem sich die Frauen, dem herkömmlichen Geschlechterhabitus entsprechend, eher zu Hause fühlen als Männer. Darin zeigt sich ein für diese Klasse typischer Geschlechterunterschied, der stark aus der Verteilung von Männern und Frauen auf unterschiedliche Berufssparten resultiert. Während die befragten Frauen mit Lehr- und Handelsschulabschluss weitgehend im Dienstleistungsbe-

reich, als untere Angestellte, beschäftigt sind, arbeitet der Großteil der befragten Männer im handwerklich-gewerblichen Bereich, wo körperliche Arbeit im Vordergrund steht. Daraus ergeben sich für die Männer andere Anforderungen an die Schönheit und Körperpflege als für die Frauen. Von den Frauen wird Gepflegtheit und Attraktivität erwartet, von den männlichen Arbeitern hingegen kaum: »Auf einer Baustelle interessiert das weniger, ob ich jetzt Glitzer im Haar habe.«
Die Schönheitspraktiken der weiblichen Angestellten sind eng mit beruflichen Anforderungen verbunden. Das heißt, die Frauen der unteren Klasse richten ihr Schönheitshandeln stark auf den Dienstleistungsberuf aus. Einige Frauen schminken sich in der Arbeit häufig nach, so zum Beispiel eine Interviewpartnerin für das gemeinsame Mittagessen mit KollegInnen, aber auch für Gespräche mit Vorgesetzten. »Wenn mich mein Chef ruft, husche ich noch schnell in den Waschraum und zeichne die Konturen mit dem Lippenstift nach. Da habe ich auch das Parfumflascherl dabei und besprühe mich mit zwei, drei Spritzern.« Demgegenüber zielen die männlichen Schönheitshandlungen eher darauf ab, sich für Frauen schön zu machen. Häufig sind es die Partnerinnen der Männer, die Einfluss auf die Schönheitspraxis nehmen oder denen zuliebe die Männer Neues ausprobieren. Im Gegensatz zu den Männern grenzen sich die Frauen argumentativ davon ab, Schönheitspflege zu betreiben, um Männer »anzulocken«. Die Frauen begreifen den Gedanken, sich in der Hauptsache für den eigenen Freund oder andere Männer herzurichten, eher als Unterstellung: »Ich mache das ganz sicher nur für mich, weil ich es auch dann mache, wenn ich keinen Partner habe.« Allerdings findet sich bei einigen Frauen eine überaus starke Ausrichtung der Praktiken an Attraktivitätserwartungen aktueller oder potentieller Partner. Am deutlichsten zeigt sich dies am Aufwand einer befragten Angestellten, die von ihrem neuen Partner anfangs nicht ungeschminkt gesehen werden wollte. »Früher habe ich mich nicht einmal abgeschminkt, wenn mein Freund bei mir geschlafen hat, weil ich mir gedacht habe, ich gefalle ihm dann nicht mehr. Das mache ich jetzt nicht mehr, weil wir schon lang zusammen sind und ich weiß, dass ihm das nichts ausmacht.« Die Investitionen in die Schönheit für das Partnerglück sind also bei beiden Geschlechtern nicht zu unterschätzen. Die gegenteilige Argumentation verweist jedoch darauf, dass dies für viele Frauen kein unproblematisches Anliegen ist. Aktive Partnersuche, häufiger Partnerwechsel oder Untreue sind für Frauen traditionell verpönte, anstößige Handlungsweisen, die sie zumindest argumentativ von sich weisen.

Strukturiert werden die Schönheitshandlungen der Arbeiter und unteren Angestellten durch die Trennung zwischen öffentlicher und privater Sphäre. Dabei zeigen sich divergierende Anforderungen an die Geschlechter. So erklärt einer der befragten Männer: »Nur wenn ich etwas Wichtiges oder Offizielles machen muss, zum Beispiel wenn ich mit wem essen gehe oder einen Termin beim Chef habe, da schaue ich schon, dass ich rasiert bin. Und gewaschen natürlich.« Während es für die Männer ausreicht, für öffentliche Anlässe auf hygienische Standards zu achten, müssen die Frauen zwischen einem Zuviel und Zuwenig an Attraktivierung entlang des diffusen Begriffs der Gepflegtheit balancieren, der für Frauen weit mehr als Hygienepraktiken beinhaltet. »Es ist wichtig, dass man sich ein wenig schminkt, aber nicht zu viel, damit man gepflegt ausschaut.« In beiden Fällen bringt der Rückzug ins Private eine deutliche Entlastung von den Anstrengungen um das äußere Erscheinungsbild. Dabei wird deutlich, wie stark die individuell argumentierten Praktiken tatsächlich am sozialen Umfeld orientiert sind: »Wenn es keine anderen Leute gäbe, wäre es ja auch vollkommen egal, wie man ausschaut.«

Geht es um den biografischen Verlauf der Schönheitspraxis, sind – wenig überraschend – für die befragten Frauen die Praktiken ihrer Mütter und Schwestern wichtige Anknüpfungs- und Abstoßungspunkte, während bei den Männern die Gewohnheiten der Väter im Mittelpunkt stehen. Abgrenzungstendenzen zum Schönheitshandeln der Eltern lassen sich dort erkennen, wo ein allgemeiner Bruch zur Herkunftsfamilie vorliegt, der sich in einem schlechten Verhältnis zum Elternhaus oder auch in der bewussten Distanzierung von den sozialen Verhältnissen in der Jugendzeit zeigt. Schönheitspraktiken können damit als ein Aspekt allgemeiner Kontinuität oder der Abgrenzung zur Herkunftsfamilie betrachtet werden.

Während bei den Frauen viele Vorbilder für ihr Schönheitshandeln anzutreffen sind, vornehmlich Schauspielerinnen, nennen die Männer wenige bis keine Ideale. Wenn Vorbilder erwähnt werden, dann sind es durchwegs Musiker, von denen in der Jugend die Frisur übernommen wurde. Obwohl sich die Frauen davon abgrenzen, ihre Idole zu imitieren, sind diese in den Erzählungen doch sehr präsent. Für die Männer ist mimetisches Handeln jedoch nur retrospektiv eingestehbar, und auch da nur als Orientierung an ausgesprochen männlichen Vorbildern.

Zwei Themen tauchen bei den Männern auf, die auf der Frauenseite gänzlich fehlen: zum einen die Sorge, aufgrund des Aussehens einer politischen Richtung zugeordnet zu werden, mit der man sich nicht verbunden fühlt. Um dies zu vermeiden, werden oft mehrere Schönheitspraktiken miteinander kombiniert. So rasiert sich einer der befragten Männer zwar eine Glatze, aber um nicht als Skinhead wahrgenommen zu werden, lässt er sich gleichzeitig einen langen Bart wachsen. Zum anderen spielt die Bekämpfung von Alkohol- und Schweißgeruch für die Männer eine äußerst wichtige Rolle, wobei der Körpergeruch vor allem durch die schweißtreibende berufliche Tätigkeit erklärt wird. Die Frauen duschen zwar in der Regel häufiger als die Männer, trotzdem (oder gerade deswegen) steht für sie Sauberkeit und Hygiene nicht so stark im Mittelpunkt der Aufmerksamkeit.

Eine Gemeinsamkeit der Frauen und Männer der unteren Klasse ist ihr hedonistisches Verhältnis zum Essen, bei dem gesundheitliche Aspekte eher nebensächlich sind. Schlägt sich das ungezügelte Essen in Form von Übergewicht nieder, wird kurzfristig eine Diätphase eingeschoben, um danach wieder zu den alltäglichen Gewohnheiten zurückzukehren. Die Gewichtskontrolle, wie sie von den InterviewpartnerInnen der unteren Klasse praktiziert wird, lässt sich mit »ganz oder gar nicht« beschreiben. Kennzeichnend ist der diskontinuierliche oder partielle (etwa indem Mahlzeiten weggelassen werden) Verzicht, den sich die Frauen und Männer abringen müssen. Ein Grund für die mangelnde Selbstdisziplin, von Männern wie Frauen angesprochen, liegt darin, dass das lustvolle Essen mit sozialen, insbesondere familiären Anlässen verbunden ist: »Meinem Vater sage ich immer, bitte koche nicht so viel. Und dann denke ich mir wieder, jetzt hat er sich hingestellt und extra gekocht, jetzt esse ich auch etwas.« Die männlichen Arbeiter und ein Teil der weiblichen unteren Angestellten klagen über ihr Übergewicht, können sich jedoch kaum dazu aufraffen, Sport zu betreiben, wobei die Befragten des Öfteren ihre eigene Faulheit dafür verantwortlich machen. Insbesondere bei einigen interviewten Alleinerziehenden scheint diese individuelle Faulheit allerdings strukturelle Hindernisse – fehlende Zeit und fehlende finanzielle Mittel – zu verdecken, die von ähnlich großer Bedeutung für die Nichtausübung von Sport sind.

Vor allem ungebundene Frauen sowie junge Mütter, die in einer Partnerschaft leben, sind an sportlichen Aktivitäten zur Körperformung interessiert. Diese Frauen frequentieren die Fitnessstudios, streben einen durchtrainierten Körper an und betreiben häufig und regelmäßig Sport. Zum Fettabbau und zur Gewichtsregulierung werden von diesen Frauen vornehmlich Individualsportarten betrieben. Im Gegensatz zu den Dienstleisterinnen sind die körperlichen Aktivitäten der Männer Bestandteil ihres Arbeitsalltags oder Mittel zum Zweck: Statt Gymnastik im Wohnzimmer zu betreiben, fahren sie mit dem Rad in die Arbeit oder verrichten körperlich anstrengende Tätigkeiten. Bei den befragten Männern herrscht insgesamt eine pragmatische Sicht des eigenen Körper vor. Sie wollen in erster Linie nicht negativ auffallen, wobei ein wenig Übergewicht oder ein kleiner Bauchansatz keinen Widerspruch dazu bilden. Bei den Dienstleisterinnen geht es dagegen um die Steigerung ihrer Attraktivität. Dementsprechend können sie sich ein undiszipliniertes Essverhalten nur leisten, wenn sie durch körperliche Bewegung dafür sorgen, dass sie schlank bleiben. Bei jenen Frauen, die keinen Sport betreiben, stellt das Übergewicht ein zentrales Thema der Interviews dar – sie leiden darunter und wären gerne schlank. Diese geschlechtsspezifischen Unterschiede erklären sich einerseits aus den beruflichen Anforderungen an die körperliche Attraktivität und andererseits aus den traditionellen Betrachtungsweisen der Geschlechterverhältnisse. Die Männer sollen, so die Befragten, stark sein und eine Beschützerrolle einnehmen. »Was sucht eine Frau? Jede Frau sucht die Stärke vom Mann, nicht?« Für die Kontaktanbahnung mit Frauen reicht es aus Sicht der Männer aus, nicht übergewichtig zu sein und zu duschen: »Ich schaue, dass ich nicht stinke.« Frauen sollen dieser Auffassung zufolge schlank, am besten »zierlich, aber nicht magersüchtig« sein.

Den Frauen kommt dann eine dominante Position zu, wenn es um die Anleitung zum Schönheitshandeln geht. Bei Fragen der Produktwahl wenden sich die Männer an ihre Partnerinnen, die Frauen an ihre Mütter, Schwestern und Freundinnen. Frauen wird Kennerschaft in Schönheitsbelangen zugeschrieben. Als Expertin empfiehlt, kauft, schenkt oder verleiht sie Produkte, sie wünscht oder fordert Praktiken und herrscht damit über die (geschlechtsspezifischen) Schönheitshandlungen. »Bei den Männern funktioniert es so, dass sie einen gewissen Teil selber machen, aber zu einem weitaus größeren Teil werden sie von den Frauen angestiftet. Na, willst nicht? Schau, probier das ...«, berichtet einer der interviewten Männer. Der Einfluss der Partnerin dient auch zur Erklärung, warum möglicherweise zuviel Aufwand betrieben wird. Und einzelne Praktiken werden dadurch gerechtfertigt, dass sie aus Solidarität mit der Partnerin verfolgt werden: »Weil die Frauen ja immer so viel tun müssen für ihr Aussehen, mache ich auch manchmal ein bisschen was. Da denke ich mir, ich kann es [die Achselhaarrasur, Anm. d. Verf.] zumindest aus Solidarität auch manchmal tun.«

Das konventionelle Geschlechterverständnis liegt auch der unterschiedlichen Bedeutung der Körperbehaarung und den Enthaarungspraktiken zugrunde. Bei den Frauen ist die Achsel- und Beinhaarrasur eine Selbstverständlichkeit, die das ganze Jahr über praktiziert wird: »Bei mir würde man die Beinbehaarung gar nicht so sehen, weil die Haare hell sind, aber mich stört das, wenn ich praktisch ein Fell habe. Unter den Achseln sowieso, das ist grauslich, wenn da etwas runterhängt.« »Ich würde das nicht wuchern lassen, das würde ich gar nicht aushalten.« Um eine Zeit lang Ruhe zu haben, werden auch die Schmerzen beim Epilieren in Kauf genommen. Verinnerlichung, Aufwand und Schmerztoleranz zeigen deutlich, wie unumgänglich eine haarlose Haut für die befragten Frauen ist. Die Körperhaarentfernung der Männer ist hingegen ein neueres Phänomen und wird als Option betrachtet. Vornehmlich im Sommer, also in der heißen Jahreszeit, nutzen einige der befragten Männer die Achselhaarrasur als Mittel, um den Körper- und Schweißgeruch zu minimieren. Die Haarentfernung an anderen Körperstellen, etwa dem Bauch oder der Brust, wird stark mit der Suche nach einer Partnerin – »um für Frauen schön zu sein« – legitimiert: »Als ich eine Freundin hatte, habe ich es nicht mehr so oft gemacht, erst wenn es gewuchert hat. Die Intimrasur habe ich aber schon beibehalten.« Vor allem die Intimrasur bringen beide Geschlechter mit Sexualität in Verbindung: »Das ist jetzt bei mir nicht so das Thema, erstens bin ich ohnehin sehr keusch angezogen und zum Zweiten lebe ich allein«, erzählt eine der Frauen. Die Intimhaarrasur verweist solcherart auf die Bedeutung von Schönheitsanforderungen, die dem sexuellen Bereich gelten – Anforderungen, die von den Befragten eher selten thematisiert werden.

Eine Gemeinsamkeit mehrerer befragter Männer und Frauen der unteren Klasse zeigt sich in der hohen Bedeutung weißer Zähne, die wichtig sind, um Leuten »entgegenlächeln zu können«. »Dass man einfach Lachen kann ohne nachzudenken, weißt? Es hat mich schon immer gestört, dass ich nicht so lachen konnte.« Darin zeigt sich nicht nur eine Übererfüllung medialer Normen und beruflicher Anforderungen, sondern auch der Versuch, Zeichen der unteren sozialen Herkunft, die Unbehagen und Befangenheit verursachen, wie unregelmäßige und verfärbte Zähne oder auch lückenhafte Zahnreihen, zu beseitigen.

Es gibt zudem eine ganze Reihe von Männern und Frauen, die äußerliche Schönheitspraktiken innerer Schönheit gegenüberstellen, besonders dann, wenn eine stark ausgeprägte Religiosität vorliegt. Dabei wird durchwegs geschlechtsunspezifisch argumentiert, dass der Körper die Seele widerspiegelt und daher Schönheit von innen heraus zu erreichen versucht werde. Dieser Versuch, das Innerste des Körpers für Schönheit zu mobilisieren, deutet allerdings eher auf die hohe Bedeutung eines attraktiven Äußeren hin als auf die Präferenz innerer Qualitäten. Schönheitshandeln als Arbeit und Strategie zu präsentieren würde eine Außenorientierung nahelegen, die niedriges Selbstbewusstsein vermuten lässt. Keine der befragten Angestellten möchte ihre Praktiken in diesem Kontext verstanden wissen, wovon die Argumentationen über Natürlichkeit, Individualität und Innerlichkeit zeugen. Männer haben weniger Probleme damit, den Aufwand rund um die Schönheit zu benennen – weil sie ihn nicht teilen.»Du kannst schon viel aus Deinem Körper rausholen, aber ich bin zu faul. Wenn Du für andere optisch viel machen willst, dann musst Du halt viel Zeug kaufen, dann brauchst Du viel mehr Produkte.« Ein ausgeprägtes Schönheitshandeln widerspricht dem Verständnis von Männlichkeit in der unteren Klasse:»Dazu bin ich nicht eitel genug, dass ich das regelmäßig mache.« Es gehört schlicht nicht zu den habituellen Gewohnheiten der männlichen Arbeiter, in die Schönheit zu investieren. Gehen die Praktiken über die Körperhygiene hinaus, sind sie eher von Nachteil im Spiel um männliche Anerkennung der unteren Klasse.

6.2 Klassenvergleiche

6.2.1 Die männlichen Schönheitspraktiken im Vergleich

Christian Hirst/Barbara Rothmüller/Philip Thom

Höchst bezeichnend für die Klassenunterschiede im Schönheitshandeln der Männer ist die Frage des Körpergeruchs. Bei der unteren Klasse steht vor allem der Kampf gegen Schweiß- und Alkoholgeruch im Vordergrund. Mit Hilfe von Deodorants oder auch Aftershaves versuchen die Männer, des eigenen Körpergeruchs Herr zu werden. In den wenigen Fällen, in denen Parfums verwendet werden, erfolgt dies weniger um gut zu riechen, sondern vielmehr um den Köperguch zu überdecken.»Nicht zu stinken« ist also das vorrangige Ziel der Männer der unteren Klasse, wobei die Partnerinnen einen starken Einfluss auf die Auswahl der Deos nehmen. In der mittleren Klasse geht es hingegen darum, gut zu riechen, das Thema Schweißgeruch wird kaum angesprochen. Parfums und Aftershaves sind hier stark verbreitet, kaum jemand, der diese Produkte nicht verwendet. Auch hier entscheiden oft die Partnerinnen über die Wahl des Duftes.

Diese Unterschiede erklären sich größtenteils aus den unterschiedlichen Berufsanforderungen für Arbeiter und Angestellte. Während die einen schweißtreibende, körperliche Arbeit verrichten, wird bei den anderen ein gepflegtes, attraktives Auftreten erwartet. Bei den Männern der oberen Klasse setzt sich die Tendenz fort, Parfums, teilweise auch teure Markenprodukte, zu verwenden. Um angenehm zu duften, haben die Männer oft verschiedene Parfums zur Auswahl, die sie der Situation entsprechend auswählen. So erzählt einer der befragten Männer der oberen Klasse: »Ich habe mehrere Parfums, aber ich verwende im Moment nur das eine, und das seit drei Monaten. Ich wechsle das je nach Stimmungslage.«

Auch anhand der sportlichen Praxis lassen sich deutliche Klassenunterschiede erkennen, und wiederum hängen diese Unterschiede unmittelbar mit den beruflichen Positionen zusammen. Die Männer der unteren Klasse sind kaum sportlich aktiv, da bereits ihre Arbeit mit körperlichen Anstrengungen verbunden ist. Sport, vorrangig Fußball oder Krafttraining, wurde von diesen Männern vor allem in der Jugend betrieben. Einen deutlich höheren Stellenwert haben sportliche Aktivitäten in der mittleren und oberen Klasse. Dort wird der Sport, der zudem häufig in der Natur betrieben wird, als Ausgleich zum Berufsalltag gesehen. In der mittleren Klasse werden viele unterschiedliche Sportarten genannt, von Turniertanzen über Joggen bis Klettern, aber auch Kampfsportarten; darüber hinaus erfreuen sich insbesondere Teamsportarten großer Beliebtheit. Der Wunsch nach einem muskulösen Körper und die Bereitschaft, dafür zu trainieren, findet sich neben der unteren Klasse vor allem bei Männern der mittleren Klasse mit niedriger sozialer Herkunft. Bei einzelnen dieser Männer gewinnt der Kraft- und Kampfsport eine hohe Bedeutung, weil körperliche Stärke zur Verhaltenssicherheit der Männer beiträgt: »Dann kann Dich niemand mehr von A nach B verschieben, wie er es will. Das bringt Dir dann Selbstsicherheit in der Gruppe.« Körperliche Stärke wird so zur Kompensation von sozialer Unsicherheit angestrebt, deren Ursache im Aufstieg dieser Männer von der unteren in eine höhere Klasse zu vermuten ist. Dieser Sinn von Sport wird nur von Interviewpartnern der mittleren Klasse angesprochen. Generell wird in dieser Klasse zudem der Spaß am Sport betont und vom Austesten der eigenen Grenzen gesprochen – Argumentationslinien, die sich in der unteren Klasse kaum finden. Sport in der Freizeit wird von den Arbeitern als unnötig erachtet oder auch, um sich von »Büromenschen« abzugrenzen, dezidiert abgelehnt. Der Ausgleich zum Beruf findet häufig vor dem Fernseher oder – in Verbindung mit starkem Alkoholkonsum – beim abendlichen Ausgehen statt. Mit zunehmender Höhe der beruflichen Position wird die Freizeit knapper. In der mittleren Klasse ist sie stark durchstrukturiert und mit sportlichen Aktivitäten gefüllt, in der oberen Klasse verschwimmen die Grenzen von Arbeit und Freizeit. Sport wird in der letztgenannten Klasse vornehmlich alleine ausgeübt, wobei asketische Sportarten wie das Joggen überwiegen. Einerseits geht es den Männern um ein fittes, athletisches Aussehen, andererseits dienen die sportlichen Aktivitäten der Entspannung vom Berufsleben – weil man dabei »abschalten« und »Zeit für sich haben« kann. Dem gleichen Zweck dienen auch die relativ kostspieligen Wellnessaufenthalte, die sich die Männer der oberen Klasse gönnen. Grundsätzlich gilt es dabei zu erwähnen, dass die interviewten Männer kaum zwischen Aspekten der Schönheit, der Gesundheit und des Wohlbefindens unterscheiden. Durch die Vermischung dieser Elemente vermeiden sie es auch, einen traditionell als unmännlich geltenden Schönheitsdiskurs zu führen.

Die Selbstdisziplin der Männer der oberen Klasse zeigt sich nicht nur in der regelmäßigen Ausübung von sportlichen Aktivitäten, sondern auch im Hinblick auf ihre Ernährung. Anders als in der unteren Klasse, gibt es kaum Klagen über Gewichtsprobleme. Während in der unteren Klasse wenig über die Essgewohnheiten nachgedacht wird, achten die Männer mit steigender Klassenlage zunehmend auf Herkunft und Qualität der Nahrung. Eine fachspezifische Terminologie, die zum Teil Lifestylemagazinen entnommen ist, dient dazu, die eigene Ernährungsweise zu legitimieren und ein vergleichsweise ausgeprägtes Gesundheitsbewusstsein an den Tag zu legen. Generell kann die Fähigkeit der Männer aus der oberen Klasse, ihr Handeln sachlich und rational zu begründen, wie es in den Interviewpassagen zur Ernährung sichtbar wird, als ein Aspekt ihrer hohen kulturellen Kompetenz (ihres großen kulturellen Kapitals) betrachtet werden.

Diese Kompetenz beweisen die Männer auch in der Begründung stilistischer Elemente wie des Dreitagebarts, der wohl in allen Klassen verbreitet ist, allerdings aus höchst unterschiedlichen Motiven. So wird dieser Bart in der unteren Klasse vorwiegend aus Gründen der Bequemlichkeit und Faulheit getragen. Die Aussagen vieler Männer der unteren Klasse, sich am Wochenende und im Urlaub nicht zu rasieren, unterstreichen diesen Aspekt. Die in der mittleren Klasse dominante Argumentationsweise, nämlich dass die tägliche Rasur aus Zeitmangel auch gelegentlich entfallen kann, ähnelt der zuvor genannten, mit dem Unterschied, dass die Männer aus der mittleren Klasse tatsächlich eine sehr knapp bemessene und durchstrukturierte Freizeit haben. Zudem ist es in der mittleren Klasse auch üblich, den Bart zu stutzen, anstatt ihn gänzlich abzurasieren, woran ersichtlich wird, dass ästhetische Überlegungen eine größere Rolle spielen. In der oberen Klasse verstärkt sich dieses Charakteristikum nochmals. Dies wird vor allem darin deutlich, dass die Befragten großen Wert auf die Gepflegtheit ihres Bartes legen und diesen regelmäßig trimmen und zurechtschneiden. Der Dreitagebart soll nicht zuletzt dazu dienen, das allgemein sehr korrekte äußerliche Erscheinungsbild durch diese »legere« Note abzuschwächen. In der oberen Klasse werden also in erster Linie stilistische Gründe für das Tragen des Bartes vorgebracht, womit er ein Symbol sowohl für die ästhetische Kompetenz als auch für die Individualität der Männer darstellt, während in der unteren Klasse diese Praxis oft mit pragmatischen Argumenten begründet wird, die eine schwach ausgeprägte Selbstdisziplin vermuten lassen.

Wie bei der Gesichtsrasur zeigen sich auch bei der Körperrasur klassenspezifische Unterschiede. Unter den Mitgliedern der unteren Klasse ist lediglich die Achselrasur üblich. Die Inspiration zu dieser Praxis geht zumeist von den Partnerinnen der Befragten aus. In der mittleren Klasse ist neben der Achselrasur noch die Augenbrauenrasur eine recht verbreitete Praxis, während in der oberen Klasse die vielfältigsten Körperstellen rasiert werden, etwa die Brust, aber auch die Nase wird von Haaren befreit. Eine ähnliche Vielfalt ist generell für die Gesichts- und Körperpflege der oberen Klasse bezeichnend. Da werden unterschiedliche Cremes verwendet, Gesichtsmasken aufgelegt, Augenbrauen und Nasenhaare gezupft, die Hand- und Zehennägel gefeilt, es wird die Hornhaut an den Füßen entfernt und dergleichen mehr.

Mit sinkender sozialer Position nimmt auch die Vielfalt der Praktiken ab. Von den meisten Männern der mittleren Klasse wird insbesondere die Hautpflege als wichtig erachtet und dementsprechend ein breites Sortiment an Cremes verwendet – von preisgünstigen Produkten aus dem Drogeriemarkt bis hin zu teuren Antifaltencremes. Demgegenüber ist es in der unteren Klasse eher unüblich, den Körper einzucremen, und wenn es vereinzelt getan wird, dann reicht ein Produkt für alle Körperpartien.

Einen auffälligen Kontrast zur individuell sehr unterschiedlichen Praxis der Körper- und Gesichtspflege bei den Männern der oberen Klasse bildet die Homogenität ihrer Frisuren. Mit steigender sozialer Position wird es zunehmend wichtig, einen eher unauffälligen, aber dafür umso gepflegteren Haarschnitt zu haben. Alle befragten Männer der oberen Klasse geben an, regelmäßig zum Friseur zu gehen, um jenen seriösen Eindruck zu vermitteln, der in ihrer beruflichen Position unumgänglich ist. Im Unterschied dazu dient die Gestaltung der Frisur in den unteren Klassen der Distinktion. Sie stellt ein wichtiges, wenn nicht das wichtigste Zeichen der Individualität dar. In der mittleren wie in der unteren Klasse sind lange Haare durchaus üblich, einige Männer tragen ausgefallene oder jedenfalls auffällige Frisuren, die mit einer höheren Berufsposition kaum vereinbar wären. Bezeichnender Ausdruck der klassenspezifischen Bedeutungsunterschiede ist, dass die Haarmode von den Männern der oberen Klasse in den Interviews kaum angesprochen wird, während das Thema vor allem bei den Männern der unteren Klasse breiten Raum einnimmt.

Ein klassenübergreifendes Schönheitsideal aller befragten Männer ist Schlankheit. Vor allem die Männer der unteren Klasse können jedoch aufgrund ihrer unregelmäßigen und ungesunden Ernährungsweise und der geringen sportlichen Betätigung diese Schlankheitsvorstellungen kaum verwirklichen. Die Gewichtskontrolle gelingt allenfalls in Kooperation mit anderen Personen, sei es die eigene Partnerin oder eine Kollegin, wie ein Flugbegleiter berichtet: »Da habe ich gemeinsam mit einer Kollegin abgenommen. Gemeinsam haben wir aufgepasst im Flieger, dass keiner etwas Falsches isst. Wenn ich gesagt habe, ›ich muss leider die Sauce kosten‹, habe ich schon eine auf die Finger gekriegt.« Aus eigenem Antrieb fällt es den Männern der unteren Klasse schwer, den Körper in Form zu halten: »Ich denke schon ein paar Mal darüber nach, aber ich komme nicht drauf, warum ich so wenig Willen habe.« Dieses Ringen mit der eigenen Körperlichkeit zeigt sich auch in anderen Passagen der Gespräche, zum Beispiel wenn ein Arbeiter vom zehnminütigen Zähneputzen erzählt, bei dem er mit der Sanduhr die Zeit misst, oder in den Berichten von Kämpfen mit den Haaren, um eine »arbeitstaugliche« Frisur zustande zu bringen. Im permanenten Kampf der Männer gegen die Körpertranspiration – »um diesen Geruch loszuwerden« – zeigt sich dieses Unbehagen besonders deutlich. Die Diskrepanz zwischen Idealvorstellung und eigener Disziplinlosigkeit lösen die Männer der unteren Klasse meist dadurch, dass sie den Dingen ihren Lauf lassen – und mögen, was sie haben: »Ich bin zufrieden mit dem, wie ich ausschaue, und außerdem soll man ja ohnehin nicht nur auf das Äußere schauen.« Models werden die Männer nach eigenem Dafürhalten »so und so nicht mehr«, der Haarausfall bereitet ihnen zwar Sorgen, ist aber nur »natürlich«, und wenn die Koteletten asymmetrisch sind, macht dies auch nichts: »Es wächst halt, wie es wächst.« Die Männer der unteren Klasse sind also weit davon entfernt, ihre Körper systematisch in Schuss zu halten, und insgesamt herrscht ein pragmatisches oder instrumentelles Verhältnis zum Körper vor. In zwei Fällen dient der Körper auch als eine Art Memento, indem beispielsweise Tätowierungen nachhaltig das Ende eines negativen Lebensabschnitts markieren. Abstrakter gesprochen heißt das, dass die Inkorporierung der gängigen Attraktivitätsstandards in dieser Klasse keineswegs konfliktfrei verläuft, und die Schönheitsnormen eher den Charakter von Fremd- als von Selbstzwängen haben.

Das Körperverhältnis der mittleren Klasse konstituiert sich in Abgrenzung zum *Laisser-faire* der untergeordneten Klasse. Besonders für jene Männer, die einen sozialen Aufstieg erfahren haben, bilden Faulheit und Antriebslosigkeit das negative Gegenbild zur eigenen Diszipliniertheit: »Ich könnte das ja nicht, so einen Alltagstrott wie die anderen führen. Zur Arbeit fahren, dann heimfahren, vorm Fernseher hocken, sich von den Frauen bekochen lassen.« »Weißt, die sind so, die lassen sich einfach gehen. Und das ist das, was mich abschreckt. Und darum bin ich vielleicht auch so körperbewusst.« Im Vergleich zur unteren Klasse geben sich diese Männer karriereorientiert, und im Kontext ihrer beruflichen Aufgaben im Dienstleistungsbereich lohnen sich Investitionen in die Attraktivität. »Mein Körper ist mein Kapital«, erklärt zum Beispiel ein Pilot, wobei er nicht von Körperkraft, sondern von Gepflegtheit spricht. Umgekehrt geht es für die Männer der mittleren Klasse darum, sich gegenüber einer übertriebenen Schönheitspraxis abzugrenzen – die als unmännlich gilt und mit Weiblichkeit oder Homosexualität assoziiert wird: »Ich rasiere mich am ganzen Körper, aber nicht Arme und Beine, das natürlich nicht, das ist den Frauen vorbehalten.« Die Suche nach einem Mittelweg – nicht zu viel und nicht zu wenig für das Aussehen tun – kennzeichnet das Körperverhältnis der mittleren Klasse: »Es muss kein Waschbrettbauch sein, es muss kein Sixpack sein, es muss aber auch kein Bierfass sein. Das sind zwei Extreme, wo ich sage, dazwischen wäre der goldene Mittelweg.« Der Wunsch nicht aufzufallen, kann dabei als weiterer Abgrenzungsversuch zu den Männern der unteren Klasse verstanden werden, bei denen Auffälligkeit (etwa durch die Frisur) und Provokation (durch Körperschmuck) teilweise positiv konnotiert sind.

Während das herkömmliche Bild von Männlichkeit durch die rudimentäre Schönheitspraxis der Arbeiter nicht infrage gestellt wird, reflektieren die Männer der höheren Klassen sehr stark die Nähe ihrer Praxis zu weiblichem Verhalten. Vor allem die befragten Männer der oberen Klasse zeichnen sich durch eine äußerst vielschichtige Körperpflege und Schönheitspraxis aus, die es – stärker noch als für die Mitglieder der mittleren Klasse – notwendig erscheinen lässt, die eigene Männlichkeit zu akzentuieren. Als Negativfolie dafür dient insbesondere das Konzept der Metrosexualität, bei der die körperliche Schönheit einen »zu hohen« Stellenwert einnimmt. Allerdings betonen die Männer im gleichen Atemzug, dass Gepflegtheit für sie den Normalzustand darstellt und wesentliches Merkmal ihrer Berufsposition ist: »Bei Schulungen in dem relativ konservativen Kreis der Wirtschaftsprüfer [wird] ein gutes Auftreten – gut bekleidet und gut gepflegt – einfach vorausgesetzt. Das muss selbstverständlich sein!« Zu diesem guten Auftreten gehört in der oberen Klasse Stil: »Nur eine Krawatte umbinden geht nicht. Ästhetik, Design, Stil, das gehört für mich auch zur Schönheit. Schönheit heißt nicht im landläufigen Sinn ein schönes Gesicht haben, sondern Schönheit heißt, es muss harmonieren.« Der persönliche Stil soll vor allem Seriosität vermitteln und »Kompetenz ausstrahlen«. Stil erkennt man an Qualitätsmerkmalen und erst »auf den zweiten Blick«, er setzt Kennerschaft voraus und wird über längere Zeit ausgebildet: »Wenn man erwachsen wird, dann weiß man, was man will und welcher Typ man ist – welchem Stil man angehört und welchen Stil man vertritt. Dazu gehören Körperpflege und Kleidung.« Zudem ist das körperliche Wohlbefinden in der oberen Klasse wichtig. Die befragten Männer versuchen, »auf ihren Körper zu hören« und »etwas für den Körper zu tun«: »Ich vertraue meinem Körper einfach und möchte ihn nicht ständig maßregeln. Ich ziehe mir nicht um fünf Uhr die Laufschuhe an, weil ich sage: ›Jetzt muss ich.‹ Das macht nicht schön, das macht nur verkrampft.« In eigenartigem Kontrast dazu steht allerdings, dass die Männer der oberen Klasse ihre sportlichen Hobbies und ihre Körperpflege wesentlich regelmäßiger und disziplinierter verfolgen als die Männer der anderen Klassen. Keinesfalls aber soll diese Disziplin zu »angestrengt« oder zu »ergebnisorientiert« wirken. Im Unterschied sowohl zum Bemühen um Attraktivität in der mittleren Klasse als auch zur Disziplinlosigkeit in der unteren Klasse, zeichnen sich die Männer der oberen Klasse durch die habitualisierte Regelmäßigkeit einer Schönheitspraxis aus, die stilvoll und mühelos erscheint. Anforderungen an ihr Aussehen erleben die Männer mit hohen beruflichen Positionen nicht als externe Zwänge, sondern sie haben diese Ansprüche in hohem Maße verinnerlicht.

Im Bereich der Hygiene, der Körperpflege, des Sports und der Ernährung zeigen sich insgesamt deutliche klassenspezifische Unterschiede bei den Männern. Das Kontinuum reicht von kaum ausgeprägten Schönheitspraktiken in der unteren Klasse bis hin zu einer erstaunlichen Vielfalt an Schönheitshandlungen in der oberen Klasse. Während in der unteren Klasse pragmatische Erklärungen für die Körperpflege überwiegen, legen die Männer der oberen Klasse ihrem Handeln vor allem ästhetische Motive zugrunde. Die beruflichen Anforderungen und Verpflichtungen wirken sich allemal ganz entscheidend auf die Schönheitspraktiken aus und liegen den deutlichen Abstufungen zwischen Arbeitern sowie niedrigen und höheren Angestellten zugrunde. Zudem zeigt sich, dass sich mit steigender Klassenlage traditionelle männliche Handlungsmuster zugunsten einer geradezu als weiblich zu bezeichnenden Körperfokussierung auflösen. Die Männer der mittleren Klasse verhalten sich insgesamt betrachtet ausgesprochen heterogen. Während einerseits eine starke Orientierung am Schönheitsdiskurs der oberen Klasse konstatierbar ist, insofern also eine habitualisierte Aufstiegsmentalität vorherrscht, ähnelt andererseits die Praxis oft jener der unteren Klasse.

6.2.2 Die weiblichen Schönheitspraktiken im Vergleich

Augusta Dachs/ David Loibl/ Barbara Rothmüller

Sowohl im Schönheitshandeln als auch in den Diskursen über die Schönheit zeigen sich deutliche Unterschiede zwischen den Frauen der drei Klassen. Besonders ausgeprägt sind die klassenspezifischen Unterschiede bei den Themen Körperschmuck und Besuch von Sonnenstudios: Beides nimmt mit sinkender Klassenlage zu.

In der unteren Klasse sind sowohl Tätowierungen als auch Piercings relativ weit verbreitet, und die Frauen sehen keine Notwendigkeit, ihre Entscheidung für derartige Körpermodifikationen besonders zu rechtfertigen. »Das Tattoo ist für mich wie ein Schmuck«, meint etwa eine der befragten Frauen. In der oberen Klasse kommen Tätowierungen und Piercings kaum vor, und auch in der mittleren Klasse ist beides nicht weit verbreitet. Mehrere Frauen der mittleren Klasse erklären allerdings, über eine Tätowierung nachgedacht zu haben, und führen Überlegungen für und gegen diese Art Körperschmuck an: » Tattoo ist schon ein Thema, das mich reizen würde, aber ich bin mir über das Motiv nicht hundertprozentig sicher. Das Tattoo ist ja nicht etwas für eine Laune. Und wenn ich es wieder entfernen lassen will, können Narben zurückbleiben, da bin ich zu vorsichtig.« Das häufigste Argument gegen eine Tätowierung ist die Befürchtung, dass sie im späteren Leben nicht mehr gefallen könnte, während Piercings in dieser Klasse größtenteils rundweg abgelehnt werden. »Ich mag keine Fremdkörper«, begründet etwa eine Befragte ihre Abneigung.

Ein ähnliches Bild wie bei der Frage nach Körpermodifikationen ergibt sich beim Thema Sonnenstudio, wobei Differenzen vor allem bei der Häufigkeit der Solariumbesuche bestehen. Während Frauen der mittleren Klasse erklären, nur »ganz, ganz selten« oder »hin und wieder« ein Sonnenstudio zu besuchen, sind in der unteren Klasse auch wöchentliche Besuche nicht ungewöhnlich, und eine Befragte gibt sogar an, zweimal in der Woche in ein Solarium zu gehen. Diesem Unterschied in der Intensität entsprechen auch unterschiedliche Argumentationslinien. Frauen der unteren Klasse geben als wichtigsten Grund dafür, gar nicht oder nicht oft ins Solarium zu gehen, eine mögliche Schädigung der Haut an: »Das ist sicher nicht gut für die Haut, und mit 40 Jahren hat man dann Falten und eine Lederhaut.« Die Frauen der mittleren Klasse begründen ihr Verhalten hingegen eher mit ästhetischen Motiven: »Ich würde nie so braun gebrannt herumlaufen, das finde ich abstoßend – Prolo-Toaster und so.«

Generell lassen sich klassenspezifische Unterschiede bei den befragten Frauen nicht nur an den konkreten Schönheitspraktiken festmachen, sondern – und teils weitaus stärker – an deren argumentativer Rahmung, wie im Folgenden noch verschiedentlich ausgeführt werden wird. Den Gesprächen mit Frauen der unteren Klasse ist zu entnehmen, dass es ihnen bei der Verschönerung schlicht und einfach um das Aussehen geht. In der oberen Klasse hingegen erscheint dieser Aspekt sekundär gegenüber Zielen wie dem Wohlbefinden oder der Betonung eines individuellen Stils. Die befragten Frauen der oberen Klasse messen ihrem Äußeren vergleichsweise geringe Bedeutung bei und argumentieren, sich in ihrem Körper vor allem wohlfühlen zu wollen. Besonders deutlich zeigt sich das bei den Themen Ernährung und Fitness. Die Frauen erklären, sich kaum mit Ernährungsfragen zu beschäftigen und betonen damit eine gewisse Freiheit von Ernährungszwängen. Sie würden sich nicht »über die Figur definieren«, keine Kilos oder Kalorien zählen und auch nicht allzu viele Gedanken auf gesunde Ernährung verschwenden. Eine Interviewpartnerin meint beispielsweise: »Ich ernähre mich gerne gesund, aber dass ich wirklich sage, ich mach jetzt eine Diät, das ist mir einfach zu blöd.« Und eine andere erklärt: »Ich gestehe mir zu, Dinge zu essen, weil sie mir schmecken. Ja, dann habe ich halt ein Kilo mehr. Ich definiere mich nicht mehr so sehr übers Gewicht wie früher.« Es gibt in der oberen Klasse auch durchaus Frauen, die angeben, sich ungesund zu ernähren oder »viel zu viel« zu essen, doch weitaus häufiger und typisch für den Habitus dieser Frauen fallen gesunder Ernährungsstil und persönlicher Geschmack wie von selbst zusammen: »Das Gute ist, dass mir viel Gemüse schmeckt. Dadurch ist meine Ernährung sehr gesund, würde ich sagen.«

Der Besuch von Fitnessstudios – eine in der oberen Klasse recht häufig gepflegte Praxis, wobei die Frauen exklusive und entsprechend teure Einrichtungen bevorzugen – dient nicht nur dazu, körperlich fit zu bleiben. Daneben geht es vor allem um Stressabbau und ein verändertes Körpergefühl. Selbst die sportiven Frauen scheinen nicht unbedingt nach einer idealen Figur zu streben, und sie messen ihrem Äußeren weniger Wert zu als die Frauen der mittleren und unteren Klasse. Der wesentliche Grund für diese größere Gelassenheit im Umgang mit der eigenen Schönheit liegt wohl darin, dass diesen Frauen andere Ressourcen für soziale Anerkennung zur Verfügung stehen – sie über relativ hohe Bildung, Einkommen und berufliche Positionen verfügen, aus denen sich ihr Selbstwertgefühl speist. In den beruflichen Feldern der befragten Frauen spielt (zumindest vordergründig) das Aussehen auch keine vorrangige Rolle: »Ich suche mir auch gezielt einen Job aus, wo ich das [mich verschönern, Anm. d. Verf.] nicht machen muss.«

Die befragten Frauen der unteren Klasse identifizieren sich demgegenüber viel stärker mit ihrem Aussehen und sind, sofern sie im Dienstleistungsbereich arbeiten, auch beruflich mehr gefordert, auf ihr Äußeres zu achten. Besonders junge Frauen und Singles aus der unteren Klasse berichten, anders als die Frauen der oberen Klasse, ihre Figur im Rahmen von intensiven Fitnessprogrammen modellieren zu wollen: »Durch die Atmosphäre im Fitnesscenter, wo Du Leute siehst, die einen sehr gut trainierten Körper haben und auf ihr Äußeres Wert legen – da ist schon der Schönheitsaspekt dazu gekommen, dass es mir auch gefällt, wenn der Körper geformt und modelliert wird.« Einige der Frauen betreiben einen relativ großen Aufwand, um die Figur in Form zu halten, und sie geben auch verhältnismäßig viel Geld aus, um sich den Besuch »zumindest eines Mittelklasse-Fitnessstudios« zu leisten.

Ein diszipliniertes Essverhalten für die schlanke Linie ist in der unteren Klasse kaum vorhanden: »Es gibt Tage, wo ich nichts esse und mich nur von Wasser und Kaffee ernähre. Und dann gibt es wieder Tage, wo ich esse, wie wenn ich schwanger wäre – von Chips bis Schokolade.«»Ich esse alles, von Fast Food bis zu Chinesisch. Auf das [den Kaloriengehalt, Anm. d. Verf.] nehme ich eigentlich keine Rücksicht. Ich esse das, worauf ich gerade Lust habe.« Ernährung steht in der unteren Klasse in Zusammenhang mit Spontaneität und unmittelbarer Bedürfnisbefriedigung. Dabei spielen gesunde Nahrungsmittel kaum eine Rolle. Für die übergewichtigen Frauen dieser Klasse, die oft keinen Sport betreiben, stellt das Abnehmen ein dominantes Thema dar, wobei sich die Gewichtsreduktion in Anbetracht ihrer Unsportlichkeit und der schlechten Ernährung als schwierig erweist.

Die Frauen der mittleren Klasse nehmen im Hinblick auf Fitnessaktivitäten und Ernährung eine Art Zwischenposition ein. Sie betreiben ähnlich intensiv Sport wie das Gros der Frauen der unteren Klasse, begründen ihre Praktiken allerdings nicht mit dem Wunsch, schlank und trainiert aussehen zu wollen, sondern sie geben eher an, eine bessere Gesundheit, eine »Stärkung des Körperbewusstseins« oder mentale Ziele anzustreben:»Das ist mein erster Gedanke, wenn ich an Sport denke: das Körperbewusstsein. Der nächste betrifft dann mehr die Fitness, also den Geisteszustand, den man dabei erreicht, dieses Befreite.« Die in der mittleren Klasse vorherrschende Vorstellung des Körpers als Instrument der Selbstverwirklichung und die Idee der Verschönerung »von innen heraus« zeigen sich auch in der großen Verbreitung von Wellness- und Yogapraktiken, die sowohl in der oberen als auch in der unteren Klasse äußerst selten zu finden sind.

Die Frauen der mittleren Klasse unterscheiden sich auch in Bezug auf das Vokabular, das zur Beschreibung des Ernährungsverhaltens gebraucht wird, deutlich von den anderen Klassen. Es dominieren Ausdrücke wie »ausgewogene Ernährung«, »Entschlacken« oder »Fasten«, die auf Disziplin und Selbstkontrolle schließen lassen, und die Ernährungsgewohnheiten werden insgesamt als wichtiger Lebensbereich ausgewiesen:»Egal ist es mir überhaupt nicht. Ich ernähre mich sehr bewusst, kontrolliert und kalorienarm.« Diese im Vergleich zur unteren Klasse sehr ausgeprägte Disziplin erklärt sich vor allem durch das starke Augenmerk der Frauen auf ihre Gesundheit, wobei die ausgewogene Ernährung auch zu innerer Harmonie und Wohlbefinden beitragen soll:»Um das Abnehmen ging es sekundär. Also es war wirklich der Wunsch, dass mein Körper, meine Verdauung einmal total entlastet wird, ich alle Giftstoffe rausschwemme und dann möglicherweise beim Punkt Null beginnen kann.« Klassische Diäten werden in der mittleren Klasse hingegen mit rein äußerlicher Körperformung assoziiert und daher eher abgelehnt.

Klassenspezifische Unterschiede zeigen sich auch im Umgang mit Schönheitsidealen, Schönheitsprodukten und -dienstleistungen. Die Frauen der unteren Klasse hinterfragen die Qualität von Schönheitsdienstleistungen und die Expertenschaft dieser Berufsgruppe kaum, und sie orientieren sich unvoreingenommener als alle anderen Frauen an massenmedial propagierten Schönheitsnormen. Die Frauen höherer Klassen stehen derartigen Angeboten und Geboten mit größerer Distanz gegenüber und sind sich gleichzeitig des bestehenden massenmedialen Einflusses stärker bewusst. Insbesondere die Frauen der oberen Klasse vermitteln sehr stark eine Autonomie ihres Schönheitshandelns – bei gleichzeitiger Hervorhebung des Wissens um die Unmöglichkeit, sich äußeren Einflüssen gänzlich zu entziehen. Eine Interviewpartnerin meint beispielsweise auf die Frage, warum sie immer Seife verwendet: »Weil mir damals die Fernsehwerbung suggeriert hat, nur Schaum macht sauber. Es stimmt nicht, aber es ist da, im Kopf, drinnen.«

Allerdings ist es nicht so, dass Frauen der oberen Klasse medialen Vorgaben überhaupt kein Interesse entgegenbringen würden. Die befragten Frauen legen zum Beispiel Wert darauf, informiert zu sein: ein »Gefühl für den Trend« zu haben. Dabei grenzen sie sich sowohl von jenen Frauen ab, die in ihren Augen keinen Geschmack haben, als auch von jenen, die keinen individuellen Stil besitzen. Die Frauen reklamieren also sowohl Kennerschaft und Urteilsvermögen als auch Individualität für sich. Um nicht zum »Einheitsbrei« zu gehören, sei es wichtig, über einen persönlichen Stil zu verfügen – »meinem Alter und meinem Status angemessen«, wie eine der befragten Frauen ausführt. Dieser individuelle Stil dient auch der Abgrenzung innerhalb der eigenen Klasse. Eine Gesprächspartnerin erklärt etwa, sie hätte kein besonderes Problem damit, für eine »Golf-Tussi« gehalten zu werden, wolle aber keinesfalls wie eine »Karrierefrau im Kostümchen« aussehen.

Diese für die obere Klasse typische Betonung der Individualität und Unabhängigkeit zeigt sich besonders deutlich in den Antworten auf die Frage nach Vorbildern für die eigene Schönheitspraxis. Alle Frauen dieser Klasse distanzieren sich davon, Prominente zu imitieren: »Ich bin gerade das Gegenteil von denjenigen Menschen, die etwas nachmachen. Und sollte mir im Fernsehen irgendjemand besonders gut gefallen, würde ich mir trotzdem nicht die gleiche Frisur schneiden lassen, nein.« Wenn doch konkrete Personen genannt werden, wird deren Vorbildwirkung sofort relativiert oder auf bestimmte Aspekte des äußeren Erscheinungsbildes eingeschränkt, wie beispielsweise ein »noch natürliches« oder »weibliches« Aussehen im Gegensatz zu reiner Schönheit und Schlankheit. Auch Vorbilder aus dem eigenen Bekanntenkreis werden als Beispiele angeführt, um zu verdeutlichen, was zu simpler Schönheit noch hinzukommen muss: »Ich finde es schön, wenn ein Mädchen oder eine Frau ihren eigenen Stil hat. Also, eine Frau, die von ihrem Auftreten her ein gutes, abgerundetes Bild abgibt. Das ist dann Schönheit. Die muss nicht unbedingt ein ebenmäßiges Gesicht haben, gar nicht. Wenn man einfach das Gefühl hat, die repräsentiert etwas.« Diese Nuancen sind den Frauen nicht nur bewusst, sondern werden im Rahmen ihrer Distinktionsbemühungen auch hervorgehoben: »Die feinen Unterschiede muss man doch sehen.« Zugleich möchten die Frauen der oberen Klasse aber nicht eitel wirken, wie besonders aus den Gesprächspassagen hervorgeht, in denen der Stellenwert thematisiert wird, den Schönheit für die Interviewpartnerinnen insgesamt hat. Einzig die deutliche Ablehnung von Bemühungen, besonders jugendlich zu erscheinen, deutet auf eine in der oberen Klasse empfundene Konkurrenz zu jüngeren Frauen hin, die noch »geschmeidig«, »superknackig« und »süß« seien.

Die Frauen der oberen Klasse zeigen sich auch distanziert und kritisch gegenüber professionellen DienstleisterInnen wie FriseurInnen und KosmetikerInnen. Eine Interviewpartnerin lehnt Friseurbesuche ab, »weil es immer schlecht ausschaut nachher und ewig dauert«, und eine andere erklärt: »Ich gehe vielleicht dreimal im Jahr zum Friseur – weil ich selten vom Friseur herauskomme und wirklich hundertprozentig glücklich bin.« Dementsprechend zögern die Frauen der oberen Klasse den Friseurbesuch häufig hinaus, sie wechseln den/die FriseurIn häufig oder nehmen die Haarpflege selbst in die Hand. Teilweise sind gerade die Frauen der oberen Klasse nicht bereit, viel Geld für die professionelle Haarpflege auszugeben, da sie selbst ähnlich gute oder sogar bessere Ergebnisse erzielen: »Ich kann wie eine Friseurin Foliensträhnen machen, in verschiedenen Farben, und es schaut gut aus.« Zur kritischen Haltung trägt auch bei, dass einige Frauen der oberen Klasse Personen kennen, die im professionellen Schönheitsbereich »künstlerisch« tätig sind: »Also beim Film hat es den T., einen hervorragend begabten Make-up-Artist gegeben, und den habe ich immer gefragt: ›Was würdest denn Du machen?‹« Mit steigender sozialer Position und damit wachsendem kulturellen und sozialen Kapital nimmt also das Vertrauen in die eigenen Fähigkeiten zu – sowohl in die Fähigkeit, sich selbst zu verschönern, also auch in die Fähigkeit, die Kompetenz von DienstleisterInnen beurteilen zu können, wobei dieses Urteilsvermögen wohl auch einen beträchtlichen Prestigefaktor für die Frauen der oberen Klasse darstellt.

In der unteren Klasse hat das Verhältnis zu DienstleisterInnen eher den Charakter einer Beziehung zwischen Laie und Experte oder Expertin. Kritik an FriseurInnen kommt in keinem der Interviews mit unteren Angestellten zur Sprache. Die Frauen gehen zum Friseur, lassen sich »das volle Programm« machen und sind auch bereit, dafür entsprechende Summen zu bezahlen. Die professionellen SchönheitsdienstleisterInnen besitzen zum Teil eine ähnliche Autorität wie Angehörige der medizinischen Berufe: »Ich habe eine Kosmetikerin, die verschreibt mir die Sachen, die für meinen Hauttyp gut sind.« Allerdings können sich nicht alle Frauen der unteren Klasse eine regelmäßige professionelle Schönheitspflege leisten. Wenn diese Frauen selbst die Pflege ihrer Haare und Nägel besorgen, dann nicht aus mangelndem Vertrauen in die Qualität der Dienstleistung, sondern aufgrund zeitlicher und finanzieller Beschränkungen. Ähnlich wie in der mittleren Klasse können sich die Frauen dabei auf soziale Netzwerke, etwa die Hilfe von Freundinnen und Bekannten, verlassen.

Befragt nach Vorbildern, nennen die Frauen der unteren Klasse berühmte Models, Schauspielerinnen und Sängerinnen – ohne diese Vorbildwirkung jedoch, gleich den Frauen der oberen Klasse, zu spezifizieren oder zu relativieren: »Die Claudia Schiffer hat mir eigentlich sehr gut gefallen. Und dann die Cindy Crawford, die war mal eine hübsche Frau. Die Naomi Campbell finde ich auch sehr hübsch.« Generell ist die Furcht, durch eine intensive Beschäftigung mit dem Thema Schönheit beziehungsweise der eigenen Verschönerung oberflächlich zu wirken, innerhalb der unteren Klasse gering ausgeprägt. So wird etwa das gesellschaftliche Gebot, jung auszusehen und sich jugendlich zu geben, weder kritisch bewertet noch zurückgewiesen. »Ich bin sehr gerne eine Junggebliebene und will das auch nach außen hin demonstrieren«, erklärt beispielsweise eine der befragten Frauen. Auch die zeit- und kostenintensive Beschäftigung mit Schönheitsprodukten und Techniken der Verschönerung ist nicht Gegenstand eines sozialen Schamgefühls. Dies zeigt sich besonders deutlich in der bereitwilligen Aufzählung des breiten Spektrums an Schönheitshandlungen: »Da habe ich Spezialkosmetikprodukte gehabt und bin in ein Gerät eingespannt worden – und die Cellulite ist echt zurückgegangen. Das war cool.« »Also von Lancome die Gesichtscreme, eine Shiseido-Augencreme. Dann habe ich für den Körper, auch von Shiseido, ein Körperpeeling, von Vichy nehme ich zum Beispiel das Deodorant.« Solche Aufzählungen sind nur sehr selten von Erklärungen, Begründungen oder Distanzierungen begleitet, so wie das Schönheitshandeln insgesamt keiner besonderen Rechtfertigung bedarf, da es zu den selbstverständlichen Gewohnheiten in der unteren Klasse gehört.

Die befragten Frauen der mittleren Klasse finden sich abermals zwischen diesen beiden Polen wieder. Während etwa eine aufstrebende Rechtspraktikantin, dem Habitus der oberen Klasse entsprechend, kritisch gegenüber professionellen Dienstleistungen eingestellt ist, vertrauen die meisten anderen Frauen der mittleren Klasse auf das Wissen und praktische Können der Profis – allerdings auf reflektiertere Weise als die Frauen der unteren Klasse: »Ich gehe gerne zum Friseur, mit dem ich ein Gespräch darüber führe, wie meine Haare beschaffen sind und welche Frisur jetzt gut wäre. Meistens habe ich eine eigene klare Vorstellung, und der Friseur berät eher und führt halt aus.« Den Frauen der mittleren Klasse ist es wichtig, ihre Gewohnheiten zu begründen und zu rechtfertigen, wobei psychologische Erklärungen besonders oft herangezogen werden: »Die Creme, so wunderbar sie auch ist, sie ist mir eigentlich egal. Ich mag das Feeling des Einkaufens in diesem Geschäft. Es löst bei mir Reise- und Urlaubserinnerungen aus.« Allgemein versuchen die befragten Frauen den Eindruck zu vermeiden, dem Erscheinungsbild allzu große Bedeutung beizumessen, um zugleich ihre Individualität in Schönheitsfragen, etwa in der Distanzierung von Schönheitsikonen, zu betonen.

Auf einem Gebiet gibt es eine nahezu identische Argumentation der Frauen aller Klassen, wenngleich dies mit deutlichen Unterschieden in der tatsächlichen Schönheitspraxis einhergeht. Als zentrale Kriterien für erfolgreiches Schönheitshandeln werden generell die Natürlichkeit und Gepflegtheit des Aussehens angeführt, wobei »natürlich« als Gegensatz zu übertrieben gestylt verstanden wird.

Die Frauen der oberen Klasse beschreiben und begründen ihre Schönheitspraktiken zum Teil explizit in Abgrenzung zur unteren Klasse und den Schönheitspraktiken, die diesen Frauen zugeschrieben werden. So wollen sie nicht schlampig und ungepflegt wie ein »Prolo« oder eine »Kartoffelbäuerin« aussehen, aber auch nicht »aufgetakelt« wie eine »dm(Drogeriemarkt)-Tussi« erscheinen. Dabei bereitet es ihnen keine Schwierigkeiten, dieses Zuviel oder Zuwenig zu benennen, wobei die interviewten Frauen mit ihrem eigenen Erscheinungsbild und den genannten stereotypen Zuschreibungen teilweise spielerisch umgehen – eine Handlungsoption, die nur jenen offen steht, die es sich aufgrund ihrer sozialen Position und ihres kulturellen Kapitals leisten können:»Die können mich nicht einschätzen – ist voll witzig, dass sie Schminke brauchen, um mich in meinem sozialen Status und in meinem Alter einzuschätzen. Wenn das bei mir fehlt, sind sie scheinbar total verunsichert.«

Wenn Frauen der unteren Klasse – obgleich weitaus weniger explizit – dieselben Distinktionsstrategien anwenden und von Natürlichkeit sprechen, dann um sich von der proletarischen Herkunft oder von besonders intensivem Schönheitshandeln abzugrenzen, das gerade bei unteren Angestellten recht häufig anzutreffen ist. Es existiert auch in den niedrigeren Klassen jenes Negativbild der Künstlichkeit, von dem sich die Frauen der oberen Klasse abgrenzen, allerdings besteht hier eine stärkere Diskrepanz zwischen der subjektiven Einschätzung des eigenen Handelns und dem objektiven Schönheitsaufwand. Die Frauen der unteren Klasse folgen in ihren Diskursen dem gesellschaftlichen Gebot maßvollen Schönheitshandelns, schießen aber in der Praxis (im Vergleich zu den Frauen der anderen Klassen) über diese Norm hinaus. Dafür sind in der Regel berufliche Gründe verantwortlich. Die Frauen der unteren Klasse haben aufgrund ihres niedrigen Bildungsniveaus und ihrer entsprechend geringen Qualifikationen nur begrenzte Möglichkeiten, ihre Berufsposition zu sichern oder zu verbessern. Eine dieser Möglichkeiten besteht für Beschäftigte im Dienstleistungssektor darin, in die körperliche Attraktivität zu investieren:»Wenn man sich nicht pflegt, dann kommt man im Leben auch nicht wirklich weiter.«

Dieses engagierte Schönheitshandeln führt zu jener Außenwirkung, von welcher sich insbesondere die Frauen der oberen, aber auch jene der mittleren Klasse abgrenzen – nämlich einem Mangel an Stil, dem undifferenzierten Bemühen um Schönheit anhand medialer Vorbilder und einem geschmacklichen»Einheitsbrei«. Symptomatischerweise ist in der unteren Klasse die Betonung von Persönlichkeit und individuellem Stil – als Gegenpol zu rein körperlicher Makellosigkeit – weit weniger verbreitet als in den anderen Klassen. Mediale Vorbilder dienen hier als Ideale und werden teilweise tatsächlich nachgeahmt. Selbst wenn die Vorbildwirkung bestritten wird, wirkt dies im Unterschied zu den Aussagen der Frauen der anderen Klassen wenig glaubwürdig.»Marilyn Monroe fasziniert mich sehr als Typ: ihre Ausstrahlung und ihr Charisma und die Figur und halt alles«, meint eine Interviewpartnerin, um sich geradezu selbst zu widersprechen, als sie den Vorbildcharakter verneint: »Nachahmen will ich eigentlich niemand – ich bin ich selbst.«

Auf der diskursiven Ebene besteht also eine letzte klassenübergreifende Gemeinsamkeit darin, dass die Frage nach medialen Einflüssen auf das eigene Handeln in der Regel verneint wird, wobei die Distanzierung von Schönheitsikonen mit sinkender sozialer Lage abnimmt. Zugleich klaffen, wie weiter oben ausgeführt, mit sinkender Klassenzugehörigkeit die subjektive Einschätzung des eigenen Schönheitshandelns und die objektive Praxis immer weiter auseinander – und zwar dergestalt, dass die Frauen der unteren Klasse in ihrem Schönheitshandeln die gesellschaftlichen Normen übererfüllen.

7. Schönheit und Macht: ein Resümee

> Sie tun es für sich selbst:
> um den anderen zu gefallen.
> *Jean-Claude Kaufmann, Frauenkörper – Männerblicke, 1996*

Aus der Darstellung der Schönheitsklassen in Kapitel 5 sollte ersichtlich geworden sein, auf welche Weise soziale Position und Schönheitshandeln miteinander verbunden sind. Je nach Klassenlage kommt es zur Ausformung typischer Schönheitspraxen, oder umgekehrt betrachtet, bezeichnen spezifische Schönheitshandlungen die einzelnen Klassen. Aus der Kenntnis des kulturellen und ökonomischen Kapitals von Frauen und Männern lässt sich mit großer Wahrscheinlichkeit prognostizieren, welchen praktischen Sinn für Schönheit diese Menschen an den Tag legen werden, während umgekehrt aus dem Schönheitshandeln auf die soziale Stellung und den Habitus der Geschlechter geschlossen werden kann.

Der klassen- und geschlechtsspezifische praktische Sinn für Schönheit erschließt sich aus den Relationen in den für die Körperästhetik relevanten Handlungsfeldern – den relativen Ausprägungen der Körperpflege oder der Ernährungs- und Fitnessgewohnheiten. Weder existieren unverrückbare Vorbilder für die Verschönerung noch absolute Maßstäbe für die eigene Praxis, was schon daraus ersichtlich wird, dass der technische Fortschritt in der Medizin zur massenhaften Verbreitung von Praktiken geführt hat, die ehemals als höchst riskant galten, wie etwa kosmetische Operationen (die von einigen Interviewpartnerinnen in Erwägung gezogen werden). Die Relationen des Schönheitshandelns auf unterschiedlichen Gebieten und der relative Einfluss von Schönheitsvorbildern stehen im Zentrum von Kapitel 6, wobei es bei dieser Analyse sowohl um die Verhältnisse innerhalb einer Genusgruppe als auch zwischen den Geschlechtern je nach sozialer Lage geht.

Anhand dieser intersektionalen Vergleiche zeigt sich zum Teil Erstaunliches. Zum einen existieren enorme Unterschiede in der Praxis der Männer, nämlich Differenzen, die jene zwischen den Geschlechtern, etwa in der oberen Klasse, übersteigen. Der größte Bruch der gesamten Untersuchung verläuft zwischen den Männern der unteren Klasse und ihren besser gestellten Geschlechtsgenossen. Zurückzuführen ist er auf die höchst unterschiedlichen Arbeitsanforderungen, die Büro- beziehungsweise Dienstleistungsberufe und manuelle Arbeit mit sich bringen: In den höheren beruflichen Positionen stellt Attraktivität ein wichtiges *asset* dar, während bei den Arbeitern körperliche Kraft und Ausdauer gefordert sind. Im Endeffekt führt das dazu, dass die Männer der unteren Klasse geradezu obsessiv mit der Schweiß- und Geruchsbekämpfung beschäftigt sind, aber ansonsten kaum Schönheitsambitionen an den Tag legen, sie also auf relativ anachronistische Weise ein Bild von Männlichkeit verkörpern, bei dem ästhetische Aspekte eine zu vernachlässigende Rolle spielen.

Im Vergleich dazu verkörpern die Männer der oberen Klasse geradezu das Gegenteil, indem sie eine facettenreiche Körperpflege und intensives Fitnesstraining betreiben und einem gepflegten Erscheinungsbild, das Seriosität und berufliche Kompetenz vermitteln soll, hohe Bedeutung zumessen. Damit ähnelt die Praxis der Männer jener der Frauen der oberen Klasse, und beide Geschlechter teilen auch die Auffassungen darüber, dass zur Schönheit Individualität und Persönlichkeit gehören, Schönheit eine Frage des persönlichen Stils ist, dass also Schönheit weit mehr als eine reine Äußerlichkeit darstellt, sondern auch innere Qualitäten umfasst. Für die Praxis dieser Männer und Frauen sind weniger Schönheits- denn Attraktivitätsstandards ausschlaggebend, die, wie Cornelia Koppetsch treffend formuliert, »die Beschaffenheit des Körpers [...], Kleidung, Körper- und Gesichtsformen ebenso mit ein[schließen] wie den Grad an Ungezwungenheit und Natürlichkeit und andere Aspekte einer habituellen Realisierung klassenspezifischer Zugehörigkeiten.«[78] In diesen Wahrnehmungs- und Beurteilungsschemata sind die Ähnlichkeiten zwischen den Geschlechtern am oberen Ende der sozialen Hierarchie größer als zwischen den Klassen der Männer und Frauen.

Zum anderen zeigen die Vergleiche, wie gerade angesprochen, dass zwischen der körperlichen Praxis und den Diskursen über die Praxis unterschieden werden muss. Die Einverleibung gesellschaftlicher Verhältnisse und der daraus entspringende praktische Sinn für Schönheit manifestieren sich zweimal: in den Handlungen und in den Begründungen und Rechtfertigungen für dieses Handeln oder, mit anderen Worten, in der objektiven Realität und in den Köpfen der Menschen. Lassen die empirischen Resultate Ähnlichkeiten der Schönheitspraxis beider Geschlechter in der oberen

---

78 Koppetsch, »Die Verkörperung des schönen Selbst«, S. 106.

Klasse erkennen, so ist das bei der subjektiven Verortung der geschlechtsspezifischen Praxis mitnichten der Fall. Den Frauen der oberen Klasse fällt es sichtlich leicht, über Schönheit und die eigene Verschönerung zu sprechen (wenn auch manchmal mit einer gehörigen Portion Selbstironie), während die Männer eher Gesundheit und Fitness als Motive für Schönheitshandlungen nennen und sie sich vor allem dagegen verwehren, dass ihr Handeln als unmännlich (oder auch bloß »metrosexuell«) missverstanden wird. Ähnliche Diskrepanzen zeigen sich beispielsweise auch unter den Frauen verschiedener Klassen bei der Beurteilung von »Natürlichkeit«. Für die Frauen der unteren Klasse liegt dem »natürlichen« Erscheinungsbild ein breites Spektrum an Schönheitshandlungen zugrunde, das den Frauen der oberen Klasse so nicht in den Sinn kommt, sondern in deren Augen vielmehr das vulgäre, künstliche Aussehen der unteren Klasse begründet.

Die Schönheitspraktiken im Überblick – eine Typologie

Die Struktur des Schönheitsfeldes wird durch drei Faktoren maßgeblich bestimmt: durch die Verteilung des kulturellen Kapitals, die beruflichen Anforderungen an das Erscheinungsbild und das Geschlecht.

Ungleich stärker als die ökonomischen Bedingungen wirken sich die Bildungsressourcen auf den praktischen Schönheitssinn aus. In der gesamten Untersuchung gibt es nur eine kleine Gruppe, die materielle Restriktionen dafür verantwortlich macht, nicht mehr für den Körper und die Schönheit zu tun: die Gruppe der alleinerziehenden Mütter der unteren Klasse, die über einen Mangel sowohl an Zeit als auch an Geld klagt. Bei allen anderen Befragten resultieren aus materiellen Gründen allenfalls punktuelle Beschränkungen besonders kostspieliger Praktiken, wie etwa Wellnessurlaube. Beim überwiegenden Teil der zur Disposition stehenden Möglichkeiten der Verschönerung entscheiden die ökonomischen Ressourcen nicht darüber ob, sondern wo und in welcher Form Schönheitshandlungen vollzogen werden: durch Profis oder mithilfe von FreundInnen, in einem professionellen Ambiente oder zu Hause. Abgesehen also von teuren Schönheitsangeboten wie chirurgischen Eingriffen, zu denen es keine preisgünstigen Alternativen gibt,[79] erklären sich die Unterschiede im Schön-

---

[79] Etwa 6.000 Euro kostet zum Beispiel ein Gesichtslifting in der BRD, berichtet die Journalistin Petra Thorbrietz (*Süddeutsche Zeitung* Wissen, Dezember 2008, S. 26).

heitshandeln aus den kulturellen Handlungsressourcen, die den Frauen und Männern zur Verfügung stehen.

In diesem Kontext kann der Einfluss des Berufs auf die Schönheitspraxis gar nicht überschätzt werden. Alle Befragten, Frauen wie Männer, verweisen unisono auf das berufliche Umfeld als wichtigen Bezugspunkt für die Schönheitspflege, während das Privatleben und die Partnerschaften für viele nur eine vergleichsweise untergeordnete Rolle spielen. Der Beruf kann zur Attraktivierung animieren, weil ein gepflegtes Aussehen, wie auf dem Gebiet personenbezogener Dienstleistungen, Pflicht ist oder beruflichen Profit verspricht. Er kann aber auch der Ästhetisierung des Körpers zuwiderlaufen, wie im Fall der männlichen Arbeiter. Jedenfalls aber ergibt sich aus den beruflichen Anforderungen eine dauerhafte Strukturierung der Körperpflege, und die beruflichen Spielregeln werden viel stärker als externe Zwänge wahrgenommen als die Schönheitsnormen, denen die Menschen abseits der Arbeit gehorchen. Auf partnerschaftlichem Gebiet erhält das Äußere dann eine erhöhte Bedeutung, wenn es um den Beginn einer Freundschaft oder amouröse Erlebnisse geht, wobei sich die Männer auch in dauerhaften Beziehungen tendenziell an den Wünschen und Ratschlägen der Partnerinnen orientieren (bei der Auswahl der Parfums bis hin zur Intimrasur). Bezeichnend für den privaten Bereich ist jedoch die übereinstimmende Auffassung der Frauen und Männer, in erster Linie »sich selbst gefallen zu wollen« – als bezeichnender Ausdruck der hochgradigen Verinnerlichung von Schönheitsnormen –, was voraussetzt, dass die PartnerInnen damit jene Körperlichkeit und jene Reize schätzen müssen, die einem selbst gefallen.

Die zwei bisher genannten Strukturprinzipien des Schönheitsfeldes werden von einem dritten überlagert: der Geschlechtszugehörigkeit. Die Frauen sind traditionell weit mehr den Schönheitsimperativen unterworfen als die Männer und zeichnen sich bis in die Gegenwart durch ein viel stärker ausgeprägtes Schönheitshandeln aus. Schönheitsdiskurse und sich schön machen sind wesentliche Bestandteile der weiblichen Lebenswelt, während die Schönheit des eigenen Geschlechts unter heterosexuellen Männern kein Gesprächsthema darstellt und die männliche Praxis bis heute viel weniger ausdifferenziert ist. Die Schönheitshandlungen der Frauen und Männer zielen zudem auf die Inszenierung von Weiblichkeit und Männlichkeit ab, womit zum Teil herkömmliche Normen perpetuiert, aber auch Verschiebungen der Geschlechtergrenzen und Transformationen von Körperstandards offenbar werden – ablesbar etwa an der sportlichen Praxis und athletischen Figur von Frauen oder an der Körperhaarentfernung von Männern.

Diese strukturellen Unterschiede liegen der folgenden Skizze von Idealtypen des Schönheitshandelns zugrunde, die sich (als paradigmatische Fälle) aus der empirischen Untersuchung ergeben:[80] Die befragten männlichen Arbeiter der unteren Klasse nehmen insofern eine Sonderstellung ein, als sie – abgesehen von der Körperhygiene – kaum Schönheitspraktiken anwenden. Im Arbeitermilieu erhält sich ein traditionelles Männerbild, bei dem allenfalls beim abendlichen Ausgehen oder der Partnerin zuliebe in das Aussehen investiert wird, sonst aber weitestgehend ein instrumentelles, von den Berufsanforderungen bestimmtes Verhältnis zum eigenen Körper vorherrscht.

Am entgegengesetzten Ende des Schönheitsfeldes sind die niedrig qualifizierten weiblichen Angestellten angesiedelt, die im Dienstleistungsbereich beschäftigt sind. Die Frauen der unteren Klasse zeichnen sich durch die größte Fülle an Schönheitspraktiken und durch die meisten Körpermodifikationen aus, sie übererfüllen damit gewissermaßen die Schönheitsnormen. Aus den Diskursen wird zudem ersichtlich, dass es dabei um reine Schönheit und nicht um die Symbolisierung innerer Werte geht. Die Frauen verkörpern – analog zu den Arbeitern auf der Männerseite – das herkömmliche Verständnis vom »schönen Geschlecht«, wobei die Schönheitsanforderungen sehr stark aus einem traditionell weiblichen beruflichen Umfeld resultieren.

Ausgehend von diesen Extremen zeigt sich, dass mit steigender Klassenlage die Schönheitspraxen der Frauen und Männer konvergieren: Die Schönheitshandlungen der Frauen nehmen tendenziell ab, jene der Männer zu. In der oberen Klasse bildet sich damit eine Art »androgyner« Männertypus aus. Angesichts der scheinbaren »Feminisierung« des männlichen Verhaltens, grenzen sich diese Männer argumentativ strikt gegen den Verdacht der Verweiblichung ab, um zugleich die Normalität ihres Tuns zu betonen. Dabei zeigt sich in den Diskursen der Männer der oberen Klasse eine analoge Verkennung der objektiven Verhältnisse wie bei den Frauen der unteren Klasse: Die Befragten der beiden Gruppen mit den geschlechtsspezifisch umfänglichsten Schönheitspraktiken beurteilen ihr Handeln als ebenso normal wie durchschnittlich.

---

80 Zur Charakteristik des Idealtypus als methodologische Konstruktion vgl. Bourdieu/Chamboredon/Passeron, *Soziologie als Beruf*, S. 57 ff.

Aufseiten der Frauen wird mit steigender sozialer Position die Betonung innerer Werte, von Persönlichkeit, die wahre Schönheit ausmache, stärker. Die Distanz zu rein äußerlicher Schönheit nimmt mit den Handlungsressourcen zu, die den besser qualifizierten Frauen zur Verfügung stehen. Vor diesem Hintergrund ist auch der große Nachdruck auf Individualität, Natürlichkeit und Authentizität in der oberen Klasse der Frauen zu verstehen. Mit steigender Berufsposition werden professionelles Wissen und Führungskompetenzen wichtiger und relativieren damit die Bedeutung von Schönheit, wenngleich ein »gepflegtes« Auftreten von Frauen ungleich aufwändiger als die männliche Inszenierung von »Seriosität« bleibt.

Wie anhand der erwähnten Aspekte ersichtlich, stellen die mittleren Klassen der Frauen und Männer mehr oder weniger deutlich nach oben und unten abgrenzbare Zwischenklassen dar. Ein eigenes Gepräge erhalten sie durch den starken »Wohlfühl«-Diskurs insbesondere der Frauen, die argumentieren, dass die Körperpflege dem psychischen Wohlbefinden und inneren Gleichgewicht diene. Also nicht kognitive Kompetenzen wie in der oberen Klasse, sondern psychologistische und emotionale Motive werden mit dem Aussehen in Verbindung gebracht. Daneben zeigt sich bei den Männern wie den Frauen der mittleren Klasse ein starker Fokus auf Aufstiegsmöglichkeiten und Karriere: In den Körper wird investiert, um beruflich voranzukommen, sodass von einer Somatisierung der Aufstiegsorientierung gesprochen werden kann (die derart ausgeprägt weder in der oberen noch in der unteren Klasse existiert).

Bei der Generalisierung dieser Untersuchungsergebnisse ist Vorsicht geboten. Wie schon in Kapitel 4 bemerkt, deckt sich das Klassenschema der empirischen Studie nicht mit der Schichtungsstruktur nationaler Bevölkerungen, die repräsentative Stichproben und große nationale oder auch internationale *surveys* zu Tage fördern.[81] Sehr wohl aber führen die Untersuchungsergebnisse eine Reihe paradigmatischer Fälle vor Augen, die Orientierungsmarken auf dem wenig bearbeiteten Gebiet einer praxeologischen, intersektionalen Schönheitsforschung darstellen[82] – typische (exemplarische) Handlungs- und Wahrnehmungsschemata, typische körperliche Gewohnheiten, an denen weitere Forschungsfragen festgemacht werden können. Ganz im Sinne Bourdieus stellen die genannten Idealtypen Konstruktionen dar, an denen »die Wirklichkeit gemessen werden soll […]. Am

---

81 Vgl. für Deutschland z.B. Vester, *Soziale Milieus im gesellschaftlichen Strukturwandel*.
82 Einen guten Überblick über den rezenten Stand intersektionaler Forschung bieten Klinger/Knapp/Sauer, *Achsen der Ungleichheit*, und Klinger/Knapp, *ÜberKreuzungen*.

Idealtypus lässt sich die Wirklichkeit messen, weil er sich an ihr misst und umso genauere Gestalt gewinnt, je präziser er seinen Abstand zur Wirklichkeit erfasst.«[83] Dergestalt stellen die genannten typischen Schönheitshandlungen von Frauen und Männern erste, aus Messungen gewonnene Markierungen dar, die zur Vereinfachung des Verständnisses des zeitgenössischen Schönheitsspiels beitragen sollen.

Die soziale Macht der Schönheit

Die Machtverhältnisse im Schönheitsspiel der Spätmoderne werden durch die Resultate der Untersuchung konkretisiert, und im Vergleich zu den generellen Aussagen der einleitenden Kapitel lässt sich ein differenziertes Bild der sozialen Beziehungen rund um die Schönheit zeichnen.

Genau in derjenigen Klasse, in der die geringsten Handlungsressourcen und -freiheiten vorhanden sind, gehorchen die Frauen am stärksten den sozialen Schönheitszwängen. Geringes ökonomisches und kulturelles Kapital haben zur Folge, dass dem körperlichen Erscheinungsbild hohe Bedeutung zukommt und sich soziale Ohnmacht in einer relativ aufwändigen Schönheitspraxis zeigt. Das traditionelle weibliche Berufsfeld kommt den Schönheitsdispositionen dieser Frauen entgegen und verstärkt sie noch, gehört doch Attraktivität zu den wesentlichen Berufsvoraussetzungen im Dienstleistungsbereich. Die Schönheitsanforderungen, die auf den Frauen der unteren Klasse lasten, bleiben weitgehend unreflektiert und stellen insofern ein Paradebeispiel für die Mechanismen symbolischer Gewalt in der Gegenwartsgesellschaft dar. Die Schönheitshandlungen der Frauen zeugen von der praktischen Anerkennung einer symbolischen Ordnung, in der sie als Objekte der Wahrnehmung anderer – indem sie den Körper-für-andere gestalten – gefangen und beherrscht sind.[84]

Höhere Bildung, einflussreichere Berufspositionen und bessere Einkommen verändern diese Zusammenhänge für Frauen nachhaltig. Im Vergleich zur unteren Klasse erscheint die Schönheitspraxis der privilegierten Frauen moderat; und Bezug nehmend auf die Frauen der unteren Klasse, sichern sie ihre Vorherrschaft in Geschmacksfragen durch zwei miteinander verbundene Argumentationsstrategien ab: zum einen durch die Beto-

---

83 Bourdieu/Chamboredon/Passeron, *Soziologie als Beruf*, S. 58.
84 Vgl. Bourdieu, *Die männliche Herrschaft*, S. 63.

nung von Natürlichkeit, womit sowohl Unaufdringlichkeit als auch Authentizität gemeint ist. Damit lassen sich die Praktiken der unteren Klasse als übertrieben, vulgär, künstlich und einem einheitlichen Standard gehorchend abwerten. Zum anderen ist mit Authentizität auch Individualität gemeint, dass also zur Schönheit ein persönlicher Stil gehört, über den die unteren Klassen nicht verfügen. Wie mächtig diese Definition von gutem Geschmack ist, zeigt sich nicht zuletzt daran, dass auch noch jene Frauen von Natürlichkeit reden, die so gut wie alle Körperregionen aufwändig kultivieren.

In Relation zu den Männern der oberen Klasse sind die Schönheitspraktiken der Frauen mit hohem Bildungskapital umfangreich und vielfältig. Allerdings investieren gerade diese Männer im Vergleich zu allen anderen am meisten Zeit und Geld in die Schönheitspflege, sodass der Abstand zu den Frauen relativ gering ist. Analoge Handlungsspielräume der Geschlechter in der oberen Klasse korrespondieren mit Ähnlichkeiten im Körper- und Schönheitsbewusstsein der Männer und Frauen, oder genauer gesagt: Die schwindende soziale Vorherrschaft der Männer im Binnenverhältnis dieser Klasse, bedingt durch die hohe Bildung und wirtschaftliche Autonomie der Frauen, zeigt sich in einer Bedeutungszunahme der männlichen Körperpflege, die jener des weiblichen Geschlechts nahe kommt.

Im Klassenverhältnis der Männer gibt diese relativ ausdifferenzierte Schönheitspraxis neue Standards vor, an denen sich die unteren Klassen messen. Vor dem Hintergrund der Attraktivität und Fitness der oberen Klasse nehmen sich die unterprivilegierten Männer als faul, übergewichtig und ungepflegt wahr. Im Gegensatz zur weiblichen Praxis symbolisiert aufseiten der Männer der hohe Grad an Verschönerung soziale Macht. Die Macht der oberen Klasse zeigt sich auf symbolischer Ebene darin, dass sie imstande ist, Körperästhetik mit Männlichkeit in Einklang zu bringen, das heißt zur Normalisierung eines Männerbildes zu führen, bei dem die Pflege und Formung des Körpers einen wesentlichen Platz einnehmen. In diesem neuen ästhetischen Körperbild vergegenständlicht sich soziale Herrschaft. Die traditionelle Männlichkeit der unteren Klasse erfährt in diesem Zusammenhang eine radikale Abwertung, wobei die soziale Machtlosigkeit dieses Milieus dadurch anschaulich wird, dass die Männer unkultiviert und atavistisch wirken.

Diese Differenzierungen vertiefen die generellen Erkenntnisse, die im historischen und theoretischen Kapitel des Buches dargestellt sind: Im praktischen Sinn für Schönheit manifestiert sich soziale Macht. Das Schönheitsspiel insgesamt stellt ein symbolisches Universum der Macht dar, wobei es bei den Einsätzen in diesem Spiel um symbolische Vorherrschaft geht. Auf dem Spiel steht letztlich die Definitionsmacht darüber, was (im Hinblick auf die Somatisierung der Geschlechterverhältnisse) als weiblich und männlich gilt, oder allgemeiner formuliert, was als normal und legitim gilt, soziale Anerkennung und Wertschätzung genießt, oder aber gesellschaftlich gering geschätzt, stigmatisiert und ausgegrenzt wird. Die Kampflinien verlaufen dabei einerseits zwischen den sozialen Klassen und andererseits zwischen den Geschlechtern, wobei die Macht von oben nach unten und zwischen den Geschlechtern höchst ungleich verteilt ist. Die Diskussion der Machtverhältnisse sollte allerdings deutlich gemacht haben, dass es im Schönheitsspiel nicht nur herrschende Männer und beherrschte Frauen gibt, wie die Ergebnisse der feministischen Schönheitsforschung oft nahelegen. Eine intersektionale Betrachtungsweise nimmt auch »herrschende« Frauen in den Blick, das heißt die Vorherrschaft der Frauen der oberen Klasse über jene der unteren Klasse. Außerdem richtet sich das Augenmerk auf »beherrschte« Männer, die der symbolischen Macht ihrer privilegierten Geschlechtsgenossen unterliegen. Es zeigen sich also verschiedene Herrschaftsverhältnisse, je nachdem, welche Fragestellungen akzentuiert werden und welcher theoretischen Perspektive nachgegangen wird. Dabei wird auch ersichtlich, dass sich die körperlichen Gewohnheiten von Frauen und Männern in manchen Bereichen stärker ähneln als die klassenspezifischen Gewohnheiten innerhalb der jeweiligen Genusgruppe, der Habitus der Geschlechter also mitunter eine größere verwandtschaftliche Nähe aufweist als der geschlechtsspezifische Klassenhabitus.

Die vorliegend Studie soll jedenfalls als Plädoyer dafür verstanden werden, die Inkorporierung von Schönheitsstandards, die Schönheitspraxen und das Schönheitsspiel um soziale Anerkennung insgesamt ernst zu nehmen, da all diese Aspekte der Ästhetisierung ernsthafte Konsequenzen haben – weil auf der symbolischen Ebene nicht nur der subjektive *sense of beauty* zur Disposition steht, sondern vielmehr objektive gesellschaftliche Herrschaftsverhältnisse verhandelt werden.

Literatur

Achenbach, Michael/Caneppele, Paolo/Kieninger, Ernst, *Projektionen der Sehnsucht. Saturn. Die erotischen Anfänge der österreichischen Kinematografie*, Wien 1999.
Appelt, Erna/Reiterer, Albert F., »Wer heiratet wen? Bildungshomogamie und soziale Mobilität in Österreich«, in: *Österreichische Zeitschrift für Soziologie,* H. 1 (2009), S. 45–64.
Berger, John, *Ways of Seeing,* London 1972.
Beck, Ulrich, *Risikogesellschaft. Auf dem Weg in eine andere Moderne,* Frankfurt/M. 1986.
Bieger, Laura, »Schöne Körper, hungriges Selbst – über die moderne Wunschökonomie der Anerkennung«, in: Geiger, Annette (Hg.), *Der schöne Körper. Mode und Kosmetik in Kunst und Gesellschaft,* Köln 2008, S. 53–68.
Bourdieu, Pierre, *Die männliche Herrschaft,* Frankfurt/M. 2005.
— *Meditationen. Zur Kritik der scholastischen Vernunft,* Frankfurt/M. 2001.
— *Praktische Vernunft. Zur Theorie des Handelns,* Frankfurt/M. 1998.
— *Die feinen Unterschiede. Kritik der gesellschaftlichen Urteilskraft,* Frankfurt/M. 1984.
— /Wacquant, Loic J. D., *Reflexive Anthropologie,* Frankfurt/M. 2006.
— /Chamboredon, Jean-Claude/Passeron, Jean-Claude, *Soziologie als Beruf. Wissenschaftstheoretische Voraussetzungen soziologischer Erkenntnis,* Berlin 1991.
Brownmiller, Susan, *Femininity,* New York 1984.
Degele, Nina, *Sich schön machen. Zur Soziologie von Geschlecht und Schönheitshandeln,* Wiesbaden 2004.
— /Winker, Gabriele, »Praxeologisch differenzieren. Ein Beitrag zur intersektionalen Gesellschaftsanalyse«, in: Klinger, Cornelia/Knapp, Gudrun-Axeli (Hg.), *ÜberKreuzungen. Fremdheit, Ungleichheit, Differenz,* Münster 2007, S. 194–209.
— »Eine sanfte Gewalt. Pierre Bourdieu im Gespräch mit Irene Dölling und Margareta Steinrücke«, in: Dölling, Irene/Krais, Beate (Hg.), *Ein alltägliches Spiel. Geschlechterkonstruktion in der sozialen Praxis,* Frankfurt/M. 1997, S. 218–230.
Etcoff, Nancy, *Nur die Schönsten überleben. Die Ästhetik des Menschen,* Kreuzlingen 2001.
Fliedl, Gottfried, *Gustav Klimt,* Köln 1991.
Flocker, Michael, *Metrosexual. Das Handbuch für den neuen Mann,* München 2004.

Foucault, Michel, *Geschichte der Gouvernementalität I: Sicherheit, Territorium, Bevölkerung; Geschichte der Gouvernementalität II: Die Geburt der Biopolitik*, Frankfurt/M. 2004.

Friedman, Rita, *Die Opfer der Venus. Vom Zwang, schön zu sein*, Zürich 1989.

Gilman, Sander L., »Die erstaunliche Geschichte der Schönheitschirurgie«, in: Taschen, Angelika (Hg.), *Schönheitschirurgie*, Köln 2005, S. 60–109.

Goodrum, Charles/Dalrymple, Helen, *Advertising in America. The First 200 Years*, New York 1990.

Guggenberger, Bernd, *Einfach schön. Schönheit als soziale Macht*, Hamburg 1995.

Haubl, Rolf, »Welcome to the pleasure dome«. Einkaufen als Zeitvertreib«, in: Hartmann, Hans A./Haubl, Rolf (Hg.), *Freizeit in der Erlebnisgesellschaft. Amüsement zwischen Selbstverwirklichung und Kommerz*, Opladen 1996, S. 199–224.

Hölscher, Barbara, *Lebensstile durch Werbung? Zur Soziologie der Life-Style-Werbung*, Opladen 1998.

Kaufmann, Jean-Claude, *Frauenkörper – Männerblicke*, Konstanz 1996.

Klinger, Cornelia/Knapp, Gudrun-Axeli (Hg.), *ÜberKreuzungen. Fremdheit, Ungleichheit, Differenz*, Münster 2008.

— /Knapp, Gudrun-Axeli/Sauer, Birgit (Hg.), *Achsen der Ungleichheit. Zum Verhältnis von Klasse, Geschlecht und Ethnizität*, Frankfurt/M. 2007.

Koppetsch, Cornelia, »Die Verkörperung des schönen Selbst. Zur Statusrelevanz von Attraktivität«, in: Koppetsch, Cornelia (Hg.), *Körper und Status. Zur Soziologie der Attraktivität*, Konstanz 2000, S. 99–124.

Krais, Beate/Gebauer, Gunter, *Habitus*, Bielefeld 2002.

Kreisky, Eva, »Arbeits-, Sport- und Geschlechterkörper. Einflüsse des Geschlechts auf moderne Sportkulturen«, in: Marschik, Matthias/Müllner, Rudolf/Penz, Otto/Spitaler, Georg (Hg.), *Sport Studies*, Wien 2009, S. 72–84.

— »Fitte Wirtschaft und schlanker Staat. Das neoliberale Regime über die Bäuche«, in: Schmidt-Semisch, Henning/Schorb, Friedrich (Hg.), *Kreuzzug gegen Fette. Sozialwissenschaftliche Aspekte des gesellschaftlichen Umgangs mit Übergewicht und Adipositas*, Wiesbaden 2008, S. 143–161.

Lambert, Ellen Zetzel, *The Face of Love. Feminism and the Beauty Question*, Boston 1995.

Maase, Kaspar, *Grenzenloses Vergnügen. Der Aufstieg der Massenkultur 1850–1970*, Frankfurt/M. 1997.

Maasen, Sabine, »Bio-ästhetische Gouvernementalität – Schönheitschirurgie als Biopolitik«, in: Villa, Paula-Irene (Hg.), *schön normal. Manipulationen am Körper als Technologien des Selbst*, Bielefeld 2008, S. 99–118.

Menninghaus, Winfried, *Das Versprechen der Schönheit*, Frankfurt/M. 2003.

Michael, Robert T. u.a., *Sexwende. Liebe in den 90ern – Der Report*, München 1994.

Morse, Margarete, »Artemis aging: Exercise and the Female Body on Video«, in: *Discourse*, H. 10 (1987–88), S. 20–53.

Naumann, Frank, *Schöne Menschen haben mehr vom Leben. Die geheime Macht der Attraktivität*, Frankfurt/M. 2006.

Nava, Mica, »Women, the City and the Department Store«, in: Falk, Pasi/Campbell, Colin (Hg.), *The Shopping Experience*, London 1997, S. 56–91.

Nazarieff, Serge, *Early Erotic Photography*, Köln 1993.

Neckel, Sighard, »Soziale Scham: Unterlegenheitsgefühle in der Konkurrenz von Lebensstilen«, in: Gebauer, Gunter/Wulf, Christoph (Hg.), *Praxis und Ästhetik. Neue Perspektiven im Denken Pierre Bourdieus*, Frankfurt/M. 1993.

Penz, Otto, *Metamorphosen der Schönheit. Eine Kulturgeschichte moderner Körperlichkeit*, Wien 2001.

Perrot, Michelle, »Rollen und Charaktere«, in: Dies. (Hg.), *Geschichte des privaten Lebens. Von der Revolution zum Großen Krieg*, Bd. 3, Frankfurt/M. 1992, S. 127–194.

Posch, Waltraud, *Projekt Körper. Wie der Kult um die Schönheit unser Leben prägt*, Frankfurt/M. 2009.

— *Körper machen Leute. Der Kult um die Schönheit*, Frankfurt/M. 1999.

Rastetter, Daniela, *Zum Lächeln verpflichtet. Emotionsarbeit im Dienstleistungsbereich*, Frankfurt/M. 2008.

Renz, Ulrich, *Schönheit. Eine Wissenschaft für sich*, Berlin 2006.

Schulze, Gerhard, *Die Erlebnisgesellschaft. Kultursoziologie der Gegenwart*, Frankfurt/M. 1994.

Simmel, Georg, »Philosophie der Mode (1905)«, in: Ders., *Gesamtausgabe/Philosophie der Mode. Die Religion. Kant und Goethe. Schopenhauer und Nietzsche*, Bd. 10, Frankfurt/M. 1995, S. 7–38.

Steeves, Valerie, »Privacy and New Media«, in: Attalah, Paul/Shade, Leslie R. (Hg.), *Mediascapes. New Patterns in Canadian Communication*, Scarborough 2002, S. 360–379.

Sweetman, Paul, »Anchoring the (Postmodern) Self? Body Modification, Fashion and Identity«, in: *Body & Society*, H. 2–3 (1999), S. 51–76.

Vester, Michael, »Das relationale Paradigma und die politische Soziologie sozialer Klassen«, in: Bittlingmayer, Uwe H. u.a., *Theorie als Kampf? Zur politischen Soziologie Pierre Bourdieus*, Opladen 2002, S. 61–122.

— u.a., *Soziale Milieus im gesellschaftlichen Strukturwandel. Zwischen Integration und Ausgrenzung*, Frankfurt/M. 2001.

Villa, Paula-Irene, »Einleitung – Wider die Rede vom Äußerlichen«, in: Dies. (Hg.), *schön normal. Manipulationen am Körper als Technologien des Selbst*, Bielefeld 2008, S. 7–20.

— (Hg.), *schön normal. Manipulationen am Körper als Technologien des Selbst*, Bielefeld 2008.

Vinken, Barbara, *Mode nach der Mode. Kleid und Geist am Ende des 20. Jahrhunderts*, Frankfurt/M. 1993.

Wolf, Naomi, *The Beauty Myth*, Toronto 1990.

Wollstonecraft, Mary, *A Vindication of the Rights of Women: with strictures on political and moral subjects (1792)*, 24.11. 2009, http://www.bartleby.com/144/

Politik der Geschlechterverhältnisse

Christa Binswanger, Margaret Bridges,
Brigitte Schnegg, Doris Wastl-Walter (Hg.)
Gender Scripts
Widerspenstige Aneignungen von Geschlechternormen
2009, 279 Seiten, Band 40, ISBN 978-3-593-39014-7

Doris Allhutter
Dispositive digitaler Pornografie
Zur Verflechtung von Ethik, Technologie und EU-Internetpolitik
2009, 315 Seiten, Band 39, ISBN 978-3-593-38858-8

Petra Lucht, Tanja Paulitz (Hg.)
Recodierungen des Wissens
Stand und Perspektiven der Geschlechterforschung
in Naturwissenschaften und Technik
2008, 234 Seiten, Band 38, ISBN 978-3-593-38601-0

Ina Kerner
Differenzen und Macht
Zur Anatomie von Rassismus und Sexismus
2009, 413 Seiten, Band 37, ISBN 978-3-593-38595-2

Cornelia Klinger, Gudrun-Axeli Knapp, Birgit Sauer (Hg.)
Achsen der Ungleichheit
Zum Verhältnis von Klasse, Geschlecht und Ethnizität
2007, 290 Seiten, Band 36, ISBN 978-3-593-38476-4

Dominique Grisard, Jana Häberlein,
Anelis Kaiser, Sibylle Saxer (Hg.)
Gender in Motion
Die Konstruktion von Geschlecht in Raum und Erzählung
2007, 405 Seiten, Band 34, ISBN 978-3-593-38348-4

Mehr Informationen unter
www.campus.de/wissenschaft

Frankfurt · New York

Aktuelle Themen

Christoph Butterwegge
Armut in einem reichen Land
Wie das Problem verharmlost
und verdrängt wird
2009, 378 Seiten
ISBN 978-3-593-38867-0

Doris Guth, Heide Hammer (Hg.)
Love me or leave me
Auf dem Weg in eine spirituelle Gesellschaft
2009, 231 Seiten, ISBN 978-3-593-39023-9

Waltraud Posch
Projekt Körper
Wie der Kult um die Schönheit unser Leben prägt
2009, 261 Seiten, ISBN 978-3-593-38912-7

Sighard Neckel
Flucht nach vorn
Die Erfolgskultur der Marktgesellschaft
2008, 210 Seiten, ISBN 978-3-593-38758-1

Frankfurt · New York

Mehr Informationen unter
www.campus.de/wissenschaft